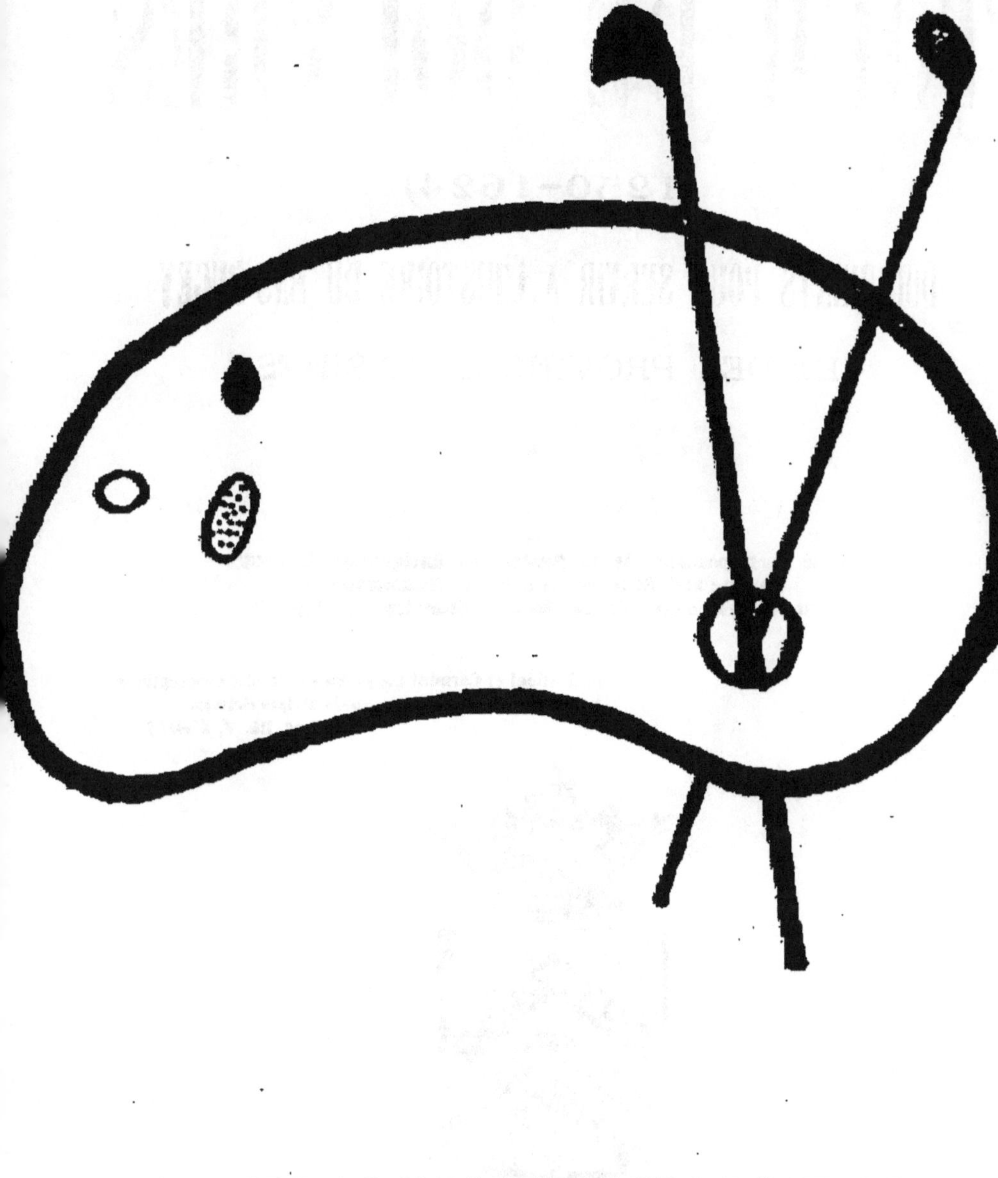

COUVERTURE SUPERIEURE ET INFERIEURE EN COULEUR

LES CHARTES
DE LA
TOUR DE DOUVRES

(1250-1624)

DOCUMENTS POUR SERVIR A L'HISTOIRE DU BAS-BUGEY
ET DES PROVINCES VOISINES

PAR

L'ABBÉ F. MARCHAND

Associé Correspondant de la Société des Antiquaires de France
Membre actif de la Société Suisse de Numismatique
et Correspondant de la Société littéraire de l'Ain

> Orationi et Carmini est parva gratia nisi eloquentia sit
> summa; historia quoquo modo scripta delectat.
> (Pline, lib. V, Epist.)

BOURG,
IMPRIMERIE VILLEFRANCHE

8, place de l'Hôtel-de-Ville, 8

—

1891

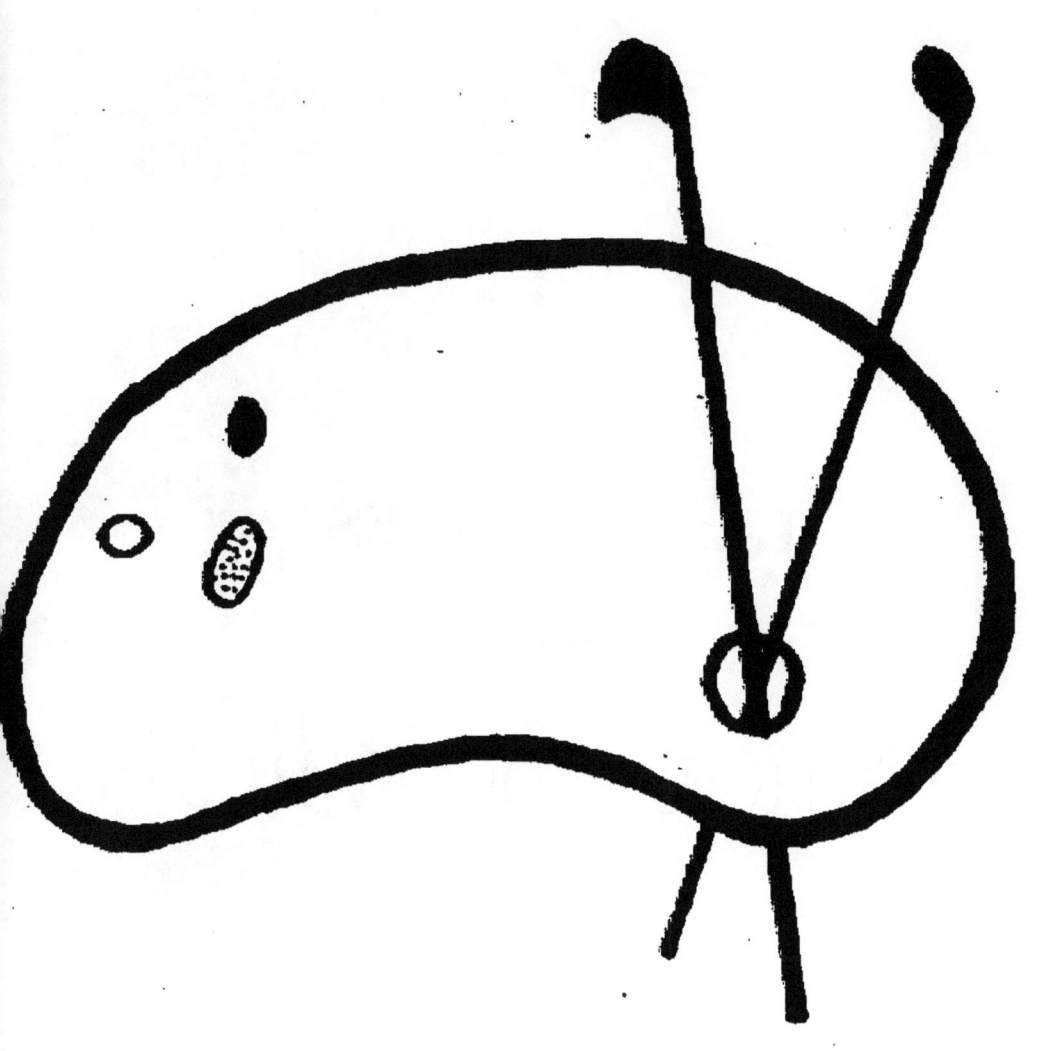

ORIGINAL EN COULEUR
NF Z 43-120-8

LES CHARTES

DE LA

TOUR DE DOUVRES

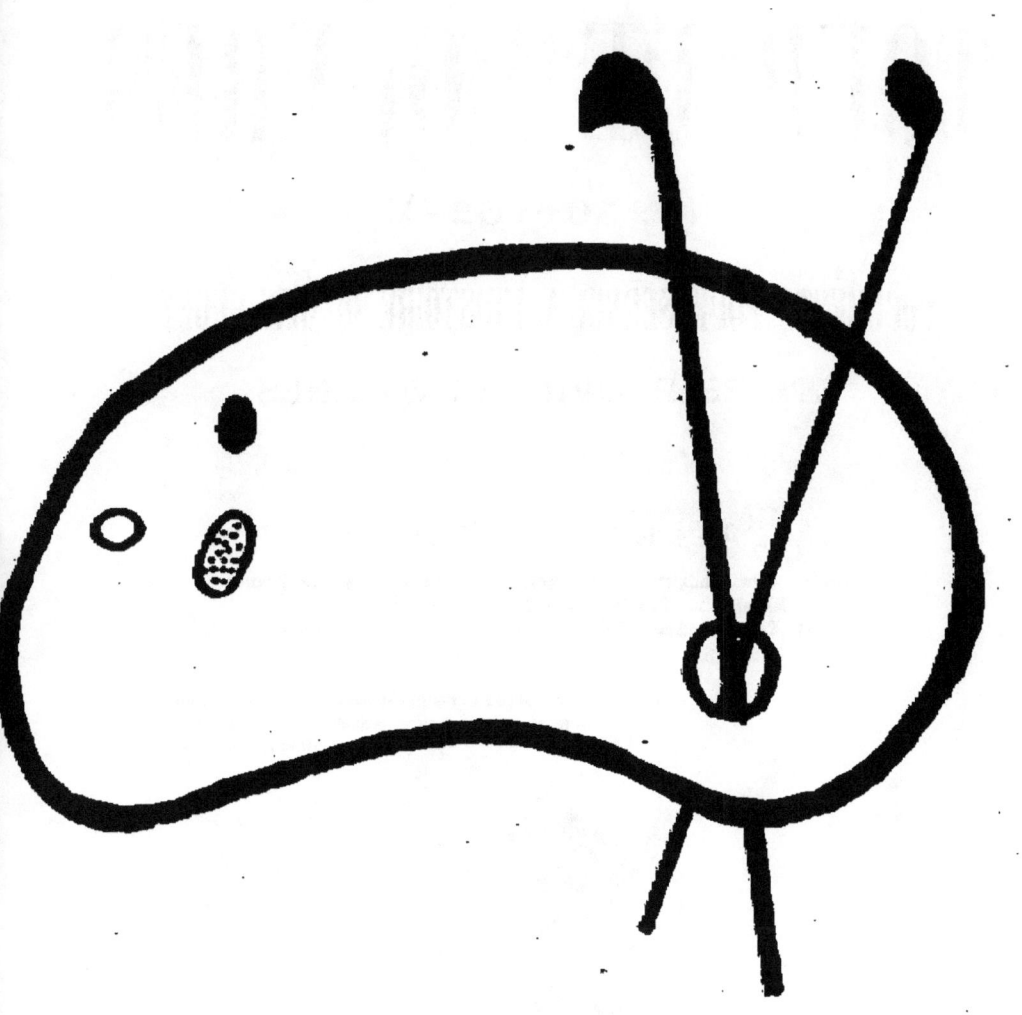

ORIGINAL EN COULEUR
NF Z 43-120-8

LES CHARTES

DE LA

TOUR DE DOUVRES

(1250-1624)

DOCUMENTS POUR SERVIR A L'HISTOIRE DU BAS-BUGEY

ET DES PROVINCES VOISINES

PAR

L'ABBÉ F. MARCHAND

Associé Correspondant de la Société des Antiquaires de France
Membre actif de la Société Suisse de Numismatique
et Correspondant de la Société littéraire de l'Ain

> Orationi et Carmini est parva gratia nisi eloquentia sit
> summa; historia quoque modo scripta delectat.
> (Pline, lib. V. *Epist.*)

BOURG

IMPRIMERIE VILLEFRANCHE

8, place de l'Hôtel-de-Ville, 8

—

1891

AVANT-PROPOS

> Je n'ai jamais pensé que l'histoire de notre pays, qui a rempli le monde du Moyen-Age de sa civilisation et de sa gloire, pût être abandonnée à une critique mal informée, sans vues, sans patriotisme, sans équité.
> Au contraire, je suis convaincu que nous autres, hommes de la France d'aujourd'hui, nous avons plus d'intérêt qu'on ne pense à mettre en lumière nos véritables origines, à nous en réclamer, à nous en glorifier.
> (Spuller, ministre de l'Inst. publ., *Discours au Congrès des Sociétés savantes*, 4 juin 1887.)

E *Moyen-Age n'est point ce que l'a fait une secte impure et ténébreuse. Mélange de foi et de chevalerie, il rayonne en un magnifique épanouissement de l'esprit humain. Mais c'est un blasphème! vont nous dire les fils de 89, et nous les voyons sourire d'un air incrédule et moqueur; nous entendons les dénégations empressées de tout un monde qu'aveuglent les préjugés, et qui, sous l'apparence d'un faux libéralisme, prétend seul*

aimer et comprendre la liberté. Pauvres insensés! Nourris qu'ils sont de la lecture d'œuvres mensongères, ne remontant pas aux sources véritables, ils ne connaissent l'époque héroïque de notre histoire que par les scandales et les crimes qu'on leur livre en pâture. Et, telle est la force du préjugé, telle est l'action de l'atmosphère viciée, où notre intelligence puise sa nourriture de chaque jour, que nombre d'hommes, que l'éducation reçue, un cœur plein de droiture, l'élévation des sentiments et un travail consciencieux sembleraient devoir maintenir dans les régions sereines de la vérité, ne pensent, ne parlent, n'agissent et n'écrivent que sous l'influence de ces idées malsaines.

En rompant brusquement avec les traditions du passé, la Révolution a fait deux Frances. Celle-ci, oscillante, inquiète, troublée, en proie à des convulsions dont nous sommes périodiquement les témoins attristés, se lève comme une aurore. Au-delà, c'est la nuit, nuit pleine d'obscurités, où l'on appréhende, pour ainsi dire, de plonger son regard. Pas de vaines craintes cependant; interrogeons la sentinelle, jetons-lui le cri du Prophète : custos, quid de nocte? Plus heureux que le fils d'Amos, nous recevrons la réponse. Le Moyen-Age, avec son organisation politique et sociale, ses généreuses aspirations, sa féconde énergie, ses agitations, ses luttes, ses vertus et, hélas!... ses défauts et ses vices — à aucune époque l'humanité n'en fut exempte — tout ce qu'il a été, en un mot, est renfermé, comme en un livre d'or, dans les dépôts d'archives que le temps a épargnés. Il faut dépouiller ces documents poudreux ; il faut les lire et les étudier. Là, en présence d'irrécusables témoins, portant avec eux la marque de quatre, six et huit siècles, nous nous formerons une conviction vraie ; à nos yeux brillera la lumière sur ces temps anciens qu'ils nous apprendront à estimer, et il nous sera enfin donné de les pleinement connaître et de les aimer.

Voilà l'idée à laquelle nous avons cédé en livrant cette étude au public. Nous l'avions entreprise, les divers titres qui la composent avaient été résumés et classés pour notre satisfaction personnelle. Pourquoi donc, nous a-t-il été dit, laisser ce travail stérile ? pourquoi ne pas fournir aux lecteurs sincères des témoignages capables de les éclairer, les moyens de secouer d'injustes préventions ? Ces conseils étaient dictés par l'amitié ; ils ont été suivis ; puissions-nous nous en féliciter un jour.

On verra, en effet, dans ces pages, que l'esclavage, transformé au contact de l'esprit chrétien, n'avait rien conservé, au Moyen-Age, de sa dureté antique, que le plébéien possédait et que la propriété avait, entre ses mains, la même fixité que de nos jours. L'impôt, sous le nom de dîme, taille, redevance ou servis, se réduisait au vingtième, parfois même au trentième du revenu de la terre, et se payait en nature. Aujourd'hui, nul n'ignore que le paysan français livre à l'Etat le tiers de sa récolte et il ne vend qu'à perte. Ce ne sont plus d'aimables fées qui entourent le berceau du nouveau-né ; craintives, elles ont fui l'approche de l'impitoyable agent du Trésor. Onze cents francs de dette, cent vingt francs de cote annuelle, telle est la part des charges publiques afférente à l'enfant qui vient au monde. Il ne peut donc gratuitement ni sucer le lait de sa mère, ni respirer l'air que lui départ la nature, ni jouir de la lumière dont le soleil l'inonde. L'impôt du sang, cette autre plaie de notre temps, le peuple du Moyen-Age ne le connut jamais, le noble seul était soldat.

Jadis on envoyait les criminels à la potence ; il arrive de nos jours qu'on les décore, qu'on leur confie les préfectures, les tribunaux, les ministères. Mais ne poursuivons pas ; le lecteur fera lui-même la comparaison, et s'assurera qu'elle n'est pas toujours à l'avantage de notre société contemporaine qui, révolutionnaire par essence, suinte, par tous ses pores, l'impiété, le sang et la boue [1].

Au temps des seigneurs, le peuple chantait, il savait se récréer, se délasser. Depuis qu'il s'est donné des maîtres, depuis que la Révolution lui a passé au cou la chaîne d'un nouvel esclavage, les chants ont cessé, la gaieté s'en est allée. Il y a chez lui un malaise dont il ne se rend pas compte ; mal chronique qui parfois se ravive. Oui, il souffre, et, tandis que la souffrance

---

[1] **Voyez :** *Le vrai et le faux Moyen-Age*, par le comte de **Montalembert**, *les Moines d'Occident*, Introduction ; et V. Duruy, *Histoire du Moyen-Age*.

l'étreint, que la misère est à son foyer, les flatteurs qui l'exploitent, gorgés de ses dépouilles, repus de ses sueurs, se prélassent dans l'opulence. Ils digèrent sur des monceaux d'or les somptueux festins pris sur son épargne. Ne trouble pas, malheureux, leur douce quiétude ; ce sommeil, c'est l'assoupissement trompeur du caïman sur les sables du Nil. Tu es volé, sois content, point de bruit, pas de plaintes, il pourrait t'en coûter la vie.

— Ah ! pleure, pleure, ô beau peuple de France !
Et ta gloire perdue et ton sort d'autrefois ;
Tu goûtais le bonheur, il t'en est souvenance,
Et de l'honneur tu vivais sous les lois.

— Ce temps n'est plus ; une secte t'opprime,
T'enlevant à la fois ton honneur et ton Dieu ;
De honte elle t'abreuve... Indolente victime,
Tremble, car ce crime
N'a d'autre châtiment que le fer et le feu.

Qu'on ne nous accuse pas cependant d'être un détracteur systématique des choses de notre temps. Mieux que personne, nous apprécions l'utilité de ses réformes, ses gigantesques travaux, ses précieuses découvertes et même son esprit purifié au feu de l'Evangile. Mais en regard se dresse un bilan terrible devant lequel nous ne saurions rester indifférent.

Une voix autorisée exprimait naguère le regret que l'étude des anciens documents ait une si grande part dans les préoccupations des esprits avides de savoir. Et le motif de ce regret ? On n'avait pas la pudeur de le taire; c'est que, pour le chercheur honnête, une réconciliation avec les hommes et les institutions du passé est presque toujours le résultat de son patient labeur.

Puissent donc ces quelques lignes aider à cette œuvre de régénération ! Un seul lecteur de bonne foi dut-il y trouver son profit, que nous nous regarderions comme amplement rémunéré des longues veilles que nous y avons consacrées.

Varambon, le 20 mai 1891.

LES CHARTES
DE
LA TOUR DE DOUVRES

Qui ne connaît la Tour de Douvres ? Quelque peu brunie par les frimas et placée en sentinelle avancée au bout de la plaine, elle semble couvrir de son ombre tutélaire le joli village caché non loin derrière à l'entrée du vallon. Sur elle, Douvres se repose du soin de sa sécurité [1]. Pas plus aujourd'hui que dans les siècles écoulés, son aspect n'inspire la terreur. Emprunte-t-elle son charme à la douceur du paysage qui l'entoure ? On serait tenté de le croire. En tout cas, nous n'avons à son sujet aucune légende sombre.

Qu'elle était belle noyée dans les flots de lumière que lui versait un beau soleil couchant ! Doré des feux du

---

[1] Douvres est une charmante paroisse de 400 âmes, de l'archiprêtré d'Ambérieu, à deux kilomètres S.-E. d'Ambronay.

soir, l'horizon se nuançait en quelques instants des teintes les plus douces et les plus variées : jaune d'or, pourpre et rose tendre, bleu céleste du plus bel azur, s'assombrissant lentement, jusqu'à ce qu'enfin la nuit tombe. Elle se détachait sur le fond noir de la montagne; et, bien qu'exilé, pour ainsi dire, dans un siècle qui n'est plus le sien, ce témoin des vieux âges, rajeuni par de bienfaisants rayons, paraissait vouloir reprendre vie et s'animer. C'était au déclin du jour, par une de ces soirées splendides dont l'automne dernier s'est montré si prodigue. Ravissant spectacle auquel, trop rarement, la nature nous convie.

Il est difficile de dire où commence son histoire, mais il est certain que ce manoir, antique demeure seigneuriale, servit d'abord de résidence à une famille du nom et armes de Douvres. La maison de Douvres s'éteignit de bonne heure, et peu de souvenirs lui ont survécu. Après Girard et Pétronille de Douvres, que rappelle Guichenon, nous citerons Girin et Guillemette, que nous avons rencontrés nous-même, incidemment mentionnés dans deux chartes de 1308. Les d'Oncieu, autre famille chevaleresque, lui succédèrent, amenés à Douvres par le mariage de Guillaume d'Oncieu avec Pétronille, fille et seule héritière de Girard, dernier du nom (1280 env.). La lignée de ces nouveaux seigneurs s'est honorablement continuée jusqu'à nos jours, conservant intacte la pureté primitive de son blason. Pendant près de six cents ans, la terre de Douvres demeura leur propriété. Il est donc vrai de dire que leurs annales sont communes et que leur histoire se confond. Annales et histoire, la Tour les porte, pour ainsi parler, en grande partie renfermées dans ses flancs.

Elle possède, en effet, un dépôt d'archives qui fut volumineux, nous assure-t-on. Des prêts, consentis avec générosité à des chercheurs infidèles, l'ont considérablement réduit. Cependant, en son état présent, il est précieux encore. Mme Lécuyer, née Bonnard, la propriétaire actuelle, nous l'a obligeamment ouvert en octobre dernier [1]. Nous avons passé les longs jours de cet hiver, que les rigueurs du ciel ont empreints de tant de tristesse, à en prendre connaissance. Nous l'avons compulsé, dépouillé, la plume à la main, recueillant, au fur et à mesure qu'elles se présentaient, les notes dignes de quelque intérêt. C'est le résultat de ce travail et les réflexions auxquelles il a donné lieu, que nous consignons dans ces pages.

La collection comprend cent quarante-neuf pièces, titres originaux pour la plupart, allant de 1250 à 1624; elles se trouvaient entassées pêle-mêle, sans classement aucun. Nous les avons résumées et disposées selon l'ordre chronologique, ordre qui nous paraissait naturellement indiqué pour un petit Recueil de ce genre.

---

[1] Mme Lécuyer habite Bâgé-le-Châtel. Nous nous faisons un devoir de la remercier ici et de la bienveillance dont elle a fait preuve et de la confiance qu'elle nous a témoignée.

PREMIÈRE PARTIE

INVENTAIRE ANALYTIQUE

Juin 1250. — « Nous, Guy, official de Lyon, à tous ceux qui ces lettres verront, faisons savoir que Jean d'Onglaz [1], en notre présence, a cédé à Pierre d'Oncieu, son parent, tous les tènements [2], en quelque lieu qu'ils soient, à lui advenus, comme héritier d'Humbert d'Oncieu [3], son frère

---

[1] *Dunglaz*. On ne sait presque rien de la maison d'Onglaz; il y a des siècles entre elle et nous. Onglaz est un hameau de la paroisse de Bénonces (Ain). C'est dans une grotte près de ce village que des bergers découvrirent, au XIVe siècle, le fameux olifant de Roland. Longtemps conservé à la Chartreuse de Portes, ce curieux spécimen d'un art inconnu a passé depuis au duc de Luynes. Il est actuellement à la Bibliothèque nationale (Coll. de Luynes).

[2] *Tenementum*, métairie tenue à cens d'un seigneur.

[3] *Que obvenerunt pro* CADUCO *Humberti*; *Caducum*, héritage qui survient, *cadit*, à un héritier légitime. On entendait parfois aussi ce mot dans le sens de main-morte, parce que la main-morte était une succession échéant au seigneur : *Caducum id est manum mortuam debent*, était-il dit des serfs de l'abbaye Sainte-Geneviève de Paris. (Millin, *Ant. nat.*, V, art. LX, p. 28.)

utérin — *fratris ex parte matris* [1]. Il se réserve seulement quelques vignes sises en Romenas [2]. »

Datum anno Dni m° cc° quinquagesimo, mense junii.

1261. Mars. — [3] « Philippe, par la permission divine, archevêque élu de l'Eglise primatiale de Lyon [4]. Sachez qu'Etienne, dit Baynos, de Meximieux [5], vend à Pierre d'Oncieu, damoiseau, au prix de quatorze livres viennoises [6], vingt sols de cens annuel, assis sur tous les immeubles qu'il détient dans les paroisse et mandement de Meximieux, avec leur plein domaine, droits et usages. Au nom de notre église, nous ratifions la vente, mais

---

[1] Peut-être que, devenue veuve, la femme de Guy d'Oncieu aura épousé en secondes noces un seigneur d'Onglaz.

[2] Ou suivant l'appellation plus caractéristique encore, Romanas, ancien village dont le territoire s'étendait dans la vallée du Nant, entre Saint-Germain-d'Ambérieu et les Balmettes. Je crois qu'il occupait l'emplacement appelé depuis la Panissière, c'est du moins ce qui ressort de l'ensemble des données que fournissent nos chartes. Son origine était romaine, comme l'attestent son nom et les objets gallo-romains découverts dans son voisinage. (Cf. Sirand, *Courses*, 1re p., ch. IX.)

[3] Vieux style ; c'est *mars 1262* qu'il faudrait lire. Antérieurement à 1564 l'année commençait à Pâques. Afin d'éviter la confusion que ne manquerait pas de produire la transposition des titres si les dates étaient rectifiées, nous maintenons à chaque pièce la date qu'elle énonce, mais le lecteur est averti qu'il devra, chaque fois qu'il y aura lieu, rétablir lui-même la chronologie vraie.

[4] Philippe de Savoie, fils de Thomas, comte de Savoie. Quoiqu'il ne fût pas engagé dans les Ordres, il occupa le siège archiépiscopal de Lyon de 1246 à 1267. A la mort de son frère Pierre II, dit le Petit Charlemagne (19 mai 1268), il devint comte de Savoie et mourut en 1285.

[5] Archiprêtré du diocèse de Belley, 2256 habitants.

[6] La monnaie viennoise, frappée par les archevêques de Vienne, fut presque exclusivement reçue dans nos pays aux XIIe, XIIIe et au commencement du XIVe siècle. Le type le plus connu portait d'un côté l'effigie de saint Maurice et de l'autre

Pierre d'Oncieu et les siens demeureront nos feudataires. Chaque année ils payeront de ce chef deux deniers forts bons de Lyon [1] à nous et nos successeurs. »

Datum anno Dni m° cc° lx. primo, mense marcii.

1263. Février. — *Pro utilitate sua* et spécialement pour le rachat de deux parcelles de terre aliénées à Guy de Buenc[2] par Etienne Baynos, son beau-père, Jean Rodulphi, de Meximieux, Alix, sa femme, et Girarde, sa belle-sœur, majeures de vingt ans, se dessaisissent, en faveur de Pierre d'Oncieu, de plusieurs rentes allodiales, savoir : six deniers forts de Lyon, dus par Etienne Filions sur une vigne vers l'Orme del Estra; deux deniers et une obole, dus par Pierre Billons, pour une pièce de terre contiguë; dix deniers, dus par Bernard Gardas, sur une terre sise entre la vigne de Guy de Buenc et la terre de Jean Gravor ; enfin, six deniers, dus par Jean Dufour — *de Furno* — pour une parcelle jouxtant le pré de Calce et la route du moulin du Pré. Ces divers tènements sont situés au mandement de Meximieux.

La vente est consentie contre la somme de cinquante-cinq sols.

Datum anno Dni m° cc° lx. tercio, mense februarii.

---

une croix simple ou diversement cantonnée avec les inscriptions : CAPVT GALLIE, PRIMA GALLIARVM, NOBILIS, MAXIMA, etc. (Poey d'Avant, *Monnaies féodales*, III, p. 39 et seqq.) Pour éviter des redites inutiles, nous prévenons une fois pour toutes, qu'en règle générale la monnaie de nos chartes est la monnaie viennoise. Chaque fois qu'il y sera fait exception, nous aurons soin de l'indiquer.

[1] Si l'on en croit le *Gallia Christiana*, le droit de battre monnaie aurait été accordé aux archevêques de Lyon par l'empereur Frédéric Ier, en 1187.

[2] Famille chevaleresque qui apparaît avec Guillaume de Buenc, en 1180, et disparaît au XVe siècle. Du château de Buenc (paroisse de Hautecour), il ne reste qu'une tour massive qu'on aperçoit de tout le Revermont. (Cf. Guichenon, *Hist. de Bresse*, 1re part., p. 29, et 2e part., p. 80 et seqq.)

1275. Novembre. — Vente passée à Pierre d'Oncieu, chevalier, en présence de Jean [1], abbé d'Ambronay, qualifié *frater humilis electus*, par Etienne et André, frères, fils de feu Guillaume Carcyment. Pour le prix de quinze livres, ils lui remettent une vigne et un curtil [2] contigus — *que vinea vulgariter vocatur Liquare.* — Ces fonds, sis à Douvres, étant mouvants du domaine direct [3] d'Ambronay, sont tenus envers l'abbaye à un service annuel de six sols et de deux gelines [4] payable au temps des vendanges.

Datum anno Dni m° cc° lxx° quinto, mense novembris.

1276. Mars. — Acte par lequel Pierre d'Oncieu reçoit de Jacques de Vasseleu, fils de feu Etienne de Vasseleu, et de Johanneta, sa femme, en gage d'un prêt qu'il leur a fait, et leur rend en fief, ce qu'ils possèdent dans la paroisse d'*Ayriaco* [5]. C'était douze sols de revenu

---

[1] Jean de la Balme, fils d'Humbert, seigneur de la Balme-sur-Cerdon et de Fromente. En 1282, il s'associa en partage le comte Philippe de Savoie. Moyennant l'abandon de quelques revenus, le comte prit le monastère d'Ambronay sous sa protection. Ce traité, qui sacrifiait l'indépendance de la puissante abbaye est plus qu'un symptôme, il est une des causes, sinon la première, de son déclin.

[2] *Curtile, curtis, cortis.* On appelait ainsi un petit champ rustique fermé d'un mur, d'une haie, ou de quelque autre clôture.

[3] *Dominium directum.* Terre à laquelle se rattachait la propriété primordiale d'un fonds que le seigneur avait remis en emphytéose perpétuelle. La directe constituait la relation dite mouvance; elle pouvait être aliénée, cédée, abergée et était tout à fait distincte de la juridiction et de la censive. Un même héritage pouvait dépendre de la directe d'un seigneur, de la juridiction d'un autre et de la censive d'un troisième. (Voyez Aubret, *Mém.* II, p. 28.)

[4] Poules, du latin *gallina*.

[5] Ce ne peut être qu'Heyrieux, archiprêtré du diocèse de Grenoble, inscrit dans les Pouillés de Lyon du XIII° siècle sous le nom d'*Ayreu*. (Cf. *Cartulaire de Savigny*, Appendice.)

annuel perçus : douze deniers sur Etienne de la Fontaine, deux sols sur Jacqueline Gana, douze deniers sur Falconnet d'*Ayriaco* et huit sols sur la veuve de Jean Auvraldi. L'engagement n'est que temporaire ; il durera jusqu'à l'entier remboursement du prêt.

Anno Incarnacionis m° cc° lxx° sexto, die lune post ramos palmarum [1]. Actum Lugduni in curia officialitatis, presentibus Humberto de Meisaco, clerico, Petro Ferragii et Stephano Bonis.

1278. Décembre. — Echange entre le Chapitre de Saint-Paul de Lyon et Pierre d'Oncieu. Le Chapitre avait à Douvres des fiefs, servis, droits, domaines et coutumes, *qui modicum aut nullum afferebant fructum ;* il les cède au seigneur de Douvres, qui, en retour, lui remet diverses rentes : six sols et une geline sur la vigne de la Planta ; deux sols, un denier, un demi-bichet de froment et une demi-geline sur le curtil de Johanneta Maneyr ; douze deniers, un demi-bichet de froment et une demi-geline sur le curtil de Jean Maurneur ; un bichet [2] de froment et une geline sur le curtil de Pierre, dit Anna ; onze deniers sur une vigne du même, et sept sols sur le curtil, la verchère [3] et la maison de Pierre dit Champillons. Ces

---

[1] C'est-à-dire le 30 mars, Pâques tombant le 5 avril en 1276.

[2] Cette mesure a éprouvé beaucoup de variations selon les temps et les lieux ; je crois cependant qu'elle a toujours à peu près valu, dans nos pays, deux doubles décalitres et pesé en froment de 28 à 30 kil. La bichette n'était que la moitié du bichet. Le bichet d'avoine comprenait un ras et demi ou trois bichettes.

[3] *Vercheria*, désignait primitivement dans la jurisprudence féodale de la Savoie le fonds remis en dot aux femmes lors de leur mariage. Toutefois, l'expression s'affranchit de bonne heure de cette signification restreinte et s'appliqua à toute sorte de champs, mais particulièrement à ceux réservés aux pacages des moutons, *eoque præsertim*, dit du Cange, *qui alendis vervecibus idoneus est.*

derniers fonds étaient situés sur la paroisse de Saint-Maurice [1], les autres, sur celle de Beynost [2].

Datum anno Dni m° cc° lxx° octavo, mense decembris.

1280. Septembre. — Accord entre Pierre d'Oncieu et maitre [3] Etienne, de Douvres, clerc, et résidant à Belley. Malgré la remise faite au dit chevalier, *tanquam bene merito*, par l'abbé et le couvent d'Ambronay, de leurs fiefs nobles de Douvres, Etienne ne voulait point lui reconnaitre les fonds qu'il avait toujours tenus à foi et hommage de l'abbaye dans ce village : *immo stetit contumaciter per annum et amplius post requisicionem dicti militis*. Enfin, après *multas altercaciones hinc et inde habitas*, deux arbitres, frère David [4], abbé de Saint-Sulpice, et frère Philippe, chambrier [5] d'Ambronay,

---

[1] Paroisse de 270 habitants à 1.100 mèt. environ au Nord-Est de Miribel (Ain).

[2] Autre paroisse de 850 âmes, s'étendant entre Saint-Maurice à l'Ouest et la Boisse à l'Est.

[3] *Magister*, titre honorifique qu'on donnait, au Moyen-Age, aux gradués en droit et en théologie, bacheliers, licenciés et docteurs. Aujourd'hui encore on qualifie de maitres les notaires, avoués et avocats.

[4] Quatorzième abbé de Saint-Sulpice d'après le tableau que donne Guichenon *(Hist. de Bresse*, 2° part., p. 103). Il fut vicaire général de Berlion-d'Amesin, évêque de Belley vers 1280-82. — Saint-Sulpice, abbaye de l'Ordre de Citeaux, au territoire de Thézillieu, substituée, en 1130, à un prieuré de l'Ordre de Cluny par Amédée III de Savoie. Il n'en reste que des ruines. Ce monastère a laissé un mauvais renom parmi les montagnards du Bugey, mais, comme tous les couvents, il est victime d'odieuses calomnies. On oublie trop que le relâchement et la vie dissipée reprochés à ses moines et qui du reste ont été systématiquement exagérés, sont l'œuvre du capitaine huguenot, Pierre d'Escodeça, baron de Pardaillan, qu'Henri IV eut l'impudence de faire abbé commandataire de l'abbaye après 1601.

[5] Officier claustral qui avait la charge des revenus ruraux dans quelques monastères rentés. Voici les devoirs du chambrier d'Ambronay tels qu'ils ont été définis par le Concordat convenu

assoupissent le différend. Pour sept vingts livres, *sepcies viginti*, maitre Etienne relâche à Pierre d'Oncieu ses possessions de Douvres, droits et servis [1], ses actions utiles et directes, réelles, personnelles et mixtes, à la réserve des rentes échues qui demeurent toujours exigi-

entre l'abbé et les religieux au XVe siècle. (*La Teyss.*, v. Pièces justific., p. 17.)

Le chambrier « marche immédiatement après le prieur et occupe la première place à droite du chœur, après le seigneur abbé, s'il est présent ; il doit, toutefois, laisser trois stalles libres entre celle du seigneur abbé et la sienne. Il possède une clé du trésor du monastère et la première après le prieur. C'est lui qui fait publier dans la ville, au nom du seigneur abbé, l'ordre de balayer et de nettoyer les rues. Il a la charge de placer des bancs, les jours de foires et de marchés, et nul n'a le droit, que lui seul ou son délégué, de vendre du vin dans la ville pendant le mois d'août, droit consacré par l'usage et que l'on appelle communément ban de vin. Le chambrier est chargé des frais d'habillement des religieux non bénéficiés, ce qui est réglé ainsi qu'il suit : il doit à chaque moine qui a reçu les ordres deux francs valant trente gros de la monnaie courante de Savoie, et un franc seulement à ceux qui n'ont pas la messe. Lorsque le seigneur abbé se rend au synode, le chambrier et le prieur de Meximieux doivent le ramener et le conduire aux frais de l'abbé. Lorsque la fête de la translation des reliques de saint Bernard tombe un mercredi, un vendredi, un samedi ou un jour de vigile, le chambrier doit donner ce jour-là des œufs à tous les religieux, et le faire de même qu'il est ordonné au corrier. S'il vient à mourir au monastère des religieux pourvus d'offices, des doyens ou des moines cloîtrés, au chambrier appartiennent les vêtements, les couvertures et les draps de lit des défunts. Lorsque les frères novices sont reçus dans la communauté, il doit mettre de côté les vêtements qu'ils quittent et les garder pendant l'année d'épreuve. Après l'expiration de cette année de noviciat, ces habillements lui appartiennent définitivement, si le novice embrasse la vie monacale. »

[1] Ou services, *servicia*, redevance, *redditus*, *tributum*, *quævis præstatio* (Du Cange). Cependant, on appelait plus communément services et servis les redevances en nature, destinées à l'usage, au *service* de la maison du seigneur, et cens les redevances en argent.

bles sur les tenanciers débiteurs. Sont également exceptés : un champ, voisin du Pré-Neuf, une terre et un bois contigus, sis entre Malacort [1] et Eschaignieu [2], qui ne sont pas du mandement de Douvres.

Datum anno Dni m°cc° octuagesimo, mense septembris.

1281. Janvier. — Etaient dus, en la paroisse de Meximieux, à Hugonnet de Meximieux, damoiseau [3], sur les maisons habitées par ses hommes et les fonds cultivés par eux les servis annuels que voici : sept sols, six deniers et deux coupes de froment par Jean d'Armencieu ; cinq sols moins deux deniers et un bichet de froment par Jean de Tagmans ; six sols moins un denier par André de Tagmans, *de domo sua et casali ipsius* [4] ; quatre sols par Etienne li Cuaz. Hommes et mas [5], *res et homi-*

---

[1] Quartier ou hameau au sud de Douvres, sur la route conduisant à Ambérieu par le Tiret.

[2] *Echagnieu*, petit mas d'Ambérieu presque inhabité actuellement. On y a découvert, en 1839, une tombe ou sarcophage en pierre portant une inscription gallo-romaine. Ce monument, qu'on aurait dû entourer de soins, est abandonné sur le bord d'un sentier et journellement exposé à toutes sortes de détérioration.

[3] Y aurait-il eu anciennement une maison noble de Meximieux ? Aucun de nos écrivains, pas plus Guichenon que les autres, lui qui a pourtant remué des monceaux de titres, ne s'en est douté. (Voyez *Bresse*, part. II, *Meximieux*.) En ce cas, la terre de Meximieux offrirait la même particularité que celle de Loyes : elle n'aurait été possédée à aucune époque par la famille qui en portait le nom.

[4] Case, chaumière, *casa, tugurium*.

[5] Le mas, *mansio*, était la demeure du tenancier ; elle s'élevait ordinairement au centre de l'exploitation agricole qu'il dirigeait. Selon Colombet, les mots *mas* et *meix* auraient un autre sens qu'il explique ainsi : *Est vulgare Francorum*, MEYS, *Burgundorum*, HEBERGE, *Allobrogum in dicto etiam Statuto (pluribus fratribus) et dicitur quando Dominus dat alicui mansum cum diversis possessionibus, et propter hoc ille se facit hominem Domini, dummodo causa subsit... et est quantitas terræ quæ uno pari boum laborari potest*. (Colon. celt. iucro, I, § 3.)

nes, et, en général, *quicquid juris, actionis, proprietatis, usagii, servicii et reclamacionis* [1], *et consuetudinis* [2], *dictus Hugonetus habebat in dictis hominibus et tenementis*, le dit Hugonet en passe vente à Pierre d'Oncieu pour la somme de quatre-vingts livres.

Datum anno Dni millesimo ducentesimo octuagesimo primo, mense januarii.

1282. Mai. — Nous, Guillaume de Montgrillet, humble prieur de Neuville, *tociusque ejusdem loci conventus* [3] et dom Hugues, chapelain de Chaveyriat, faisons savoir que Bernard de Tornours, damoiseau, et Isabelle, sa femme, déclarent avoir reçu d'Etienne de Portabo, chevalier, six vingts livres, dot de la dite Isabelle, sa sœur. Les deux époux reconnaissent en outre que le dit chevalier, au même titre et à titre de frarage [4], pour tous droits aux successions paternelle et maternelle dans les paroisses de Mogneneins et de Saint-Genis [5], leur a constitué une rente annuelle de six livres douze sols viennois ; ils font

[1] Répétition judiciaire, revendication.
[2] *Præstatio, pensitatio quæ ex consuetudine præstatur, cujus initium ignoratur et a quo inducta* (Du Cange, V° *Consuetudo*).
[3] Pour saisir le vrai sens de ce texte, il faut se rappeler que le Prieuré des Dames de Neuville était administré par un prieur et dirigé par une prieure. — Le prieuré de Neuville suivait la règle de saint Benoît et dépendait de l'abbaye de Saint-Claude. On ne connaît ni son fondateur, ni l'époque de sa fondation, mais il est certain qu'il existait en 1050. Le 4 novembre 1755, Louis XV accorda aux chanoinesses le titre de comtesses, et « pour marque de distinction, une croix attachée à un ruban bleu liseré de rouge et porté en écharpe ». La Révolution les a dispersées.
[4] *Frarage, frerage, freresche, fraragium, frareschia*, part d'héritage faite aux enfants d'une même famille.
[5] Mogneneins, paroisse d'environ 1.000 âmes, de l'archiprêtré de Thoissey. — Saint-Genis, paroisse de Bresse, archiprêtré de Pont-de-Veyle.

en conséquence abandon de leurs droits, sans renoncer pourtant aux échutes [1] qui pourraient advenir d'autre part à la susdite Isabelle et aux donations dont peut la gratifier sa mère, soit par acte entre vifs, soit par testament.

Datum anno Dni m° cc° lxxxmo secundo, mense maii.

1283. Mars. — Devant Etienne de Mailla, chapelain de Saint-Sorlin, *capellano* [2] *Sti-Saturnini de Cucheto* [3], Pierre Chomars, de la paroisse d'Ambérieu, cède pour huit livres à Pierre d'Oncieu, *res et omnia servicia*, que l'acte détaille ainsi : deux sols que paye Etienne Bénédicti, de Romenas, pour un joug de terre, *jugero terræ* [4], à Ambérieu ; deux sols, dus par Etienne Venoudi, sur le

---

[1] Revel définit l'échute : *Jus peculii (Usages de Bresse,* Quest. 18e). Il veut que la succession de l'homme libre soit l'hoirie ; le successeur, c'est l'héritier. Il n'en est plus de même quand il s'agit du serf ; ses biens constituent le *pécule* et « celui qui les a, ajoute-t-il, *non succedit sed occupat,* c'est ce que nous appelons échute. » Ailleurs (Franche-Comté et Bourgogne), la succession délaissée par le taillable, mourant hors de communion, se nommait épave, parce que c'était un retour du domaine utile au domaine direct, conformément aux conditions de l'emphytéose primitive. De nos jours, l'Etat ne recueille que les biens en deshérence ; même ainsi restreint, son droit est-il aussi légitime que celui du seigneur des temps passés ?

[2] Aux XIe, XIIe et XIIIe siècles on appelait indifféremment chapelains ou recteurs les prêtres chargés du ministère paroissial.

[3] Saint-Sorlin de Cuchet, paroisse sur les bords du Rhône à l'Est et à deux kilomètres de Lagnieu. — Cuchet, château-fort bâti sur un roc escarpé et dont dépendit primitivement Saint-Sorlin ; il a été possédé longtemps par la famille de la Forest-Divonne, originaire de Savoie.

[4] Si nous en croyons du Cange, ce serait l'ouvrage d'une journée de laboureur, *unius diei opus aratoris ;* mais il est plus probable qu'il s'agit du *jugerum* des Romains, c'est-à-dire de 25 ares 28 centiares. Le *jugerum* était distinct du *jugum terræ ;* ce dernier comprenait en étendue l'espace de terrain que deux bœufs pouvaient labourer en un jour.

bois, la terre et l'île de Puceu, un bois et un curtil sis à Bettant [1], une île confinant à celle de Barthélemy de Borseu et le bois de Possalou; dix-huit deniers que lui payait annuellement Etienne Moyrondi pour une île et une saussaie [2] sur la route d'Ambérieu à Saint-Rambert; enfin, vingt deniers dus par Pierre de Pigennes et deux autres deniers dus par Josserand et Jacquemet Galeriti, sur la même île.

Datum anno Dni mill° ducentesimo octuagesimo tercio, mense marcii.

1286. Mai. — Vente passée au profit de Pierre d'Oncieu par Alix, relicte de Johannet, fils de feu Hugues, prévôt [3] de Saint-Germain, et fille de défunt Guillaume de Montferrand [4], chevalier. Elle est motivée par la nécessité où se trouve Alix de payer les dettes, legs et aumônes de son mari, d'améliorer sa situation, de nourrir et d'élever ses enfants. En sont l'objet les hommes, biens, tailles [5],

---

[1] Paroisse d'environ 500 âmes, sur la rive gauche de l'Albarine, archiprêtré d'Ambérieu.

[2] *Salices, salicetum,* lieu planté de saules ou d'oseraies connues, dans le Bas-Bugey, sous le nom de *vorges* et de *vorgines.*

[3] *Præpositi,* sorte de juges inférieurs résidant ordinairement dans les bourgs et les villages. Leurs fonctions devaient être très honorables, car tous les prévôts mentionnés au cours de cet inventaire sont qualifiés nobles.

[4] « Lequel se trouve décédé en l'an 1267 » (Guichenon). Sa femme se nommait Marguerite et ses autres enfants furent : Hugues et Jean de Montferrand. Famille éteinte vers la fin du XVIe siècle. — Monferrand était anciennement seigneurie en toute justice avec un château-fort dont on ne voit plus que les ruines, au village de ce nom, entre Torcieu et Saint-Rambert-en-Bugey.

[5] La taille « était la redevance ordinaire du serf ou des affranchis envers leurs maîtres ou leurs patrons quels qu'ils fussent, le roi, l'Eglise ou les particuliers » (Abbé de Gourcy, apud Perret, Obs. 1, p. 79). On distinguait la taille personnelle qui affectait

cens, services, revenus et coutumes sous-énoncés, le tout de pur et franc-alleu ¹, savoir : Hugonnet, Péronnet et David, fils de Benoite, de Romenas, ainsi que les enfants de Martin Aurnoue, hommes liges, taillables et exploitables ² de la dite dame; item, dix deniers et la tierce partie d'un pain que lui doivent ces mêmes tenanciers sur le mas de Saloysia ³, en Romenas, et autres fonds; item, quinze deniers que lui doit le susdit Hugonnet sur un curtil; item, dix deniers dus par Péronnet, de Torcieu, pour ce qu'il tient au mas de Saloysia; item, treize deniers que doit Johannet, de Saloysia, sur une parcelle de terre; item, deux pains censuels que livrent chaque année pour une terre sise à Torcieu Hugonnet, Péronnet et David, de Romenas, Péronnet Renous, de Torcieu, les enfants de Martin Aurnoue, Jean, fils de Martin, de Saloysia, et Johannet, fils de Jean, de Saloysia. Aliénation consentie au prix de dix-huit livres viennoises.

Datum anno Dni mill^{mo} cc° octogesimo sexto, mense

---

la personne et la taille réelle qui affectait le fonds. — L'établissement de la taille est attribué à saint Louis. Elle se percevait par fraction et chaque payement effectué était inscrit, sur un morceau de bois fendu en deux parties égales dont l'une restait aux mains du seigneur et l'autre en celles du tenancier, par de petites coupures transversales, à la manière des boulangers; ces coupures se nommaient tailles, nom qui a passé au tribut lui-même. (Anecd. franc. anno 1444, p. 375.)

¹ C'est-à-dire affranchi de toute redevance. Par franc-alleu on entendait quelquefois aussi l'exemption en vertu de laquelle une terre, un fonds quelconque étaient possédés francs de droits seigneuriaux.

² En termes de droit féodal, le mot *lige* renferme une promesse de fidélité et de sujétion, *taillable* rappelle la condition servile et *exploitable* indique que l'homme ainsi qualifié est sujet à la main-morte. (Voy. Cod. Fabr., lib. VII, tit. 1. Def. 22, n° 5.)

³ *Salayse*, lieu dit à l'extrémité de la vallée du Nant, territoire de Saint-Germain-d'Ambérieu. C'était un hameau de Romenas à l'époque, mais il est depuis fort longtemps abandonné.

maii; presentibus : donno [1] Martino, vicario de Ambariaco et magistro Galtero de Tiret, clerico.

1286. Décembre. — Antoinette, veuve de Pierre Monache [2], de Saint-Germain, vend en franc-alleu, pour elle, ses héritiers et ses successeurs, à Pierre d'Oncieu : 1° deux sols, six deniers censuels, que lui doivent les enfants d'Etienne Costorat, sur deux journaux [3] de terre, sis sous la Crose [4] aux Arênes ; 2° deux sols dus par Pierre et Jean Chanta, frères, pour une parcelle de terre sous la Crose d'Ambérieu, près du ruisseau de Gardon [5]; 3° dix-huit deniers annuellement payés par Etienne, fils de feu Vincent Hospitis, sur la vigne de la Crose qui confine au chemin public allant de la Crose d'Ambérieu

---

[1] *Donnus*, dom, don, abréviation de *Dominus*; titre d'honneur que l'on donnait aux ecclésiastiques. Cet usage s'est maintenu jusqu'à nos temps en Italie.

[2] Les Moines se sont honorablement conservés à Saint-Germain; nombreuse encore il n'y a pas très longtemps, cette famille paraît être aujourd'hui en voie d'extinction.

[3] *Journal*, mesure identique au *jugum terræ* dont nous avons parlé plus haut.

[4] *Crosa*, terme particulier à nos pays. D'après du Cange, V° *Crosa*, il indiquerait un creux, un ravin; mais cette définition est probablement erronée. Bien que nous appelions *Crase*, en Bugey, la partie basse d'un terrain en pente, Crose nous semble plutôt désigner un coteau rapide; l'adverbe *subtus* qui le précède d'ordinaire, éveille naturellement l'idée de hauteur, de lieu élevé.

[5] Du petit Gardon. Au-dessous d'Ambérieu on reconnaît très distinctement le lit d'un grand cours d'eau ; il s'étendait en demi-cercle de Saint-Germain à Château-Gaillard. C'était le lit de l'Albarine dans les temps anciens. Avec la diminution du volume de ses eaux, la force du courant s'est ralentie, et l'Albarine a peu à peu infléchi du côté du midi vers Saint-Denis et Saint-Maurice-de-Rémens. Toutefois, le ruisseau de Gardon, continuant à se déverser sur le même point, avait converti en marais l'immense plaine délaissée. Pour mettre en culture ces riches terrains, on

vers le pont de Chausson [1]. Cens exigible à chaque Saint-Martin d'hiver [2]. Fonds et rentes, appartenances et dépendances sont compris dans la vente qui est conclue pour la somme de quatorze livres, desquels *dicta Anthonia se tenet et habet pro pagata.*

Datum anno Dni mill^{mo} cc^{mo} octogesimo sexto, mense decembris.

1287. Décembre. — Josserand de la Balme, chevalier, Guillaume d'Oncieu, damoiseau, mari de Johannette, petite fille du dit Josserand et Albert, fils de feu Raymond, d'Ambronay, confessent et reconnaissent, chacun en ce qui le concerne, *quilibet et prout ad unumquemque pertinet,* tenir du seigneur, Pierre d'Oncieu, ce qu'ils possèdent, par eux ou par autrui, dans les paroisses d'Ambronay et de Douvres, terres cultes et incultes, maisons bâties, *domus edificatas,* verchères, prés, vignes, bois, eaux, rivières, saussaies, arbres, hommes, juridictions d'homme, bans, clameurs, tributs, *occasiones* [3] échutes,

a dû, à une époque qu'on ne peut préciser, exécuter des travaux considérables, car le grand Gardon, endigué, coule vers l'Albarine au-dessus du niveau des terres, et le petit Gardon, également contenu par de fortes chaussées, va se perdre au nord-ouest dans les marais de la Léchère dont il sera question plus loin.

[1] *Chaucson* (paroisse de Saint-Denis), léproserie qu'on trouve mentionnée dès les premières années de ce siècle ; on en perd la trace au XVe.

[2] La Saint-Martin d'été et la Saint-Martin d'hiver, deux fêtes très populaires et des plus solennelles de l'ancienne France. La première rappelait la consécration épiscopale du grand thaumaturge des Gaules, qui avait eu lieu le 3 juillet 371 ; et on célébrait par la seconde, fixée au 11 novembre, l'anniversaire de sa mort (400).

[3] Impôt, prestation que le seigneur levait sur ses serfs à l'occasion de ses guerres ou dans d'autres graves circonstances. « *De injustis occasionibus et consuetudinibus noviter institutis sicut tributa sunt et telonea.* » (Capit. Caroli Magni, apud du Cange.)

corvées[1], prestations d'animaux, angaries et parangaries[2], cens, servis, mas, possessions, tènements, servitudes, coutumes, usages; obventions[3], valeurs, revenus, entrées, sorties et autres biens et droits quelconques. Ils engagent leur foi au dit seigneur présent et lui en prêtent l'hommage manuel, *homagium manuale.* En outre les trois prestataires s'obligent à perpétuité, eux et leurs héritiers, aux mêmes devoirs envers Pierre d'Oncieu et ses successeurs, *prout melius possint.*

Actum quoad dnum Jocerandum et Guillemetum de Onciaco predictos, presentibus : Guidone de Meunay, cive Lugduni, Stephano Mayrini et Hugone, dicto Taravel; et quoad Albertum, presentibus : Johanne, Prepositi Ambroniaci; Guillelmo Vitalis, clerico, et Guillelmo Merleti.

Datum anno Dni mill[mo] cc°octogesimo septimo, mense septembris.

1292. Octobre. — Quittance donnée par Alix, fille de feu Pierre d'Oncieu et femme de Johannin, fils d'Etienne de Franchelins[4]. Avec l'assentiment de son époux, elle

---

[1] Journées de travail dues au seigneur ; les corvées étaient à bras ou à bœufs et se prenaient du soleil levant au soleil couchant (Revel, ibid., Rem. 51e, p. 172). — Notre organisation sociale contemporaine qui n'est qu'un replâtrage mal assis de celle qui a précédé 1789, n'a eu garde de supprimer les corvées. Elle en a seulement changé le nom : on les appelle aujourd'hui prestations, elles pèsent *sur tout le monde* et se doivent à la commune.

[2] *Angariæ, parangariæ,* corvées de chevaux et de voitures, *et quidem per viam directam ut parangariæ alioversum* (Du Cange, V° *Angariæ*). Cependant l'édit d'affranchissement d'Emmanuel-Philibert semble généraliser davantage l'idée de servitude renfermée dans ces deux termes (Voyez : Edit du 25 octobre 1561, apud Revel, p. 230.)

[3] *Obventiones,* ce qui advient sans être dû, *commodum, oblatio,* etc.

[4] « Une des plus illustres maisons de la souveraineté de Dombes où elle a duré cinq siècles, depuis Etienne Ier, seigneur

certifie que Pierre de Curtilles, prévôt d'*Ayriaci* et cotuteur de Berthet, Béatrix, Pierre, Amphelise et Guigue, ses frères et sœurs, a versé entre les mains d'Etienne et de Johannin de Franchelins, la somme de cinq cent cinquante livres et leur a assigné dix livres de rente annuelle, conformément à la promesse faite par Pierre d'Oncieu en la mariant ; lesquelles somme et rente constituent sa dot et lui doivent tenir lieu de frareschie. Alix, majeure de douze ans, promet, la main sur les Saints Evangiles, de ne jamais se prévaloir de ses droits pour prétendre aux biens délaissés par son père, *excepta tamen eschesta que sibi in futurum possent seu deberent evenire casu aliquo eveniente.*

Actum presentibus : dno Guillelmo de Franchelens, milite, Girardo de Palude, domicello [1] et Guillelmo Raffin, de Franchelens. Datum die dominica post festum beati Luce evangeliste [2], anno Dni m° cc° nonagesimo secundo.

1296. Octobre. — Devant Pierre, dit Cormanrenchi, de Belley, clerc, et en présence de Guillemet d'Oncieu, dit Fontanelles, damoiseau, et de Jean, prévôt d'Ambronay, Johannin de Surrone [3], damoiseau, fait hommage aux

de Francheleins, vivant en 1120. Elle s'éteignit au commencement du XVe siècle par Jean de Francheleins, dit Rampont, mort sans enfants. » (M. Rév. du Mesnil, *Armorial de l'Ain.*) — Francheleins est une jolie paroisse de 570 âmes, de l'archiprêtré de Saint-Trivier-sur-Moignans.

[1] Ce Girard de la Palud, qualifié damoiseau, ne peut être que le fils ainé de Guy, d'où sont sortis les la Palud, seigneur de Châtillon et de Saint-Maurice-de-Rémens. (Cf. Guichenon, *Généal.*, p. 298.)

[2] Le 19 octobre, la Saint-Luc étant un samedi.

[3] *De Sure*, maison chevaleresque ; elle se montre à la fin du XIIe siècle et disparait au XVe. — Le château de Sure, autrefois maison-forte, est sur Saint-André-de-Corcy, à 1,200 mèt. environ à l'est de ce village.

enfants et héritiers de Pierre d'Oncieu, pour ce qu'il possède à Douvres, mouvant de leur fief. C'était : le pré appelé Pré Guichard, un tènement contigu, confinant à la Cozance[1], un autre tènement dit de la Palud, qui jouxte, d'un côté, la route de Douvres à Ambérieu ; un quartaut d'avoine et deux gelines dus par Hugonnet de Combes ; deux bichettes d'avoine et tierce part de deux gelines, sur la nommée Andrevette ; enfin, le quart de la seigneurie de Douvres à *Cosancia-en-Lay*. Gérard de la Palud, curateur et oncle[2] des dits seigneurs recevant, fait observer que ces biens sont tombés en commise[3] ; en conséquence, il donne à Johannin de Surrone *pro curia dominum Johannem de S*[to] *Saturnino, militem, quem idem Johanninus acceptavit et pro bono habuit et tenuit*.

Datum die sabbati post festum beati Dyonisii[4] ; anno Dni. m° cc° nonagesimo sexto.

1301. Septembre. — Acte contenant les reconnaissances de onze serfs de Douvres, en faveur de Jean d'Oncieu, damoiseau, fils de Pierre d'Oncieu, leur seigneur.

1° Le nommé Galans, homme-lige, confesse tenir de la directe seigneuriale le *casale* où est sa maison, une vigne adjacente, et devoir de servis quatre deniers, la moitié du vin pur de sa vigne et *partem suam de Leya*[5].

---

[1] Cousance, ruisseau qui traverse Douvres et va se jeter dans le Seymard, sous Ambronay.

[2] Pierre d'Oncieu avait épousé sa sœur, Guicharde de la Palud.

[3] Se disait de la perte de son fief par le vassal. La commise avait lieu de trois manières : par désaveu, par félonie et par défaut de prestation d'hommage.

[4] C'est-à-dire le 13 octobre, la Saint-Denis, qui est le 9 du dit mois, tombant un mardi, en 1275.

[5] *Leya, leia, leda,* du latin *lata* (via) ou *ad latus* ; ces différentes expressions désignent un chemin large et commode pour la desserte des champs ou des bois. Cette part de leia, énoncée

2° Etienne Girodi, homme-lige, avoue de rente la moitié du vin pur d'une vigne sise à la Côte Girous, quatre deniers pour la casale qu'il habite et un bois en l'allée des Girous, sa part de quatre gelines avec le susdit Galans et le huitième d'un setier de vin pur [1] pour sa plantée [2].

3° Pierre Girodi, homme-lige, déclare quatre deniers pour la maison où il demeure et ses dépendances, la moitié du produit d'une vigne à la Côte Girous, un bois sis au même lieu, le huitième d'un setier de vin pur et sa part de quatre gelines.

4° Barthélemy Girodi, homme-lige, reconnait huit deniers sur sa maison et son bois de Leya, deux sols et sa part de quatre gelines sur deux parts d'un curtil, deux sols sur deux parts d'un journal de terre, sis près de la verchère de Guillaume d'Oncieu, la moitié du vin pur de deux vignes, l'une à la Côte Girous et l'autre dite de Richard Joyons, et deux parts du quart d'un setier de vin pour sa plantée.

5° Poncet Girodi, homme-lige, avoue devoir de servis dix-huit deniers pour la moitié d'un journal de terre en Palissi, dix-huit deniers pour sa maison et un bois, la moitié de la récolte d'une vigne, le quart d'un setier de vin pour une plantée sous Leya, et deux parts de geline.

6° Jean Girodi, homme-lige, doit, sur sa maison, neuf deniers, sur une vigne la confinant, la moitié du vin pur et la tierce part d'une geline, fonds et rentes acquis par Pierre d'Oncieu d'Albert, fils d'Aymon [3], d'Ambronay.

---

en termes absolus à propos d'un homme-lige ne devrait-elle pas s'entendre des corvées requises pour l'entretien des avenues du seigneur?

[1] Le setier de vin, mesure de Saint-Germain, valait environ 60 litres.

[2] *Plantata*, toute plantation nouvelle de vignes, bois et autres arbrisseaux. (Du Cange, V° *Plantata*.)

[3] Alias Raymond, voyez p. 28.

7° Etienne, fils de feu Guillaume Girodi, homme-lige, tient de la dite directe seigneuriale sa maison et un bois en Leya, sous quatre deniers de cens, un curtil contigu pour douze deniers, le tiers d'un journal de terre en Palissi, pour douze autres deniers, une vigne et un petit bois pour la moitié du produit, une autre vigne à la Côte Girous, sous la même condition, enfin, le tiers d'un quart de setier de vin.

8° Thomas Girodi est homme-lige du dit Jean d'Oncieu, ainsi que ses enfants, *pro rebus uxoris sue*; il confesse être tenu à dix-huit deniers pour un demi-journal de terre, à dix-sept deniers *pro leya*, à la moitié du vin pur de ses vignes, au quart d'un setier de vin pour sa plantée, à une bichette de froment pour sa vigne de la verchère et à sa part de geline.

9° Bonard, Johannin et Jean Girodi, frères, déclarent devoir trois sols sur un journal de terre en Palissi, trois sols et six deniers sur le pré de la Cépa, deux sols et demi setier de vin pur sur la vigne des Plantées et un bois adjacent, et moitié du produit d'une vigne sise à la Léchère.

Présents : Guillaume d'Oncieu, François de *Salicus*, habitants de Douvres, et Etiennet, fils de Vincent, de Malliaco, témoins.

Datum anno Dni. m° ccc° primo, mense septembris.

1301. Novembre. — Guillaume d'Oncieu et Johanneta, sa femme, moyennant le prix de seize livres viennoises, vendent à Jean d'Oncieu les droits qu'ils ont et peuvent avoir maintenant et à l'avenir, sur les bans de sang, gros et petits [1] et sur la propriété des dits bans dans la juri-

---

[1] *Grossis et minutis*, c'étaient les grosses et les petites amendes pécuniaires, infligées pour coups et blessures, et qui se levaient sur les délinquants, indépendamment de l'amende de soixante sols due au seigneur pour infraction au ban seigneurial, *bannum dominicum*. (Du Cange. V° *Bannum*.)

diction ¹ de Douvres ; ils lui remettent également les droits dont ils jouissent sur les clameurs ², quelles qu'elles soient, et sur leur domaine, *dominio clamorum*. Les dits époux se dessaisissent en conséquence des actions, raisons et usages y relatifs et en investissent l'acheteur par la tradition d'un bâton, *per quemdam baculum investiunt* ³.

Datum prima die mensis novembris, anno Dni mᵒ cccᵒ quinto ; presentibus : Johanneto de Maysimiaco, Reynaudo, filio predicti Guillemeti venditoris, et Bonardo Girodi, testibus.

1306. Août. — A la requête d'Etienne, prévôt (prepositi) de Virieu ⁴, et personnellement établis en présence du notaire Jean Philippi, de Belley, trois tenanciers de Samissieux ⁵, reconnaissent tenir, à titre d'emphytéose ⁶ ou d'albergeage ⁷, de la directe du dit Etienne les possessions suivantes et devoir à sa censive les servis ci-après énoncés :

¹ *Juridictio*, ressort, étendue de la justice d'une seigneurie ; la seigneurie avait ordinairement les mêmes limites que la juridiction.
² *Clamores*, je crois que ce mot doit être pris ici dans le sens d'amendes judiciaires ou imposées à la suite d'une action en justice.
³ La transmission de la propriété avait toujours lieu autrefois d'une manière sensible ; il y avait remise d'un objet quelconque, couteau, canif, bâton, etc. ; mais plus généralement c'était une plume à écrire que le vendeur passait à l'acheteur.
⁴ Virieu-le-Grand, archiprêtré du diocèse de Belley.
⁵ Hameau de Ceyzérieu (Ain), à 1,500 mètres environ de cette paroisse, sur la route de Vongnes.
⁶ *Emphytéose*, du grec *emphyteusis*, amélioration, plantation ; contrat féodal qui tenait à la fois de la location et de la vente et par lequel le seigneur ou le propriétaire d'un héritage de *franc-alleu*, tout en se réservant le domaine direct, en cédait le domaine utile, contre une redevance et sous certaines conditions.
⁷ L'abergeage ou albergeage a le même sens ; cependant on appliquait parfois cette expression au bail primitif que le seigneur faisait de son fonds au premier emphytéote.

Par Pétronille, femme de feu Jean Reverchon, sont déclarés, pour elle et ses enfants, une maison avec curtil et un journal de terre à Pierre Grosse, trois autres journaux de terre sis à la Verna, en la Montona et en Alvez, deux journaux de terre en Clusis et deux fossorées de vigne [1]; biens sur lesquels elle doit annuellement demi-sestiel et demi-bacinc de seigle, demi-sestiel et demi-bacinc d'avoine, mesure de Virieu, à la moisson, un poulet et *dimidium unum receptum cum duobus sociis*, aux vendanges, seize deniers et trois pains à la Noël.

Par Brunus Chapeus, sont reconnus une maison avec curtil et un journal de terre à Pierre Grosse, une parcelle de terre à la Verna, demi-journal à la Montona, une parcelle en Alvez, autre demi-journal en Clusis et une petite parcelle sous Samissieux ; fonds soumis au cens de demi-sestiel et demi-bacinc de seigle, demi-sestiel et demi-bacinc d'avoine, mesure de Virieu, payables à la moisson, un poulet et *dimidum unum receptum cum duobus sociis*, payables aux vendanges, seize deniers et trois pains livrables à la Noël.

Par Pierre del Montour sont avoués de cens annuel un bacinc et demi de seigle, un bacinc et demi d'avoine, mesure de Virieu, exigibles au temps de la moisson, sur un journal de terre à Pierre Grosse, une parcelle de terre à la Verna, ainsi que deux autres parcelles de terre à la Montona et en Alvez.

Les dits fonds sont situés au territoire de Samissieux.

Actum apud Samissiacum in domo predicti Petri del Montour; testes autem ad hec : Ponontus Boneti, de Viriaco, Andreas de Rojo, de Eynio [2], Poncetus, nepos Girond,

---

[1] *Fosserata hominis*, c'est-à-dire *opus hominis*, fossurage d'un homme en un jour. La fosserée, autrement dite ouvrée, est de trois ares vingt-neuf centiares.

[2] Aignoz, hameau de Ceyzérieu.

ejusdem loci, et Peronetus, filius Lamberti Arcalier, de Samissiaco.

1308. Novembre. — Reconnaissance par Jean d'Oncieu au profit de Révérend Père en Dieu, *in Christo Pater*, Pierre de Luyrieux [1], abbé du monastère de Saint-Rambert, et donation dudit abbé en faveur de Jean d'Oncieu. Jean d'Oncieu confesse et publiquement reconnaît posséder du fief de l'abbaye, en la manière et forme que son père avait coutume de les tenir, les biens et les droits ayant appartenu jadis, dans le mandement de Douvres, à Girin, de Douvres, savoir : la maison du dit Girin avec sa verchère et ses appartenances que détient maintenant Hugonnet de Chillon, le quart de la seigneurie de Douvres, de la Cousance, *ab aqua Cosanci*, à la juridiction d'Ambronay, le pré appelé Pré de la Clusici, aujourd'hui à Guillaume Merleti, le quart de la moitié du bois de Taponay, deux journaux de terres arables sur le chemin de Chacinay, cultivés par Hugonnet et Girard de Chillon, enfin un journal de terre al Vinier et quatre autres journaux en Destis, tenus à sa main, *ad manum suam*, par le seigneur confessant et sur lesquels l'abbaye percevait cinq sols de cens annuel.

[1] Treizième abbé de Saint-Rambert, d'après Guichenon. Il eut pour père Etienne, seigneur de Luyrieux (hameau de la paroisse de Béon), et pour mère Agathe, de la maison de la Balme-sur-Cerdon. Son décès eut lieu en janvier 1320, comme l'attestait l'épitaphe suivante qu'on voyait jadis au Chapitre de l'abbaye : « *Anno Domini* MCCCXX, *die mercurii, post Epiphaniam Domini* (9 janvier), *obiit R. P. P. de Luyriaco, abbas, cujus anima requiescat in pace. Amen.* » (Guichenon, *Bugey*, part. II, p. 98.) — L'abbaye de Saint-Rambert avait été fondée au ve siècle par saint Domitian. La plus grande partie des bâtiments ainsi que l'église ont été démolis en 1793. La crypte souterraine, découverte accidentellement en 1838, a été restaurée par les soins de son propriétaire sur les desseins d'un artiste de beaucoup de talent, feu H. Leymarie. (Guigue, *Topographie de l'Ain.*)

Pour l'utilité de son monastère et pour reconnaître l'attachement que lui ont toujours témoigné Jean d'Oncieu et ses prédécesseurs, l'abbé Pierre de Luyrieux lui remet, par donation pure et irrévocable, les dits quatre sols censuels en augmentation de fief.

Datum et actum apud Sanctum Ragnebertum Jurensem, monasterio predicto, ante cameram dicti dni abbatis. Anno Dni millesimo ccc° octavo mense novembris.

1308. Janvier. — Considérant le dévouement de Jean, prévôt d'Ambronay, les services et les bienfaits qu'il nous a rendus, à nous personnellement et à notre monastère, nous, Amblard de Briord [1], par la grâce de Dieu et du Siège Apostolique, humble abbé d'Ambronay, lui donnons et concédons à perpétuité les servis à nous dus par Guillaume d'Oncieu, le nommé Vitos et autres, nos emphytéotes ; lui cédons pareillement les droits, servis, usages, coutumes, actions réelles, personnelles et utiles nous appartenant à raison de notre église, les rentes en avoine, en gelines ou de toute autre nature, *que possunt evenire*, sur les biens qui furent à Guillemette de Douvres, damoiselle [2], à la charge par le dit Jean, prévôt, et les siens, de les tenir en fief de notre abbaye et d'en faire l'hommage corporel, *omagium faciant corporale* [3].

Datum anno Dni m° ccc° octavo die mercurii post Epiphaniam Dni [4].

1310. Décembre. — Etiennette, relicte de Hugonnet de

---

[1] « Fils du seigneur de la Serra en Bugey, succéda à Guillaume de la Baume, environ l'an 1310, et vesquit jusqu'à l'an 1317. » (Guichenon, *Bugey*, part. II, p. 5.) Lire plus loin, à la IIe partie, ch. IIe, *Des Sceaux*, § 5, le récit qu'a laissé Paradin de la triste mort de cet abbé.

[2] Féminin de damoiseau ; on donnait ce titre dans les actes publics aux filles de condition noble.

[3] C'est-à-dire de le prêter en personne.

[4] Le 10 janvier.

Revoyria, avait vendu à Bosonnet, prévôt de Virieu, familier de Louis de Savoie, seigneur de Vaud [1], la moitié indivise d'un moulin situé à Virieu sur la rivière Orane [2], lieu dit au Pontet. Le prince retient le dit Bosonnet pour son homme, *de venditione*, et, en récompense de sa fidélité, de ses bons égards envers lui et envers le seigneur son père d'illustre mémoire, lui donne irrévocablement et à perpétuité, l'autre moitié indivise du moulin, *in augmentum feudi aliarum rerum quas dictus Bosonetus tenet a nobis*; le domaine, l'usage et les droits pouvant appartenir à d'autres sont expressément réservés.

Datum Petre-Castri [3] die Jovis [4] post translacionem beati Nicholay [5]. Anno Dni m° ccc° decimo.

1315. Janvier. — Nous, Pierre d'Echallon, chanoine de Valence, official de Lyon, faisons savoir que Jean Aga-

---

[1] Fils de Thomas de Savoie, comte de Maurienne, et de Béatrix de Fiesque, et petit-fils de Thomas, comte de Savoie, est le chef de la branche dite de Vaud.

[2] Aujourd'hui l'Arène, qui descend des hauteurs de Thézillieu, traverse Virieu-le-Grand et se jette dans le Furans à Pugieu.

[3] Le fort de Pierre-Châtel, près de Belley. Pierre-Châtel avait été détaché du domaine des comtes de Savoie pour former l'apanage du baron de Vaud. Il le laissa à son fils, mais la veuve de ce dernier, Marguerite de Chalon, par contrat du 18 novembre 1366, le rendit au comte Amédée VI. — Le rocher de Pierre-Châtel, à pic de tous les côtés, est une position militaire importante, qu'on a dû utiliser à toutes les époques. En 1149, le château existait déjà et était possédé par les comtes de Savoie qui l'auraient reçu de l'empereur Henri IV, en 1077, en même temps que le Bugey. Amédée VI en fit une Chartreuse (28 septembre 1383), et la Révolution un dépôt de condamnés, puis une prison d'Etat. Rendue à sa destination première, cette forteresse est « aujourd'hui une des meilleures de notre frontière de l'Est ». (Guichenon, *Bugey*, p. 85, et Guigue, *Topog.*)

[4] Le jeudi 10 décembre.

[5] Saint Nicolas, évêque de Myre, en Lycie, dont la fête est célébrée le 6 décembre. La translation de son corps à Bari, en Italie, eut lieu au XIe siècle ; son culte prit depuis une rapide extension dans l'Eglise latine.

landi et Isabelle, sa sœur, ayant confessé avoir en emphytéose, de Jean d'Oncieu, un curtil situé à Douvres, et s'étant obligés à payer chaque année de ce chef, à la Nativité de Notre-Seigneur, trois sols viennois bons de servis, Jean d'Oncieu, par acte passé à cette date devant Jean Sacriste, clerc de notre Cour, prend l'engagement de les défendre, *propriis sumptibus et expensis*, contre quiconque tenterait de les molester et de les inquiéter à propos des dits trois sols de rente.

Datum tercia decima die mensis januarii. Anno Dni, mill° ccc° quinto decimo, presentibus : Guigoneto de Loysiaco, domicello, et Johanne Costanci, testibus.

1316. Avril. — Autre reconnaissance en faveur de Jean d'Oncieu. Pierre et Philippe Chatagnier, sur l'instance et à la réquisition du seigneur de Douvres, présent et recevant, confessent être, vouloir et devoir être, eux, leurs héritiers et leurs successeurs, ses hommes liges et exploitables. Ils lui doivent hommage lige [1] et fidélité; engagement pris par serment sur les saints Evangiles de Dieu.

Datum presentibus : Guigoneto de Loysiaco, domicello, et Stephaneto de Malliaco, testibus, vicesima quinta die mensis aprilis. Anno Dni mill° ccc° sexto decimo.

1316. Octobre. — Guillaume d'Oncieu, chevalier, s'avoue vassal de Jean d'Oncieu et lui rend foi et hommage pour les biens emphytéotiques suivants, mouvants de son domaine direct :

1° Une verchère en Palissi, grevée d'un service annuel de quatre bichets de froment, mesure d'Ambronay, paya-

---

[1] Lorsqu'il s'agit d'hommes de condition servile, *hommage* le même sens que *reconnaissance*, et *lige* la même force que *taillable*.

bles au temps de la moisson, et de deux sols viennois bons.

2° Une pièce tant terre que vigne, dite Costanczon, sur la Cosance, tenue à charge de treize sols de cens.

3° Une autre verchère et ses dépendances, située au lieu dit les Grans, chargé d'un service annuel de quatre sols bons.

4° Un bois en Taponay, confinant au bois de Jean d'Oncieu, et soumis à trois sols de service annuel.

Le dit chevalier déclare encore vouloir tenir en fief, du fief et sous le fief de Jean d'Oncieu, les usages, complaintes [1], hommes et exactions d'hommes, tailles, corvées et autres droits qui lui compètent *in tota baronia, parochia et mandamento de Ambroniaco et de Dolvres*, ainsi qu'un mas avec tout ce qui en dépend en la paroisse de *Tignay* [2].

Enfin, il veut devoir l'hommage lige au seigneur de Douvres, avant tout autre seigneur, hommage qu'il lui a déjà précédemment rendu *manualiter et osculo mediante* [3].

Actum et datum apud Dolvres infra domum fortem dicti Johannis de Onciaco, presentibus : Jaqueto Bordeti, domicello, Stephano de Malliaco et Petro dicto Deus

---

[1] Ou *droit de complaisance*; taille imposée dans certains cas par les seigneurs sur leurs hommes, indépendamment de la taille servile et ordinaire. (Cf. du Cange, V^{is} *Complainta* et *Complaintia*.)

[2] J'ignore quelle pouvait être cette paroisse; je l'ai vainement cherchée dans les divers pouillés du diocèse de Lyon. Il y avait bien anciennement la paroisse de Tanay, *ecclesia de Thaneyes*, aujourd'hui réunie à celle de Tramoye, mais son église était déjà abandonnée et détruit , *ma, diruta est*, au XIIIe siècle.

[3] Voici la forme de l'hommage rendu par l'homme lige à son seigneur : « L'homme mis *au net*, c'est-à-dire, chapeau bas et sans épée, et *pur le corps*, c'est-à-dire, sans manteau, joint ses deux mains, qu'il présente avec humilité à son seigneur, et lui dit : Sire, je viens à votre hommage et à votre foy, et deviens votre homme de bouche et de mains, et vous jure et promets

Desers, testibus, quinta die mensis octobris. Anno Dni mill° trecentesimo sexto decimo.

1317. Juin. — Pour le prix de cent sols viennois bons de Lyon, payé en bonnes espèces, et un bichet de froment dûment mesuré, *legitime mensurato*, Laurent, fils de feu Guichard del Buyat, vend à Jean d'Oncieu, son seigneur, la tierce part d'un pré sis au finage [1] de Douvres et la tierce part d'un autre pré situé sous Malacort, avec fonds, entrées et sorties, appartenances et dépendances.

Datum Ambroniaci, vicesima prima die mensis junii. Anno Dni m° ccc° decimo septimo, presentibus : Vincencio Martini, clerico, Jaqueto Barberii et Stephano de Malliaco, testibus.

1318. Juin. — A la demande et en présence de Jean d'Oncieu recevant, Pierre, dit de Cosanci, de Douvres, avoue être et vouloir être en la garde [2] perpétuelle du dit seigneur, et lui devoir de garde une livre de cire qu'il promet de payer chaque année à la Nativité de la Bienheureuse Vierge Marie [3].

foy et loyauté envers et contre tous, et de garder votre droit à mon pouvoir, et fais bonne justice à votre semonce ou à la semonce de votre baillif, à mon sens, et céler le secret de votre Cour. » Sur ce, le seigneur prenant ses mains jointes dans les siennes, lui répond : « Ainsi, je vous reçois comme mon homme de fief, sauf mon droit et l'autrui, à tels usages et coutumes que le dit fief pourroit devoir et être tenu, selon l'usage et coutume de ma Cour et du pays; » puis le baise à la bouche. (Revel, ibid. Quest. 17e, p. 75.)

[1] *Finagium, confinium, finis, limes agri, ex gallico*, finage. (Du Cange.)
[2] Garde, protection accordée par le seigneur, en échange d'une redevance annuelle; elle faisait, comme on le voit, l'objet d'un contrat entre les seigneurs et les particuliers. (Voyez du Cange, V° *Guarda*.)
[3] Le 8 septembre.

Actum et datum apud Dolvres, presentibus : Guigoneto de Loysiou, domicello, et Petro Dagani, de Villa-Reversura, testibus.

Anno Dni mill⁰ ccc⁰ decimo octavo, die undecima mensis junii.

1320. Février. — Devant Jean Aprilis, de Montluel [1], clerc, et, présents : frère Hugue de Moyssone, recteur de Saint-Romain de Miribel [2], Pierre de Meximieux, Jean de Lans, damoiseaux, et Rolland Leneti, témoins, Guigonnet de Loysieu, damoiseau, dit de Lucrins, librement se déclare homme lige de Jean d'Oncieu. Il lui prête foi et hommage, les mains jointes et en baisant — sur la bouche — son dit seigneur, *atque omnes alios dominos*. La main sur les Evangiles, Guigonnet jure de ne jamais contrevenir à ses engagements et d'obéir à Jean d'Oncieu *tanquam domino suo ligio*.

Datum die martis [3], in festo Purificationis beate Marie Virginis. Anno Dni m⁰ ccc⁰ vicesimo.

1321. Mars. — Philippe Chatagnier, en son nom, au nom de Hugues, son frère, et de ses sœurs, remet, à titre de vente, à Guigonnet de Loysieu, habitant de Douvres, une pièce de terre sise à Douvres, au lieu appelé Curtil

---

[1] Archiprêtré du diocèse de Belley.

[2] Ancienne paroisse. Elle doit son origine à un prieuré qu'y possédaient les religieux de l'Ile-Barbe. Au mois de janvier 1309, par conséquent onze ans auparavant, le dit prieuré avait été réuni à la mense du chambrier de l'abbaye « parce que, dit l'acte, il était placé dans une situation telle que, ni le prieur, ni aucun moine n'y pouvait résider, *propter multitudinem affluencium perversorum, et propter guerrarum incursus domus cremata sit et destructa que non possit de facili restaurari.* » (Guigue, *Top.*, Saint-Romain.)

[3] En 1320, la Purification se trouvait un samedi ; cette charte est donc du mardi suivant, c'est-à-dire du 5 février.

de Loyes. Elle a pour confins, d'un côté, la terre aux héritiers de Jean Chatagnier, de l'autre, le chemin conduisant au bois Bochet, et ne doit d'autre service que douze deniers bons de Lyon à l'abbé du monastère de Saint-Rambert, payables à qui appartiennent les revenus, sorties et *proventus* que l'abbé a coutume de percevoir annuellement à Douvres. Guigonnet de Loysieu a payé en bons deniers trente sols au vendeur qui l'en tient quitte.

Datum tricesima die mensis marcii. Anno Dni mill° trecentesimo vicesimo primo, presentibus : Johanne Pateti et Stephano Reginonis, clerico, de Ambroniaco, testibus.

1322. Février. — Autre vente au profit du même, faite par Pierre et Guichard de la Balme, fils de défunt Gauthier de la Balme, paroissien d'Ambérieu-sous-Saint-Germain, *subtus Sanctum-Germanum*. Elle est consentie au prix de quinze sols viennois bons, et a pour objet une bichette de froment, mesure d'Ambérieu, de pur et franc-alleu, que les dits frères vendeurs payeront tous les ans au dit Guigonnet à la Nativité de la Sainte-Vierge. La dite bichette censuelle est assignée, *ad opus Guigoneti*, sur la moitié indivise d'une terre dont ils abandonnent le direct domaine et de la contenance d'environ deux quartellées [1], située au finage dit de Sélière, territoire d'Ambérieu, sur la route allant d'Ambronay vers Echagnieu, près de la terre de ce mas.

Datum tercia decima die februari. Anno Dni mill° ccc° vicesimo secundo, presentibus : Johanne Codurerio, de Dovres, Hugone de Relliou et Johanne Babelli, de Ambroniaco, testibus.

---

[1] La quartellée de terre des terriers était de six coupées de semaille, ou le quart du *jugerum* romain, soit six ares trente-deux centiares.

1322. Mars. — Contre le payement de quarante-six sols réellement comptés, *in bona pecunia*, Jacquemet Ruffi, dit Cardinal, fils de feu Jean Ruffi ; Jean, son fils, et Etienne, son frère, alias Velus, *pro commodo* et surtout pour éteindre des dettes pressantes *sub usuris gravissimis urgentibus*, aliènent à Guigonnet de Loysieu, un revenu allodial et censuel de cinq sols viennois bons de Lyon. Il sera payable chaque année à la Saint-Michel [1]. Les vendeurs l'assoient sur cinq propriétés ainsi déterminées : deux parts indivises d'une quartellée de terre arable, au territoire d'Ambérieu, finage de la Léchère, près du marais de ce nom ; deux parts d'autre quartellée de terre sous Ambérieu, jouxtant la route d'Ambérieu au pont de Chausson ; un journal de terre sous la maison du Tiret [2], et deux pièces de terre anciennement vigne de deux bichonnées [3] chacune, au Tiret.

Datum vicesima die mensis marcii. Anno Dni mill° ccc° vicesimo secundo, presentibus : Johanne Lespada et Stephano Syrant et Stephano Milonis, testibus.

1322. Mars. — Aliénation de même nature en faveur du dit Guigonnet de Loysieu. Une rente de douze deniers de franc-alleu lui est garantie à perpétuité, au prix de neuf sols bons, par Jaquemet Gruaz de Moncel, paroissien d'Ambérieu. Elle est établie sur une pièce de terre d'une quartellée environ, située sous Moncel, et confinée, d'un côté, par la terre de Jean, dit li Lermi, de Vareilles, de l'autre, par celle de Jean Qualnat. Le dit Jaquemet Gruaz

---

[1] Le 29 septembre.

[2] C'est-à-dire sous la *maison-forte* du Tiret. (Voyez p. 96, note 2.)

[3] Bichonnée, *bichonata*, mesure de superficie ; elle n'était usitée que pour les terres arables et les bois. Elle valait dix ares cinquante-cinq centiares, plus une fraction insignifiante, 14 décimètres carrés, environ.

la servira tous les ans à la Saint-Michel. Le direct domaine est compris dans la vente.

Datum xx die mensis marcii. Anno Dni m° ccc° xx° secundo, presentibus : Stephano de Malliaco, Johanne Lespada et Stephano Syrant, testibus.

1322. Décembre. — *Pro utilitate sua et commodo, pro suis debitis persolvendis suisque aliis negociis utilius expediendis et in melius reformandis,* Etienne Bertoudi, de Douvres, fils de feu Humbert Bertoudi, se défait d'un pré au profit de Guigonnet de Loysieu. Le dit pré est à Douvres, au lieu dénommé en li Comba, sur le chemin public de Bougi, vers la maison de Hugonnet de Perio. Il est tenu envers l'abbaye d'Ambronay à un cens de quinze deniers viennois bons de Lyon à chaque fête de Noël. Le vendeur déclare avoir reçu du dit Guigonnet la somme de huit livres.

Fait suite à l'acte la quittance de Pierre de la Baume, châtelain d'Ambronay, attestant que les laods et vends [1], dus au comte Amédée de Savoie, sont acquittés.

---

[1] *Laudes et vendas, idem est ac laudare, approbare vendas,* droit perçu par le seigneur sur le prix de vente des fonds mouvants de sa directe. Rien de plus légitime que ce droit, car le seigneur avait la propriété primordiale de la terre, l'emphytéote n'en avait que la jouissance à long terme. Son origine, d'après Dunod *(De Præscript.,* 3e part., ch. x.) remonterait à une loi de l'empereur Justinien, prescrivant à l'emphytéote, chaque fois qu'il aurait occasion de vendre tout ou partie de son héritage, de faire connaitre à son maitre le prix offert. Celui-ci avait le choix, ou de retenir l'héritage aux mêmes conditions ou de sanctionner la vente moyennant le *cinquantième* du prix convenu.

Actuellement, c'est l'Etat qui perçoit les laods et vends ; on les appelle droits de mutation ; ils comprennent non le cinquantième, mais le dixième et dans certains cas le neuvième du prix des ventes, et la perception en est injuste, je crois, car l'Etat n'a pas sur la propriété privée le *dominum directum* qu'avait le seigneur du Moyen-Age.

Actum et datum quoad dictum Stephanum quarta die mensis decembris, millimo trecentesimo vicesimo secundo, presentibus : Jaqueto Barberii, de Ambroniaco, et Petro Syberti, de Dolvres, testibus, et quoad dictum castellanum decima die mensis januarii, anno quo supra, presentibus : Johanne de Salyno et Johanne de Onciaco, domicello.

1323. Janvier. — Pour lui et ses héritiers, Poncetus, *filius quondam naturalis*, de défunt Philippe d'Oncieu, damoiseau, remet à Guigonnet de Loysieu, moyennant vingt sols viennois, une vigne avec fonds, appartenances et droits, sise à Douvres, au finage de Cosanci, elle a pour limite, au soir, le chemin dit de Cosanci. De cens, elle n'est soumise qu'au service annuel, payable à la moisson, de la sixième part d'un setier de vin pur et de deux deniers bons de Lyon envers le seigneur sacristain [1] du monastère d'Ambronay, de la directe de qui elle se trouve dépendre.

[1] Officier de cloître, ainsi appelé parce qu'il avait la garde des choses sacrées ; ses fonctions et ses devoirs se résumaient ainsi : Il doit veiller sur tout ce qui a rapport à l'église, vases sacrés, ornements, etc. ; il est tenu de les entretenir, et d'en pourvoir suffisamment la sacristie à ses frais. Il est chargé de la sonnerie et du luminaire. De plus il doit, chaque jour des Rogations, une mesure de froment valant 15 gros, monnaie courante de Savoie ; le Jeudi-Saint, il est tenu de fournir à chaque religieux, jusqu'au nombre de vingt-cinq, en comptant le seigneur abbé pour deux, savoir : deux pains, une pinte et une mesure de vin, une carpe dont on puisse faire cinq tronçons d'une épaisseur de quatre bons doigts chacun. Il devra faire frire deux de ces tronçons dans de l'huile bonne et suffisante, et faire accommoder les trois autres au vin et à l'eau avec des aromates. Il doit de plus, ce jour-là, une salade chaude faite avec du vinaigre blanc, et un potage fait avec des pois, de l'huile et du poivre. Il doit tenir l'église dans un état satisfaisant de propreté, et veiller à ce que la toiture soit bien entretenue. Chaque fois que le

Actum Ambroniaci in opatorio [1] mei notarii (Jean Sacriste). Anno Dni mill° trecentesimo vicesimo tercio, die vicesima prima mensis januarii, presentibus : Humberto de Prato et Humberto dicto lo Bers.

Suit la ratification de frère Jean de la Balme [2], sacristain du monastère, portant les mêmes dates et scellée de son sceau.

1323. Février.— Nous, Hugues Valardi, juge du Bugey et de la Novalaise [3], résidant à Saint-Rambert-de-Joux, *apud Sanctum Ragnebertum-Jurensem*, pour illustre seigneur Edouard [4], comte de Savoie, portons à la connaissance de tous que, présent Guillaume Albi, de Saint-Rambert, clerc juré de notre Cour, noble dame Alix,

---

seigneur abbé fait recouvrir l'église, il est tenu de lui fournir cinq cents tuiles, et, lorsqu'il s'y fait des réparations, soit à la charpente, soit à la maçonnerie, c'est au sacristain qu'appartient la garde de l'église. Il occupe, à la gauche du chœur, la première stalle après le prieur et doit entonner tous les chants dont l'intonation appartient à cette partie du chœur. Il a une clé du trésor du monastère, et enfin, marche en dignité après le cellérier. Il perçoit toutes les offrandes et les dons en argent ou en blé qui se font à l'église, excepté les oblations de blé qui ont lieu le jour de la Saint-Michel, dont est chargé le corrier. (*Concordat*, ap. de *La Teyss.*, V. Pièces. just., p. 17.)

[1] *Opatorium, operatorium*, ouvroir, lieu où l'on travaille, par extension l'*étude* où travaille le notaire. (Gloss.)

[2] De la maison de la Balme-sur-Cerdon; c'est du moins ce que semblent établir les armoiries gravées sur son sceau. (Voyez II° partie, ch. II°, *Des Sceaux*, p. 33.)

[3] Pays de l'ancien duché de Savoie, avait pour capitale Novalaise, petite ville de l'archiprêtré de Saint-Genis-d'Aoste. Il parait qu'au point de vue judiciaire il ressortit pendant quelque temps au baillage du Bugey.

[4] Quatorzième comte de Savoie, fils d'Amédée V, dit le Grand, et de Sybille de Bâgé. Il était né au château de Bâgé, le 8 février 1281. Après un règne de six ans, il mourut à Paris le 4 novembre 1329, ne laissant qu'une fille de sa femme, Blanche de Bourgogne.

veuve de seigneur Jean, prévôt d'Ambronay, chevalier, loue, ratifie, accepte les conventions, pactes et traités conclus entre Pierre Prévost [1], son fils, et Jean d'Oncieu, seigneur de Douvres, quelles qu'en soient la nature et les causes. Promettant la dite Alix, entre les mains de notre mandataire, solennellement recevant en notre nom et pour Jean d'Oncieu, par serment sur les saints Evangiles, et sous l'obligation de tous ses biens, de ne jamais en enfreindre les clauses par elle ou par d'autres.

Testes ad hoc fuerunt vocati et rogati donnus Martinus de Volognia incuratus de Torceu, Guillelmus Prepositi de Ambereu, Guillemetus, clericus de Torceu, et Thomas Valerii, de Langes.

Datum apud Langes [2] die Jovis [3], secunda die febroarii, anno Dni m° ccc° vicesimo tercio.

1323. Février [4]. — Reconnaissance passée devant Jean

---

[1] Lorsque l'usage du nom se généralisa, la plupart des prévôts se firent de leurs fonctions un nom patronymique.

[2] Hameau de Torcieu; il est au-dessus de Montferrand, sur la route de Cleyzieu. Ancienne paroisse et ancienne seigneurie, disparues l'une et l'autre depuis fort longtemps. Comme paroisse, Langes est mentionné dans les pouillés du XIIIe siècle et omis dans ceux du XIVe; la suppression eut donc lieu dans l'intervalle. Comme seigneurie, il a été primitivement possédé par des gentilshommes de ce nom, a passé aux Grammont, en 1310, puis aux Gerbais, en 1375; il est resté depuis annexé à la seigneurie de Montferrand. Le château était déjà ruiné au XVIIe siècle.

[3] En 1323, le 2 février devait être un mercredi; il y a donc erreur, mais l'erreur porte-t-elle sur le jour ou sur le quantième du mois?

[4] Nous avons ici un exemple de la confusion que peut produire dans les dates comme dans les faits, si l'on n'y prend point garde, la différence entre l'ancien et le nouveau style en matière de chronologie. Les deux titres précédents et celui-ci sont postérieurs aux treize chartes qui suivent, et cependant l'ordre que nous avons adopté nous oblige à leur donner ce premier rang.

sacriste, d'Ambronay, clerc, Etienne de Mailla, Jean de Montréal, et Guillaume Burdini, témoins, par Guichard, de Romenas, gendre, *filiaster*, de Hugonin, de Romenas. Il s'avoue tenancier de Jean d'Oncieu et confesse que les fonds suivants, tenus par lui, et leurs cens, sont de sa directe et de sa censive : 1° un curtil joignant la terre de Pierre, fils du nommé al Pare, de Romenas : cens, quinze deniers, exigibles à la Saint-André [1] ; 2° deux journaux de terre en Saleysi, entre la terre de Jean de la Crose et la vigne de Girerd de Montferrand ; plus une terre voisine, un sentier entre deux, *quodam senterio intermedio* ; cens, un bichet de froment à la moisson ; 3° une vigne et un bois contigus à une autre vigne du dit confessant ; parcelle de terre d'une quartellée environ près de la fontaine de Saleysi, enfin autre terre d'environ deux quartellées, sise en Champeaux [2] ; cens annuel dû sur ces trois articles réunis, trois sols viennois.

Ces divers fonds sont du territoire de Romenas.

Datum vicesima quinta die mensis februarii, anno Dni millesimo trecentesimo vicesimo tercio.

1323. Avril. — Guigonnet de Loysieu achète une bichette de froment de rente allodiale. Les vendeurs sont : Peronnet Comalias et Jean Comalias, paroissiens d'Ambérieu. Ils promettent de la livrer chaque année au temps de la moisson, Pierre donnera le quart et Jean les trois quarts de la dite bichette. Pour la sûreté de cette rente, les vendeurs soumettent à l'hypothèque savoir : Pierre Comalias, sa terre située sous le lieu dit li Fornachi [3], entre les terres de Jaquemet Grinat et de Jean Ramolat,

---

[1] Le 30 novembre.
[2] *Champeaux, champs hauts*, partie supérieure de la colline voisine de celle de Saint-Germain.
[3] Lieu dit près du cimetière d'Ambérieu.

de la contenance d'une bichonnée, et Jean Comalias, une terre de deux bichonnées et demie en Pira Bot, ayant pour confins la terre d'Etienne lo Guichert et celle de l'hôpital de *Broti* que tient Reynaud Garnerii, domaine compris ; et ce pour le prix de dix sols comptés aux vendeurs, trois à l'un, sept à l'autre.

Datum quinta decima die mensis aprilis, anno Dni mill° ccc° xx° tercio, presentibus : Petro Jallieti et Stephano Milonis, testibus.

1323. Avril. — Martin de Molari, de Rampon [1], Martine, sa femme, et Ponet, leur fils, ces deux derniers autorisés par leur époux et père, vendent à Jean d'Oncieu une vigne contenant la fosserée de dix-huit hommes ou environ, avec terre et bois contigus, domaine, droits et tout ce qui en dépend ; les dits fonds sis à Daraysi [2] et délimités par la route allant de Vareilles vers Rampon, le chemin par lequel on va du dit Vareilles vers le bois dit Poliers et la vigne aux héritiers de Johannet Buinondi. Ils sont grevés envers le seigneur comte de Savoie d'un service de douze deniers dû tous les ans à la saint Michel, service que *solebat percipere* Pierre de Buenc, chevalier.

Vente conclue au prix de sept livres dix sols bons de Lyon.

Datum anno Dni m° ccc° vicesimo tercio... quoad dictum Martinum die decima octava mensis aprilis, presentibus :

---

[1] Autre lieu dit au territoire de Vareilles, paroisse d'Ambérieu ; c'est un coteau élevé sur le flanc droit de la vallée du Gardon. Ce mas, habité par les Dumollard et dont la plus grande partie était en prés et en terres labourables, au xiv° siècle, est aujourd'hui emplanté de vignes.

[2] Au matin du Rampon. Le beau vignoble de Daraise est aujourd'hui la propriété des maisons Cozon et Vicaire, d'Ambérieu.

Guigoneto de Loysiou, Stephanondo de Malliaco et Poneto Qualamier. Item quoad uxorem et filium vicesima tercia die mensis aprilis, presentibus : Johannino, dicto Lescuer, de Dovris, et Guillemeto de Malliaco, testibus.

1323. Mai. — Martine de Combes, relicte de Jean Forteri et Aymon, son fils, de la paroisse d'Ambérieu, cèdent, à titre de vente, à Guigonnet de Loysieu, douze deniers de pur et franc alleu. Ils reposeront sur une terre de la contenance d'un quart de journal. La dite terre est située vers Combes et a pour confins la vigne qui fut à bel Tinent, la vigne de Pierre Laurencii et la route allant de Combes vers le château de Saint-Germain [1]. Les vendeurs en serviront annuellement la rente à la fête de saint Michel. Guigonnet leur compte huit sols bons dont il est tenu quitte.

En suite de cette aliénation, Martine et son fils Aymon font sur le champ au seigneur qu'ils se sont librement donné la reconnaissance prescrite par les coutumes féodales.

Datum prima die mensis maii, anno Dni mill° ccc° xx° tercio, presentibus : Petro de Destis et Jocerando Chatagnier, testibus.

---

[1] Château-fort bâti sur une colline escarpée au-dessus du village de Saint-Germain. On croit que les Romains y avaient déjà une station militaire; c'est même pour nous une quasi certitude, car nous avons recueilli, au-dessous des anciens murs d'enceinte, divers tuileaux romains assez caractérisés pour ne laisser aucun doute sur ce point. Plusieurs rois burgondes y résidèrent, et c'est au château de Saint-Germain, suivant l'opinion la plus généralement admise, qu'aurait été rédigé et signé l'art. 44° de la Loi Gombette : « *Data Ambariaco in colloquio* ». Au XII° siècle, on le trouve aux mains des sires de Coligny. Tous nos historiens racontent en détail le mémorable siège qu'en fit Amédée V de Savoie, en 1316. Les superbes ruines que tout le monde admire sont celles de la forteresse que ce prince fit reconstruire et que Biron brûla en 1595.

1323. Mai. — Guigonnet de Loysieu achète de Pierre Joberti, paroissien d'Ambérieu, au prix de quarante-cinq sols viennois bons, six sols censuels de franc alleu payables tous les ans par le vendeur à la fête de saint Michel. Le dit Pierre Joberti les assigne : 1° sur une verchère d'une bonne quartellée d'étendue que tient Jocerand de Trémolar, et située près du Peuplier d'Asnière, sur le chemin tendant de la fontaine du Peuplier (d'Asnière) vers le Tiret ; 2° sur une terre de la contenance de deux bons journaux, au lieu dit los Trembles, confinant le champ deus Trembles, qui fut à Guillaume de Buenc [1].

Datum tercia die mensis maii, anno Dni m° ccc° xx° tercio, presentibus : Johanne Roberti, Petro de Balma et Jaquemeto Siont, testibus.

A cette pièce sont appendues deux ordonnances d'André Magri, procureur du comte de Savoie en la judicature de Bugey et de Novalaise, lieutenant [2] de vénérable et discret seigneur Georges du Solier, juge ès mêmes terres :

« A notre châtelain [3] de Saint-Germain, salut et affection. Vous mandons de sommer les héritiers de feu

---

[1] Fils de Guillaume, seigneur de Buenc. (Voyez Guichenon, *Bresse*, p. 81.)

[2] *Locum tenens*, qui remplace ; nous dirions aujourd'hui suppléant.

[3] Les châtelains du prince gouvernaient les châteaux, percevaient les revenus de ses domaines et convoquaient la noblesse en temps de guerre. Ces fonctions, très considérables dans le principe, étaient recherchées par les plus illustres familles ; mais, dit Guichenon « depuis que les ducs de Savoie, par leurs statuts, leur attribuèrent connoissance de la justice et de la police des villes et qu'on leur laissa prendre le quart denier des compositions qui se faisoient aux assises, des amendes qui s'adjugeoient à la requeste du procureur fiscal et la dixiesme partie des amendes adjugées aux assises et non composées, les gentilshommes se dédaignèrent de posséder de semblables charges, et en laissèrent tout le soin à leurs lieutenants et vice-chastellains auxquels elle est demeurée. » (Ibid. part. I, p. 31.)

Pierre Joberti d'avoir à remplir à l'égard de Pierre, fils et héritier de Guigonnet de Loysieu, les clauses de la susdite vente, à moins qu'ils aient de ce non faire une raison plausible ; en ce cas, renverrez les parties devant nous aux premières assises [1] qui se tiendront à Saint-Germain pour être statué, elles entendues.

« Donné à Saint-Germain, le xv° jour de mars, l'an du Seigneur m. ccc. xxxix. »

« Au châtelain de Saint-Germain, salut et dilection. Vous prescrivons d'exécuter l'ordre y annexé, selon sa série et teneur.

« Donné à Saint-Germain le xxvii° jour de mai, l'an du Seigneur m. ccc. xl. »

1323. Mai. — En présence de Guigonnet de Loysieu, Guillaume Joberti et Pierre de la Balme, témoins, Jean Roberti, dit Moseus, de Trémolar, remet, par acte de vente pure et irrévocable et pour quarante-cinq sols, à Jean Oncieu, présent et acceptant, quatre sols viennois bons de Lyon de rente allodiale, qu'il s'engage à lui servir régulièrement et à perpétuité à la Saint-Michel. Hypothèque de la dite rente : terre d'une quartellée à la Léchère [2], vers le pont de Gardon, contigue à la terre que Jean Roberti, vendeur, avait en emphytéose du seigneur Pierre de Buenc [3], chevalier ; autre terre

---

[1] Audiences solennelles que tenaient par intervalle les juges-mages des provinces. Les justices seigneuriales avaient aussi leurs assises, mais deux fois l'an seulement. (Voyez Aubret, *Mém.* I, p. 32, et Sirand, *Courses archéol.* II, p. 129.)

[2] *Léchère*, dans les actes du Moyen-Age, signifie *marais*, ou lieu produisant des lèches. (V. Aubret, *Mém.* II, p. 2.) Le lieu dit de ce nom, au territoire d'Ambérieu, est situé près de la route d'Ambronay à Saint-Denis-le-Chosson, sous la Côte dite de Rosier.

[3] Pierre, fils de Jean de Buenc, seigneur de Beaurepaire et de Châtillon, au Val de Buenc, fut seigneur de Mérignat et de Chenavel en Bugey.

d'égale contenance, au lieu dit les Trembles, confinée de même par une terre mouvante de la directe du seigneur de Buenc ; enfin quatre quarteilées de terre sises al Poysat, entre la terre de Martinette, relicte de Guicherd Meyo, et celle de Pierre Lombardat ; biens que, par le présent acte, le vendeur reconnaît tenir de Jean d'Oncieu. Il confesse en outre lui devoir, de garde, sur les dits fonds, un bichet d'avoine.

Datum tercia die mensis maii, anno Dni millesimo trecentesimo vicesimo tercio.

1323. Mai. — Pierre, fils de Péronnet Lombardat, de la paroisse d'Ambérieu, majeur de douze ans, affirme-t-il, et son aspect le démontre, *quod eciam ex aspectu sui corporis evidens apparet*, sur les conseils et avec l'assentiment de Jean Selvo, mari de Jeannette, sa sœur, cède à Guigonnet de Loysieu, de franc-alleu, douze deniers censuels. Ils sont assis sur un curtil, de la semaille d'environ un bichet de froment, qui est sous la maison du Tiret, joignant la route par laquelle on va de la maison-forte du Tiret vers Ambérieu, curtil dont le direct domaine passe aussi à l'acheteur. Rente payée comptant neuf sols viennois bons, et annuellement exigibles à la fête de l'archange saint Michel.

Datum quinta decima die mensis maii, anno Dni m° ccc° xx° tercio, presentibus : Johanne Chataguier et Jocerando, ejus fratre.

1323. Mai. — Encore une vente de franc-alleu faite à Guigonnet de Loysieu par André de Plastro, d'Ambérieu. Pour le juste et légitime prix de trente sols viennois bons de Lyon, Guigonnet acquiert une rente de trois sols, qui lui sera remise, tous les ans, par le vendeur et ses héritiers à la même date que les rentes précédentes. Il consent qu'elle soit hypothéquée sur une terre de la contenance d'environ trois journaux, y compris le domaine direct et ses appartenances, terre située en Sechi Vila, touchant, d'un côté, à la terre de Jean Alort et à la terre d'Etienne de Rosier, de l'autre.

Datum quinta decima die mensis maii, anno Dni mill° ccc° vicesimo tercio, presentibus : Guillelmo Joberti, Johanne Ogerii et Johanne Roberti, testibus.

1323. Mai. — Morel Colombi, Martin Sious, Jean Clérici et Jean Galéti, d'Ambérieu, vendent à Jean d'Oncieu et aux siens une terre allodiale, contenant environ cinq quartellées. Elle est au territoire d'Ambérieu, sous la *Choma*, jouxte la route d'Ambérieu vers Coutelieu [1]. Morel Colombi en vend la moitié, au prix de quinze sols, Martin Sious, le quart, pour sept sols, six deniers, Jean Clérici et Jean Galéti, l'autre quart pour même somme ; duquel prix les vendeurs sont payés, pleinement, intégralement et sans fraude.

Acte passé par Jean Sacriste, en présence de Guigonnet de Loysieu, Pierre Joberti et Guillaume Joberti, témoins.

Datum in Choma [2] illorum de Eschagniou prope murallitatem, decima quinta die mensis maii, anno Dni millesimo ccc° vicesimo tercio.

1323. Mai. — Achat par Jean d'Oncieu et donation du même à l'église de Douvres. Jean d'Oncieu achète d'Etienne de Mallia, pour quarante sols viennois bons de Lyon, que le vendeur déclare lui avoir été réellement comptés, un revenu annuel de cinq sols. Etienne les ser-

---

[1] *Versus Cotelliacum*, Coutelieu, hameau d'Ambronay, à 2 kil. environ, au soir, de cette localité.
[2] Je ne sais pas au juste ce que l'on doit entendre par *Choma*. Cette expression a peut-être le même sens que le mot *Chomata* de du Cange, qui signifie éminence, masses de terre propres à endiguer l'eau.

vira, à chaque fête de Noël, au dit Jean, à ses successeurs ou à leurs ayant-droit; rente garantie par un pré sis en la paroisse de Douvres, au lieu appelé la Lèche, avec ses appartenances et sa directe.

L'acheteur est mis en possession *per quemdam librum quem sibi tradit in signum investituræ.*

Séance tenante, Jean d'Oncieu passe les cinq sols censuels, objet de la dite vente, à l'église de Saint-Pierre de Douvres, savoir : trois sols en exécution d'un legs testamentaire fait par Pierre d'Oncieu à son luminaire [1], et deux sols en payement d'un cens d'égale somme, que l'église de Douvres disait avoir sur le *casale* où est bâtie la maison d'Etienne de Mallia, le domaine du dit pré réservé.

Témoins : Guigonnet de Loysieu, Jean, dit Balmat, et Pierre Forconis, d'Aranc [2], clerc.

Datum vicesima octava die mensis maii, anno Dni millesimo trecentesimo vicesimo tercio.

1323. Juillet. — Reconnaissances de divers tenanciers de Démo [3] produites *de mandato Clemencie*, relicte de Durand de Sago, au profit de Pierre d'Oncieu, chanoine de Genève, et reçues par Berthet de Florencia, clerc juré de l'officialité de Vienne et de la curie savoisienne en Viennois.

1º André de Breyssia confesse être annuellement tenu à trois sols de cens, pour un pré et la verchère joignant où est sa maison, la terre de Bernard Bollonat, d'un côté,

---

[1] Fabrique de l'église : *luminariæ ecclesiarum, uti vocant fabricæ, seu ecclesiasticorum ædituorum et matriculariorum fisci. (Gloss.)*

[2] Paroisse de l'archiprêtré d'Hauteville, sur le plateau où va finir la Combe du Val.

[3] Diémoz, paroisse d'environ 600 âmes, à 10 kil. au sud-est de l'archiprêtré d'Heyrieux, diocèse de Grenoble.

de l'autre, le pré de la nommée à la Pleytrina ; en outre, douze deniers pour une verchère à Démo, jouxte le chemin tendant de Démo vers Saint-Georges Spenchie [1].

2º Mathia, relicte de Jean de Breyssia, avoue devoir de cens, sur les mêmes tènements, trois sols, et onze deniers sur une pièce de terre confinée par la terre d'Etienne Chamerollat et le *trivium* de la Croix.

3º Bernard de Breyssia déclare trois sols pour une terre sise au Clos Nabonan.

4º Aymonet Paponas doit dix sols six deniers, dont six sols, six deniers sur un curtil situé près de la verchère à la Vianata, sur une terre et une chataigneraie à Démo, proche la leschère de Jean Mugnaron et le chemin conduisant de Démo vers Pleytries ; les quatre autres sols sur une terre contiguë à celle de Pierre Moyrodi.

5º Guillaume Paponas confesse dix-huit deniers annuels sur la chataigneraie susdite.

6º Guillelmeta Chantarella [2] doit un cens de cinq sols pour sa terre sise en Péreley, entre le chemin qui va vers la forêt, *foresta*, de Chano [3] et la terre de Nicolet Froterii.

7º Girard de Démo, damoiseau, se reconnait tenu à douze deniers sur deux meytérées que détient la précitée Guillelmeta Chantarella.

---

[1] Saint-Georges-d'Espéranche, autre paroisse de l'archiprétré d'Heyrieux ; elle est au sud de Diémoz et compte 1,800 habitants.

[2] Observons que, dans cet acte comme dans plusieurs, parmi les suivants, les noms propres de femme prennent le féminin ; *Chantarelli* fait *Chantarella*, et *Chavani*, *Chavana*. C'est un reste de la coutume romaine. Cet usage, qui existait partout au xive siècle, existe encore dans les campagnes. Ainsi, en Bresse, la femme d'un paysan nommé *Grelot*, s'appelle la *Grelotte* ; en Bretagne, la femme de *Lapoye*, *Lapoyte* ; en Poitou, l'homme *Roulant*, la femme *Roulante* ; le fils *Roulu*, la fille *Rouluche*. (*Mém. de la Société des Ant. de France*, I, p. 225.)

[3] Forêt isolée au milieu de la plaine, à trois kilomètres environ, ouest de Diémoz.

8° Jean Chaneyron avoue deux sols pour la verchère où est sa case, jouxte les terres d'Etienne Reynodi et de Johannet Peyset.

9° Johanneta, femme de Guillaume Colan, doit onze deniers sur une terre, près du trivium de la Croix, et quatre sols sur une verchère avoisinant la terre de Johannet, dit Chaneyron.

10° Jaqueta Peyseta reconnait devoir deux sols et six deniers, les deux sols dus jadis par Johannet Peyset, et les six deniers par Nicolet Peyset, pour la verchère où elle demeure.

11° Nicolet Peyset est tenu à six deniers sur sa verchère jouxtant la terre de Jean de Breyssia.

12° Jaquemet Paponas confesse dix-huit deniers pour le tiers d'une terre sise à Démo, sur le chemin du dit lieu vers Pleytries.

13° Guioneta Chavanna déclare vingt-un deniers, sur une terre ayant pour confins la terre de Garin Dantan et le pré de Peronnet de Breyssia.

14° Jaquemeta, relicte d'Antoine Orselli, avoue cinq sols sur une verchère, à Démo, contiguë à la maison de Zacharie de Démo.

15° Humbert Aquaria s'oblige à six sols, pour une pièce de terre, confinée par le pré de Bernard de la Vellari et et le chemin allant vers Démo.

Datum decima septima die mensis julii, anno Dni m° ccc° vicesimo tercio.

1323. Juillet. — Moi, Humbert de Montmayeur, dit Briançon [1], châtelain de Saint-Germain pour illustre

---

[1] La maison de Montmayeur est assurément l'une des plus illustres de la Savoie. Elle portait dans ses armes une aigle de sable éployée en champ de gueules, avec la fière devise : *Unguibus et rostro*. On oublie ses services et sa gloire pour se souvenir seulement du triste drame, qui fut la cause probable de son

seigneur Amédée [1], comte de Savoie, fais savoir à quiconque ces lettres verra que, en ma présence, Martin de Molari, de Rampon, spontanément, sans dol ni crainte, vend, livre, cède, délivre et concède à Jean d'Oncieu, présent et achetant, sa vigne sise au dit lieu, entre le chemin tirant du château de Saint-Germain vers Echagnieu, la route de Vareilles vers Polier et la vigne de Johannin Buinondi, avec ses droits et ses dépendances, pour le prix de sept livres dix sols, monnaie de Lyon, francs des laods et vends. Le dit vendeur se dévêt de la possession de la dite vigne *per quemdam baculum in manu mea* et « moi, le dit châtelain, *per dictum baculum*, en ai investi l'acheteur. »

Testes ad hec fuerunt vocati : Johannes de Sathonay, Berthetus de Scalis [2], domicellus, et Andreas de Plastro, de Ambayreu.

Datum apud Ambayreu, ultima die mensis julii, anno Dni m° ccc° vicesimo tercio.

---

extinction ; nous voulons parler de l'assassinat du président de Fessigny au château de Montmayeur vers 1460. Après son crime, Jacques de Montmayeur disparut. Le duc de Savoie fit confisquer ses biens et ordonna la destruction du château. L'antique manoir fut immédiatement livré aux flammes. Il n'en reste que deux tours puissantes, épargnées en quelque sorte pour éterniser la mémoire d'un grand forfait et d'un grand châtiment.

[1] Amédée V, dit le Grand, né en 1249, succéda à son oncle Philippe au Comté de Savoie, en 1285. Par son mariage avec Sibylle de Bâgé, il réunit la Bresse à la Savoie. Son règne dura 38 ans. Il mourut à Avignon le 16 octobre 1323. Son habileté politique, son talent militaire et son caractère élevé en font un des princes les plus remarquables de sa maison.

[2] *Des Echelles.* Il y a deux châteaux de ce nom dans le Bas-Bugey, l'un, au territoire d'Ambérieu, sur une petite élévation, à l'entrée de la vallée du Gardon ; l'autre, à Jujurieux, mais on ne connaît qu'une famille des Echelles. Elle apparut en même temps que ce dernier fief et faillit avec Aymonette des Echelles, femme d'André de Moyria, seigneur du dit lieu et de Mailla vers 1330. Sans doute que Berthet des Echelles, qualifié damoi-

1323. Août. — Contre la somme de trente sols viennois payée en bons deniers, juste et légitime prix de la vente, il est cédé à Guigonnet de Loysieu, habitant de Douvres, par Lyonard Bardéous et Pétronille, sa femme, paroissiens de l'église d'Ambérieu, un bichet censuel de froment, mesure du dit Ambérieu. Ce service est allodial et annuel, payable à l'Assomption de la Sainte-Vierge et assigné, par les deux époux, sur leur terre lige et quitte [1] de la Léchère, contenant deux bons journaux de terre arable. Confins : d'un côté, terre qui fut à Jean de Borsiau, chevalier, maintenant à seigneur Jean de Boczosel, et, de l'autre, route tirant vers le pont de Chausson.

Datum presentibus : Hugoneto Barberii et Humberto Tacus, burgenses [2] Ambroniaci, octava die mensis Augusti, anno Dni mill° ccc° vicesimo tercio.

1323. Septembre. — Aliénation consentie à Guigonnet de Loysieu par Hugueta li Salvagi, relicte de Jean al

---

seau, mourut jeune et sans postérité. Les deux châteaux des Echelles existent encore ; le premier, restauré par le docteur Bonnet, appartient à sa veuve ; le second, appelé quelquefois *Tour de Jujurieux*, est la propriété de M. le baron Amédée Maupetit. (Cf. Guich. *Bugey*, partie IIe, p. 55.) Au xviiie siècle le fief des Echelles, faisant partie de la seigneurie de Saint-Germain d'Ambérieu, appartenait à la famille Buynand des Echelles, dont le dernier représentant, M. Constant des Echelles, est mort à Bourg le 21 juin 1860. (*Nobiliaire de l'Ain*, Bugey, p. 83 et 84.)

[1] L'association de ces deux mots nous remet en mémoire ce que dit Revel : « Le mot *quitte*, écrit-il, Question 17e, p. 76, n'est pas un hommage de main-morte, au contraire, il signifie une exemption de servitude, et, ordinairement, on le joint à celui de *lige*, comme deux synonymes. »

[2] La correction grammaticale exigerait *burgensibus*, bourgeois ; on qualifiait de la sorte les habitants des bourgs et des villages fortifiés. Ceux qui possédaient des tènements dans l'enceinte des murs *et ratione eorum burgagium domino burgi pensitabant* (Du Cange. V° *Burgenses*), étaient parfois aussi appelés de ce nom.

Salvajo, de Douvres, et Jean, son fils, majeur de seize ans, d'une pièce de terre à Douvres, lieu dit li Corba. Elle comprend fonds, appartenances et dépendances, tous et chacun. Guigonnet la paye quarante sols viennois bons de Lyon.

L'acte est passé sous la haute autorité de Jean de la Balme, abbé d'Ambronay, et il est stipulé, sous forme de réserve, que le service annuel de deux sols qui grève ce tènement sera toujours dû au dit abbé et à ses successeurs, les droits, coutumes et usages appartenant au monastère et à l'église de Douvres demeurant saufs d'ailleurs.

Datum quinta die mensis septembris, anno Dni m° ccc° vicesimo tercio, presentibus : Johanne de Onciaco, domicello, dom° Guillelmo Burserii, presbytero, et Johanne Lescuer.

1324. Mars. — Cession de Pierre Prévôt à Jean d'Oncieu. Aux termes d'un compromis antérieur, Pierre devait assigner à ce dernier un revenu de trois sols neuf deniers. Au lieu et place de la dite rente, Pierre Prévôt remet au seigneur de Douvres les cens que voici : neuf deniers auxquels est tenue Pétronille, relicte de Pierre de Destis, pour le curtil de la Ballivreri, sis à Douvres, *inter duas ripparias*; six deniers, que doit annuellement le nommé Rebotons, sur son curtil confinant au précédent; douze deniers, que payent au dit Pierre les héritiers de Jean de Molari, pour un pré au Brodey, sur le bief qui en sort et un autre pré sous Combes; douze deniers dus par Hugues de Pério sur un pré également sous Combes; enfin, six deniers auxquels est tenu Guillaume, fils de feu Péronnet, de Coutelieu, pour la moitié d'une terre en Rustiz. Il cède les droits et obventions des dits services, avec les droits et actions qu'il a sur les dits fonds.

Datum in domo dicti Johannis de Onciaco septima die mensis marcii, anno Dni m° ccc° vicesimo, quarto presentibus : Guillelmo de Mallia et Johannino Voraja, mugnerio, testibus.

1325. Octobre. — Pierre Prévôt, fils de Jean Prévôt, d'Ambronay, chevalier, avait vendu, au prix de treize livres dix sols, à Jean d'Oncieu, une rente de franc-alleu, consistant en quinze sols viennois, que lui payait Poncetus Guigniardi, et en sept bichettes de froment dues par Rose, dite Hamasa et ses enfants, de Coutelieu, sur tous les biens tenus par eux de sa directe, au finage de Coutelieu. Par grâce spéciale, Jean d'Oncieu avait accordé à son vendeur la faculté de racheter la dite rente *ad certum tempus nondum elapsum.*

Pierre renonce à cette faveur.

Devant Jean Sacriste, d'Ambronay, le dit Pierre Prévôt cède, quitte et guerpit [1] à dame Alix [2], relicte de Jean d'Oncieu, recevant pour elle et ses enfants, les droits, actions, *peticiones* [3], *porciones* [4], grâce de rachat, réclamation et dreyture [5] qu'il a et peut avoir sur les services et les possessions sus-mentionnés.

[1] *Guerpire, werpire,* termes de droit féodal, se défaire de la possession d'une chose en faveur de quelqu'un ; *deserere, jacere,* guerpir et déguerpir.

[2] Alix de Septême. De Septême, puissante race qui posséda, en Viennois, la terre de ce nom. La branche aînée finit vers 1250 ; l'extinction de la branche cadette n'eut lieu qu'un siècle plus tard. Sans doute qu'Alix en aura été le dernier rejeton. (Voyez Rivoire de la Bâtie, *Arm. de Dauph.)*

[3] Prestation que les seigneurs levaient sous le nom de *pétition* ou prêt : « Exactiones, tallias, quas quidem precarias vel *petitiones* nuncupant, sive hospitationes regia censura penitus interdicimus, » est-il dit dans une charte de l'empereur Frédéric de 1152.

[4] Si ce mot ne signifie pas *pension annuelle,* et j'en doute, sa signification exacte m'est inconnue. Les diverses explications données par du Cange, V° *Portio,* ne répondent pas au sens que le texte semble réclamer.

[5] *Dreytura, directum,* droit que l'on a sur un objet quelconque, meuble ou immeuble ; ce terme désigne quelquefois aussi la rente, la redevance due par le tenancier.

Actum et datum apud Dolvres in domo dicte dne Alisie et ejus liberorum, vicesima quinta die mensis octobris, anno Dni millo trecentesimo vicesimo quinto, presentibus : Philippo de Onciaco, Guigoneto de Loysiou, domicello, Poneto Pucaudi et Guillemeto Chastagnier, testibus.

1326. Mai. — Pour lui et les siens, Etienne, fils de Pierre Carnoni, de Virieu, cède, à titre de vente pure, à Jaquemet Prévôt, du dit Virieu, damoiseau, une parcelle de pré et ses dépendances, indivise avec Jean, son frère. Elle est située en la Loy et délimitée, sur deux côtés, par un pré du dit Jaquemet, et, sur l'autre, par la terre de Peronnet Sadeni. Prix de la vente : neuf livres viennoises, bonnes et franches. Un service de six deniers, payable à la Saint-Michel, est dû tous les ans, sur ce fonds, aux enfants et héritiers de dame Isabelle, relicte de seigneur Anthoine de Saint-Laurent.

Actum apud Viriacum in domo mei notarii ubi testes ad hoc fuerunt vocati et rogati : dominus Petrus, vicarius Viriaci, Guionetus, filius domini Johannis de Belloniere, militis quondam, Stephanus et Petrus Sadeni, de Viriaco. Anno Dni mill° ccc° xxvi° tercia die mensis maii.

1334. Août. — Reconnaissances passées devant Etienne Aprilis, clerc de l'officialité de Vienne. Sur l'instance et à la réquisition de vénérable et discret seigneur Pierre d'Oncieu, chanoine de Genève, Bernard de Breyssia, Amand Paponas, Etienne, fils de feu Nicolet Froterii, Martin Paponas et Guillaume de Breyssia font hommage lige au dit Pierre d'Oncieu, et se reconnaissent ses hommes exploitables et taillables en le baisant au pouce [1]

---

[1] *Pollicem osculando*; usage particulier au Dauphiné. La forme de l'hommage variait dans cette province, selon la qualité du vassal. S'il était noble, il faisait le serment debout et baisait le seigneur sur la bouche. S'il était roturier, il mettait les deux genoux en terre et baisait le seigneur au pouce. Les

selon la coutume, *prout est in talibus fieri consuetum et prout usi fuerunt predecessores dicti dni Petri a dictis hominibus et eorum predecessoribus.* En toutes choses, ils promettent de procurer l'avantage et la gloire de leur seigneur, des siens et de ses successeurs [1].

Actum et datum presentibus : Poneto Mayrini et Odeto de Villiaco, testibus, die sexta decima mensis augusti, anno Dni mill° ccc° tricesimo quarto.

1335. Août. — Nous, Guigue Cayli, docteur ès lois, chanoine de Chalon, official de Lyon, et nous, Georges du Solier, juge de Bugey et de Novalaise [2], pour illustre seigneur Aymon, comte de Savoie [3], faisons savoir que devant Johannet Véronéri, de Saint-Rambert, notre clerc juré, s'est personnellement constitué Pierre Prévot, damoiseau, habitant Varambon, fils de défunt Jean Prévôt, chevalier. Considérant qu'il est d'un sage de corriger son erreur [4], le dit Pierre, à la demande de Pierre et d'Etienne

hommes de condition franche baisaient le dessus de la main du suzerain ou l'anneau qu'il portait au doigt. (Salv. de Boissieu, *des Fiefs*, p. 64.)

[1] Suivant l'ancienne et nouvelle forme de fidélité. « L'ancienne, ajoute le président de Boissieu, contenait six choses : *incolume*, c'est-à-dire que le vassal n'apportera aucun dommage à son seigneur en son corps ; *tutum*, qu'il ne lui nuira point en révélant ses secrets, ou les forces qui le mettent en sûreté ; *honestum*, qu'il ne lui nuira point en sa justice, ni aux autres causes qui concernent l'honnêteté ; *utile*, qu'il ne lui apportera aucun dommage en ses biens ; *facile vel possibile*, promettant de ne faire que le bien qui était facile au seigneur lui soit rendu difficile et de ne lui rendre impossible ce qui lui était possible. » (Ibid. *Loco cit.*)

[2] Il résidait à Saint-Germain, *apud Sanctum-Germanum*.

[3] Comte de Savoie de novembre 1329 à juin 1343. Ce prince était fils d'Amédée V et de Sibylle de Bâgé. Il succéda à Edouard, son frère aîné. Né à Bourg-en-Bresse, le 15 décembre 1291, il mourut au château de Montmélian, le 22 juin 1343.

[4] « Considerans quod sapientis est suum errorem corrigere. »

d'Oncieu, confesse *tanquam in judicio* et par serment, avoir vendu, sans aucune réserve, à Jean d'Oncieu, les droits, actions, propriétés, dreytures et réclamations, qu'il a ou peut avoir, par lui ou par d'autres, sur la seigneurie et la juridiction de Douvres, pour un juste prix intégralement payé, selon qu'il est plus amplement contenu en l'acte ce concernant, signé Jean Sacriste. — En conséquence, il déclare que la vente, passée par lui à l'abbé d'Ambronay, du droit de rachat sur les dits biens est nulle et non avenue, *debet dici illam fecisse tanquam fatuus et male avisus et etiam informatus*.

Témoins : Jean Eynardi, de Varambon, Pierre de Reliou, Pierre, fils de Granier al Alba et Johannin de Voragio, meunier, de Douvres.

Actum apud Dovres in vinea subtus domum fortem de Dovres, que vinea est dictorum Petri et Stephani de Onciaco, VIII. die mensis augusti, anno Dni m° ccc° xxx° quinto.

1335. Août et septembre. — Autres reconnaissances passées en faveur de Pierre d'Oncieu, chanoine de Genève, par ses tenanciers du Viennois [1]. Ce sont Anthoine de Breyssia, fils de feu Johannet de Breyssia, Etienne et Julien, fils du nommé Colan, défunt, de Démo, et Jaquemet Paponas. Ils lui rendent l'hommage lige, comme les précédents, et s'avouent taillables et exploitables, en lui baisant le pouce, *pollicem osculando*. Ils jurent sur les saints Evangiles de Dieu, par stipulation solennelle, de ne jamais violer la foi qu'ils lui ont donnée et de ne favoriser en aucune manière quiconque voudrait y porter atteinte, *contra dictum homagium vel aliquid*

---

[1] Province de l'ancien Dauphiné ; elle comprenait presque en entier les deux arrondissements de Vienne et de la Tour du Pin.

de predictis per se vel per alium non venire nec contraire volenti in aliquo consentire.

Datum, quoad Anthonium, Stephanum et Julianum, die decima nona mensis augusti, anno Dni mill° ccc° tricesimo quinto, et, quoad Jaquemetum Paponas die secunda mensis septembris, anno quo supra.

1341. Juillet. — En présence d'Etienne, dit Sarmenta, de Lavours [1], de Bouchard, de Grammont [2], et de Jean, fils de Pierre Ruffi, de Virieu, témoins, Jean, dit de Yes, mari d'Ambroisie, fille de Marguerite, relicte de Pierre Sobonis, ladite Ambroisie et Peronnette, sa sœur, concèdent à Jaquemet Prévôt, de Virieu, au prix de seize sols bons, réellement nombrés, les services et les usages de franc-alleu qui suivent, fonds et direct domaine compris : treize deniers sur Jaquemet, fils d'André Aubonis; deux sols six deniers sur Hugonnet Viriginis; quatre deniers dus par les enfants de Vullerondi, de *Chassiaco* [3]; seize deniers dus par les enfants d'André Vulleroni; treize deniers sur Guillelmeta, femme de Pierre, fils d'André Vulleroni *junior;* deux sols sur Girard Gruffi et ses frères; dix-huit deniers sur André Reyons, d'Eynio; quatre deniers sur Pierre Salas, de Samissieux, et ses frères; et deux sols six deniers dus par Jean Nérétérii, d'Eynio.

De plus, ce parchemin contient dix reconnaissances passées, aux mêmes dates, à Jaquemet Prévôt, *de mandato* des dits vendeurs :

---

[1] Paroisse d'environ 300 âmes de l'archiprêtré de Belley ; elle est située sur les bords du Rhône à 6 kil. en aval de Culoz. A côté du village on remarque une éminence rocheuse dénommée le Molard de Lavours. Quelques auteurs pensent qu'elle a été fortifiée par les Romains et utilisée par les Sarrasins.

[2] Hameau à 2 kil., ouest de Ceyzérieu (150 habitants).

[3] Impossible de retrouver sous les dénominations modernes l'ancien nom de ce village.

1° **Jaquemet**, fils d'André Aubonis, confesse avoir en abergeage, de la directe du dit Jaquemet Prévôt, un pré d'une seytive [1] environ, lieu dit en Biens, sous le servis de deux sols six deniers à la Noël.

2° Pierre, fils de Vullerondi, de *Chassiaco*, reconnait quinze deniers, payables à l'Annonciation de la Sainte-Vierge [2], sur un journal de terre sis vers Archalian, sur le bief de la fontaine d'Archalie.

3° Pierre Maser, fils d'André Vulleroni, de Ceyzérieu [3], avoue tenir, en abénévis, un curtil d'un journal et demi, avec maison dans le dit curtil, sis vers les Croix, et devoir sur ce tènement seize deniers à la Pâques du Sauveur.

4° Pétronille, relicte de Jean Curelli, confesse, pour elle et ses enfants, deux deniers de servis sur la maison où elle demeure.

5° Guillelmeta, femme de Pierre, fils d'André Vulleroni, avoue un service de dix deniers, exigible également à Pâques, sur sa maison et un curtil situés *in villa Seyssiriaci*.

6° Guillaume, fils de Pierre Gruffi, Gérard et Jean, ses frères, d'Avrissieux [4], confessent devoir, à la Noël, deux sols pour un journal de terre au dit village. Fait devant la maison de Hugonette *de Furno* (Dufour) ; présents :

---

[1] *Seytive* en Bugey, *sexturée* en Bourgogne, *seytiva*, *seyteriata*, étendue de pré qu'un homme fauche en un jour, environ trente et un ares soixante-cinq centiares.

[2] Le 25 mars.

[3] Paroisse de l'archiprêtré de Virieu-le-Grand ; elle était le chef-lieu d'un décanat et l'une des divisions ecclésiastiques du diocèse de Genève. Ceyzérieu possédait autrefois un prieuré qu'une bulle du pape Paul V, du 3 avril 1606, unit au chapitre de Belley.

[4] *De Avrissiaco*. Il y a Avrissieux d'en Haut et Avrissieux d'en Bas, mais les deux hameaux ne forment qu'un village de 230 habitants, dépendant de Ceyzérieu.

Guillaume Prévôt, de Virieu, Bouchard, de Grammont, et Jean Carameri, d'Ardosset[1].

7° André, dit Reyons, d'Eynio, se dit tenu à dix-huit deniers de servis, à la Nativité du Sauveur, pour deux journaux de terre sous Ceyzérieu. Fait devant la maison du doyen de Ceyzérieu; Etienne, dit Sarmenta, de Lavours, Bouchard, de Grammont, et Jean, fils de Pierre Ruffi, témoins.

8° Pierre et Etienne, dit Salas, doivent, de leur aveu, quatre deniers à la Saint-Michel, pour une pièce *songerii*, sise à la Léa.

9° Andrevet, fils de Jaquemet Vullemeni, déclare avoir été abergé d'un journal de terre et de sa maison, sous le service de dix-huit deniers exigible à Pâques. Fait en la maison de Johannette Dufour; témoins : Jean, fils de Hugonnet Vullemeni, Hugonin, fils de Jacques Dufour, et Jean Salis.

10° Etiennette, fille de Jacquemet Laniéri, avoue, sur un journal de terre en Pelatan, un service annuel de trois deniers et d'une géline à la Saint-Michel. Fait à Vognia[2], en la maison de la dite Etiennette; présents : Pierre Ruffi, de Virieu, Jean Morelli et Pierre, dit Bergerii, de Vongnes.

Anno Dni mill° ccc° quadragesimo primo quindecima die mensis julii, apud Seysiriacum, in domo que fuit Petri Sobonis.

1343, 1344, 1346. — Bande de parchemin de 0,76 de longueur sur 0,20 de largeur où nous cueillons les aveux suivants :

---

[1] *De Ardosseto*. Ce village appartenait en grande partie aux religieuses de l'abbaye de St-Pierre de Lyon, qui possédaient le prieuré de Saint-Ennemond de Ceyzérieu.

[2] Vongnes, paroisse du diocèse de Genève, déjà mentionnée vers 1136 et supprimée au Concordat. De nos jours petite commune de 140 habitants.

1343. 22 Octobre. — Jean, dit Filoti de la Fontaine *(de Fonte)*, de Cressin[1], confesse être et vouloir être homme lige de Pierre d'Oncieu, et lui devoir, tous les ans, à la Noël, six deniers, *monnaie de servis*, garantis sur sa tête, *super capud suum*[2] et sur tous ses biens.

Acta sunt hec apud Creysins in logia ante domum dicti Petri, presentibus : Nicolerio de Chimina, habitatore Rupisfortis[3], Johanne de Vignons, dicto Bergier, et Johanne Musin, dicto Bellerini, de Creysins.

1344. 6 Octobre. — Aveu rendu, en la même forme, à Pierre d'Oncieu par Ponet, dit Guers, habitant de Pollieu[4], qui se dit annuellement tenu de taille accensée[5] à deux sols viennois, même échéance.

Apud Polliacum in domo Poneti Peyrini dicti loci, presentibus : Peroneto de Boyseria, Petro de Rossellione[6], habitatore de Prissiaco[7], et Nicholerio de Chiminia, habitatore Rupisfortis.

1344. 11 Octobre. — Reconnaissance identique passée par Jacquemond *de Insulis supra portum de Lavors*.

Apud Lavors infra grangiam Hospicii Ordinis[8], presen-

---

[1] Village de 400 âmes, à la fois paroisse et commune. Il est près du Rhône, sur la route de Belley à Culoz.

[2] *Capud* pour *caput*. (Voyez du Cange, V° *Caput*.)

[3] Rochefort, section de la paroisse de Cressin.

[4] *De Polliaco*, paroisse de l'archiprêtré de Belley, entre Flaxieu et Cressin.

[5] La taille accensée avait la nature du cens ou du servis. Remettre un fonds sous cette condition c'était le *donner à ferme*. (Perret, *Observ. sur les Usages de Bresse*, I. p. 380.)

[6] Rossillon, paroisse de l'archiprêtré de Virieu ; elle s'étend au pied d'une colline calcaire que couronnait jadis un château-fort. Bâti au XI° siècle, ce château a été brûlé par Biron à la fin du XVI°. Ses ruines présentent l'une des plus belles perspectives du Bugey.

[7] Probablement Parissieu, hameau de Cressin-Rochefort.

[8] L'Ordre de l'Hôpital. Ce ne peut être que l'Ordre des chevaliers de Saint-Jean de Jérusalem, fondé en 1104 et appelé de l'Hôpital de la maison où il avait pris naissance.

tibus Petro de *Maseigimo*, domicello, Poneto, dicto Verney, de Polliaco, et Johanneto, dicto Charocon, habitatore de Portu de Lavors.

1344. 21 Novembre. — Jean, dit Charvet, habitant de Cressin, déclare posséder, du domaine direct de Pierre d'Oncieu, un curtil sis au village de Cressin, lieu dit el Costes, sur lequel il paye tous les ans, à la Saint-Michel, dix-huit deniers viennois.

Apud Creysins infra domum prenominati Petri de Unciaco, presentibus : Petro de Rossellione, Johanne, dicto Dodant, et Matheo, filio Bosonis de Monte (Dumont).

1346. 9 Avril. — Guillelma, fille de Magni Petri de la Fontaine, de Cressin, et femme d'Aymonet Bochardi, du dit lieu, avec l'autorisation de son mari, confesse être bonne *femme lige, bonam mulierem ligiam*, de Pierre d'Oncieu, damoiseau. Elle lui est redevable en cette qualité de taille accensée, à chaque Saint-Michel, d'une bichette de froment, mesure de Rochefort.

Apud Creysins, ante domum Vialeti de Fonte, presentibus : dicto Vialeto, Humberto Bellini et Johanne Filoti, de Creysins.

1343. Décembre. — Acte portant vente, reçu et signé par Albert Richerii, d'Ambronay, au nom de Chabert Hugonis, obédiencier [1] de Saint-Just, official de Lyon, et de Raymond du Solier [2], juge du Bugey, en résidence à Saint-Germain. Contre la somme de neuf florins d'or, bons, fins et de légitime poids [3], Guillaume Blens, de la

---

[1] Premier dignitaire du chapitre de St-Just ; les autres étaient le sacristain, le chantre et le prévôt. Ce mot paraît emprunté à la langue monastique. Le chapitre de Saint-Just devait en effet son origine à un couvent sécularisé.

[2] Sans doute fils de Georges du Solier que plusieurs titres ont précédemment rappelé.

[3] Florin, a *flore lilii* ; monnaie d'or frappée à Florence depuis 1252 et dont huit faisaient l'once. D'un côté était l'effigie de

Côte Saint-André [1], maintenant habitant le bourg d'en haut de Saint-Germain, *nunc habitator burgi superioris Sancti-Germani* [2], et Johannette, sa femme, se dessaisissent d'environ quatre fossurées de vigne au profit de Pierre et d'Etienne d'Oncieu, damoiseaux. Ce tènement

saint Jean-Baptiste et, de l'autre, la fleur de lis que Florence portait dans ses armes. Telle en fut la vogue qu'on appliqua ce nom, dans la suite, à toutes les autres monnaies d'or. Le pape Jean XXII, en 1322, les Dauphins de Viennois, quelques années après, et les Comtes de Savoie, en 1352, mirent aussi en circulation des florins frappés à leur coin particulier.

En France, ce terme servit à désigner les monnaies d'or appelés *deniers, addita,* dit du Cange, *notarum quarumdam quibus a se invicem distinguebantur nomenclatura. Hinc quos denarios ad Agnum seu ad Mutonem, ad Massam, ad Cathedram et ad Scutum vocant Statuta Regum nostrorum.*

[1] Archiprêtré du diocèse de Grenoble. Il compte environ 4.000 habitants.

[2] *Burgum superius* ; plus loin nous trouverons le *burgum novum* de Saint-Germain. Il y avait donc, dans ce village, le bourg d'en haut et le bourg d'en bas, le bourg neuf et le bourg vieux. Cette distinction est propre au XIVe siècle. Antérieurement à 1316 et postérieurement à 1500 elle est inconnue.

Sous l'enceinte même du château, au lieu dit *les Mâtres*, s'étend une ligne de vieilles masures qui ont été anciennement habitées ; c'est là le Saint-Germain primitif, le bourg d'en haut ou *vetus*, bâti sous l'abri tutélaire de la forteresse.

L'année 1316 ouvrit pour Saint-Germain une ère nouvelle. En même temps qu'il faisait du château une place de guerre imprenable, le comte Amédée V développa, agrandit son humble protégé, qui allait devenir le chef-lieu de plusieurs divisions administratives et judiciaires. Alors se montre l'agglomération actuelle, le *burgum novum*, établi presqu'au pied du côteau, sur la grande route de Savoie. Il est fortifié aussi, entouré de murailles, fermé de portes à ses deux extrémités, et de longs murs crénelés, remontant la colline, le relient à la citadelle. Grâce à sa situation avantageuse, il prospéra, au détriment du quartier supérieur, et, moins d'un siècle et demi plus tard, ce dernier était presque entièrement désert. La distinction cessa dès lors parce qu'elle n'était plus nécessaire.

Dans l'ancien bourg des Mâtres, il y eut, dès le principe, une

est en Darayse, contigu à la vigne qu'y possèdent les dits seigneurs, et sur le chemin menant du moulin en amont de Vareilles vers la maison de Hugonnet du Molard. Il est soumis à deux setiers de vin pur de servis, payables aux vendanges, à Guigonne, femme de Pierre Lombard.

Datum Ambroniaci in opatorio dicti jurati nostri, presentibus : Petro Marescalci, Guillemeto Ceti, de Ambroniaco, et Johanneto Siberti, de Dovres, testibus, vicesima prima die mensis decembris, anno Dni mill° trecentesimo quadragesimo tercio.

Pierre de la Balme, bailli de Saint-Germain[1], *laudans omnia et singula in dicta hic presenti littera annexa contenta*, donne à la vente son approbation et l'investiture aux acheteurs, la vigne étant du fief d'Aymon, comte de Savoie. Fait le vingtième jour de mars, an mil treize cent quarante-quatre.

1345. Mars. — Lors du partage de la succession de Jean d'Oncieu entre les trois frères, Pierre, Etienne et Gui-

---

chapelle sous le vocable de Notre-Dame de la Côte, dont la Vierge fut longtemps l'objet d'une dévotion particulière. Sur la fin du XVIII° siècle, la chapelle et la statue ont été transférées dans le quartier d'en bas où elles se trouvent encore.

Saint-Germain a-t-il été paroisse au moyen-âge ? L'auteur de la *Topographie de l'Ain* l'affirme. Cependant on ne voit nulle part, dans les pouillés du diocèse de Lyon, ce village figurer au rang des paroisses ; il n'a pas même le titre d'annexe. Pour le spirituel, il dépendait, comme aujourd'hui, de l'église voisine d'Ambérieu.

[1] Haut fonctionnaire des Etats de Savoie. Les baillis « avoient la conduite du Ban et Arrieban, présidoient aux assemblées des Estats, commandoient en la Province, en l'absence du Prince ou de ses gouverneurs et lieutenants généraux, faisoient l'assiete de toutes les impositions et tailles, dont les contraintes se faisoient sous leur nom, recevoient les serments des Chastelains et Curiaux qui dependoient de la nomination du Prince, visitoient les places fortes en temps de guerre et en ordonnoient les fortifications. » (Guich., *Ibid.* Ire partie, p. 26.)

gonnet d'Oncieu, clerc, celui-ci avait eu, pour sa part ou frareschie, les cens et revenus perçus sur le moulin d'Espéranche [1], *situm in Espenchi*, un pré et une terre l'avoisinant. Pourquoi les dits immeubles étaient-ils abergés au nom de Pierre, son aîné ? On nous le laisse ignorer. Toutefois, Guigonnet, muni de ses titres et assisté des notaires Guillaume Azilliani et Pierre Lanétis, s'en était fait restituer la propriété. — En conséquence, Jean Borboreys, meunier, et Paule, sa femme, déclarent tenir les dits moulin, pré et terre, du domaine direct de Guigonnet d'Oncieu ; engagement valable pour une année seulement et sous le cens de quinze setiers de seigle, mesure de Saint-Georges, qu'ils serviront en douze termes, dix bichets par mois [2] ; les dommages, intérêts et dépens pouvant survenir demeurent à la charge des dits confessants. — Témoins : Jean de Montréal, Amblard de Parieu et Guillaume d'Oncieu, damoiseaux.

Datum ante ostium dicti molendini, die penultima mensis marcii, anno Dni millº cccº quadragesimo quinto.

1346. Mai. — Une pièce de terre d'environ quinze quartellées, sise en Frumentari, territoire de Saint-Germain [3], sous le chemin public du bourg de la Crose vers le pont de Chausson, avait été acquise par Etienne et Pierre d'Oncieu ; mais la mise en possession restait en souffrance. Par lettres datées des assises de Rossillon, le 21 février 1346, Henri de *Meldimo*, juge de Bugey, ordonna d'y pourvoir.

Hinc est quod, noble seigneur Pierre de la Balme, bailli du Bugey et châtelain de Saint-Germain, en vertu

---

[1] Moulin situé à 1.500 mètres, au nord-est de Saint-Georges (Isère).

[2] Le setier de seigle de la dite mesure valait donc huit bichets.

[3] Plus exactement, territoire d'Ambérieu, mandement de Saint-Germain.

des ordres à lui donnés, met Etienne d'Oncieu et son frère en possession de la dite terre et de ses appartenances, prescrivant à Hugonnin du Molard qui la cultive, *facit ad culturam et excolit*, de s'acquitter dorénavant des tâches[1] envers ce même Etienne et de lui obéir comme à son seigneur. Hugonnin le fait à l'instant, *statim et sine mora*.

Datum in carrieria[2] publica burgi novi S^{ti}-Germani, ante domum Johannis de Rampone ; presentibus : Johanne de Rampone, clerico, Guioneto Pellérini, Vialeto Marandi et pluribus aliis.

1348. Mars. — Un accord, ménagé par l'abbé d'Ainay[3], avait mis fin au différend soulevé entre Pierre d'Oncieu

---

[1] La *tâche* n'était point un droit seigneurial, *nec est jus dominicale*, mais une sorte de redevance prélevée sur les fruits d'un fonds par celui, seigneur ou roturier, à qui il appartenait de la percevoir. Elle ne portait ni laods, ni cens, et n'entraînait pas l'échute, à moins qu'elle ne fût qualifiée mainmortable. (Revel, Quest. 17e, p. 77.) Elle avait une grande analogie avec le *Champart*, *Tasque* ou *Agrier*, part des fruits que le seigneur se réservait quelquefois *in traditione fundi*, pour tenir lieu de cens et qui n'était pas non plus seigneurial de sa nature.

[2] Et *Carreria*, place ou rue. Ce terme désigne proprement un chemin où peuvent circuler les chars et les voitures, *currus*, par conséquent plus étroit qu'une route et plus large qu'un sentier. Il est encore très employé de nos jours parmi les villageois de la Bresse ; on dit surtout Charrière.

[3] *Athanacum* (l'étymologie de ce nom est toujours un problème), célèbre abbaye, bâtie au confluent du Rhône et de la Saône à l'endroit où sainte Blandine et ses compagnons de martyre, avaient reçu la sépulture. « Détruite par les Huns, relevée au ve siècle, sous l'invocation de saint Martin, saccagée par les Vandales, puis par les Sarrasins et peut-être par les Hongrois, mais toujours reconstruite, elle adopta au commencement du viie siècle la règle de saint Benoît. Elle acquit, au Moyen-Age, de grandes richesses et une immense puissance, fut saccagée, en 1562, par les protestants, puis, rebâtie une

et ses frères, d'une part, et Odet de Morasno[1], damoiseau, Girerd et Jacques de Florencia, Mathieu Morandi, dit d'Artas, et frère Jean, moine, frère de ce dernier, d'autre part. Ces divers contendants s'étaient avoués redevables, envers les frères d'Oncieu, de six vingt florins d'or bons et fins, dont trente-deux florins et demi constituaient la part afférente au dit Mathieu Morandi. Il s'en décharge par la présente cession.

Devant Etienne Aprilis, le dit Mathieu Morandi, et Stella, sa femme, bourgeois de Saint-Georges d'Espéranche, remettent à Pierre d'Oncieu, présent et stipulant, un pré sis sur la route allant de Saint-Georges vers Artas[2], avec ses entrées, sorties, accès, servitudes et autres droits ; aliénation faite pour la somme susmentionnée dont les vendeurs se tiennent pour payés.

Actum et datum apud Sanctum-Georgium Spenchie ; presentibus : Johanne de Fago, filio Hugonis de Fago, Anthelmeto Morandi, burgensibus S^{ti}-Georgii, et Laurencio Michaelis et Poneto, burgensibus dicti loci, die octava mensis marcii, anno Dni, mill° tercentesimo quadragesimo octavo.

1348. Juin. — Pierre et Jean Mayllioudi, frères, Anthoinet Mayllioudi, Johannet Payllios, Anthoinet Payllios,

---

dernière fois par les chanoines ; elle a été définitivement rasée, en 1793, pour faire place à de nouvelles rues. Le palais abbatial avait compté, parmi ses hôtes, Innocent IV, l'archiduc d'Autriche Philippe-le-Beau, François Ier, Henri II, Louis XIII, Marie de Médicis, Anne d'Autriche. »

[1] *De Moras*. Les de Moras ont été seigneurs de Layet, en Dauphiné. Humbert de Moras se croisa en 1191 ; Gille combattit à Varey, en 1325, et on trouve Mathieu de Moras vivant, en 1355, à Saint-Georges-d'Espéranche. Famille éteinte au xve siècle. (Riv. de la Bâtie, *Arm. de Dauphiné*.)

[2] Paroisse de l'archiprêtré de Saint-Jean-de-Bournay, diocèse de Grenoble ; elle est située à l'est de Saint-Georges et compte un millier d'habitants.

Martin Mayllioudi et Ponet Payllios, tous **paroissiens de Dagneux**[1], jurent fidélité, pour eux et leurs héritiers, à noble seigneur Etienne d'Oncieu. Ils veulent être ses hommes liges, et confessent lui devoir, en raison de cet hommage, pour chaque homme tenant maison et faisant feu, *hospicium tenente et focum faciente*, douze deniers viennois censuels, monnaie courante, à la St-Michel d'hiver.

« Inter dictos domicellum et homines et in pactum validum expresse deductum quod dictus domicellus, aut sui, qui pro tempore erunt domini dictorum hominum, ipsis hominibus aut suis imperpetuum nichil aliod petere possint vel debeant vi seu potencia, neque aliquid ab ipsis hominibus aut suis extorquere, exigere, recuperare vel levare exceptis duodecim denariis pro singulo foco. »

D'où on peut conjecturer que les seigneurs, en percevant leurs revenus, outrepassaient quelquefois leurs droits.

Acte reçu par Jean de Richemont[2], clerc, notaire à Montluel. Témoins : Berthet Boyssonis, de Montluel, Pierre Fornerii, de Dagneux, et Pierre de Marcel, damoiseau.

Datum die nona mensis junii anno Dni mill° ccc° quadragesimo octavo.

1356. Octobre. — Procuration passée devant Pierre Bertini, de Lompnes[3], par le seigneur de Fromentes[4].

---

[1] Paroisse voisine de Montluel; sa population est d'environ 900 âmes.

[2] C'est-à-dire natif de Richemont; l'usage de désigner par le lieu de la naissance était fort répandu au Moyen-Age. Il s'est conservé jusqu'en ces derniers temps dans plusieurs contrées de l'Europe, notamment en Italie.

[3] A 1.000 mètres environ au nord d'Hauteville (Ain). Lompnes est un des villages les plus pittoresques du Haut-Bugey. Il doit son origine au château que les comtes de Savoie y possédaient déjà au XIIe siècle, et qui est devenu la propriété de M. le comte d'Angeville.

[4] Hameau de Neuville-sur-Ain, autrefois seigneurie importante en titre de baronnie. Elle dépendit d'abord de la sirerie

Noble homme Humbert[1], seigneur de Fromentes, damoiseau, nomme ses procureurs et mandataires : dame Huguette de Beauregard[2], sa mère, relicte de seigneur Etienne de Fromentes, chevalier ; Amédée de la Balme[3], chevalier, et dom Pierre, dit Larbrella, prêtre. Ils doivent assigner, au profit d'Etienne d'Oncieu et de ses héritiers,

du Revermont, puis du duché de Bourgogne et passa, en 1289, sous la suzeraineté des comtes de Savoie. Huguette de Beauregard la porta en dot à Humbert, seigneur de la Balme-sur-Cerdon (1230 env.), et Huguette de la Balme, dernière de la famille, la fit entrer dans la maison de Coligny, vers 1435. En 1529, Claude, seigneur de Châteauvieux, s'en rendit acquéreur et l'unit à sa terre de Châteauvieux dont elle est depuis restée une dépendance. — Le château de Fromentes était situé sur le Suran, à trois kilomètres au nord de Neuville : « Quoi qu'il soit à présent ruiné, dit Guichenon, néantmoins il n'est pas mal aysé de juger que la structure en estoit belle et forte autant que l'assiette du lieu le pouvoit permettre. Il y a un petit bourg où encore aujourd'hui (1650), se tiennent des foires et des marchés. » (*Bresse*, IIe partie, p. 54.)

[1] Fils d'Etienne de la Balme, seigneur de la Balme et de Fromentes. D'après Pingon, il serait fils de Jean de la Balme et de Pernette de Montferrand, et il aurait eu pour femme Jeanne de Montfalcon. Cependant, lui objecte l'auteur de l'*Histoire de Bresse*, par son testament qui est du 27 avril 1391, il se dit fils d'Etienne et nomme sa femme Catherine de Luyrieux. (*Généal., Bugey*, p. 25.) Cette procuration, dont l'authenticité n'est pas suspecte, vient à l'appui de l'affirmation de Guichenon.

[2] *Hugueta de Bello Respectu*, fille de Vauchier, seigneur de Beauregard, en Franche-Comté, et de Jeanne de Corveissiat. Le mariage de Huguette de Beauregard et d'Etienne de la Balme fut conclu au château de Pont-d'Ain, le 24 juillet 1329 ; témoins : Béraud de Coligny, seigneur de Cressiat, Etienne de Coligny, seigneur d'Andelot, et Fromont, seigneur de Toulonjon. Huguette testa le 13 juillet 1661.

[3] Seigneur de Boches, fils de Pierre et de Marguerite de la Balme, d'une branche collatérale des seigneurs de la Balme-sur-Cerdon. — Boches est un hameau de Saint-Alban (Ain). Il ne reste que des ruines du château qu'Humbert de Thoire-Villars avait inféodé à Pierre de la Balme, en 1335.

onze livres censuelles ou de revenu annuel de franc-alleu, moitié en blé, moitié en argent ; lequel revenu Humbert avait promis de lui constituer *pro sexentis florenis auri fini et garnimentis Margarite* [1] *dicti Stephani quondam uxoris.* Il leur donne mandat spécial, plein, général et libre pouvoir d'asseoir et d'établir les dites onze livres à la simple réquisition d'Etienne, en et sur toutes ses seigneuries, mandement de Fromentes et autres, terres, prés, maisons, vignes, bois et fonds imposables de toute nature.

Datum apud Dolvres in domo forti dicti Stephani in aula bassa, presentibus : Humberto de Mortarey [2], domicello, Hugoneto, filio quondam domini Petri de Balma in Verromessio [3], militis, Johanne Mussardon et Girardo Burgundionis, habitatoribus de Dolvres ; die xxiiii mensis octobris anno Dni m° ccc° lvi.

1358. Juillet. — Vente en faveur d'Etienne d'Oncieu. Ponet de Molon, habitant de Douvres, et Johannette, sa femme, remettent au dit Etienne, savoir : au prix de onze

---

[1] Sœur d'Humbert de la Balme. Il paraît qu'elle n'était point nommée dans le testament de sa mère qu'a vu Guichenon, puisque, tout en la qualifiant « espouse d'Estienne d'Oncieux », l'*Histoire de Bresse* omet son nom au rang que l'ordre de sa naissance lui donnerait droit de prétendre.

[2] Humbert de la Balme, seigneur de Mortarey, de l'Asne et de Langes, qui fut conseiller d'Amédée VI, comte de Savoie. — La terre de Mortarey, paroisse de Saint-Alban, avait été remise, en 1350, par Humbert de Thoire-Villars, à Jean de la Balme. Celui-ci, après en avoir construit le château, étant mort sans postérité, l'avait cédée par testament à son frère Humbert.

[3] L'une des nombreuses branches formées par la maison de la Balme ; elle s'était établie au territoire de Linod, hameau de Vieu en Valromey. A cette branche appartenait Pierre de la Balme, deuxième fils de Jean, seigneur du dit lieu. Un cellier marque aujourd'hui la place que leur manoir occupa jadis.

florins d'or, un pré de trois seytives environ, sis au lieu dit en Golet, touchant au pré de l'aumônerie [1] d'Ambronay, et, au prix de cinq florins, un autre pré de deux seytives situé au même canton. Sur le premier, il était dû, de service annuel, dix-sept deniers, dont cinq à l'abbé d'Ambronay et douze au corrier de son monastère [2]; sur

---

[1] *Eleemosynaria*, charge et dignité d'aumônier. L'aumônier de l'abbaye venait en dignité immédiatement après l'infirmier. Sa stalle se trouvait à gauche du chœur, à côté de celle du sacristain. Ses devoirs consistaient à distribuer aux pauvres, le premier dimanche de Carême, un morceau de lard bon et suffisant; tous les jours de la quarantaine jusqu'au Jeudi-Saint, une bribe de pain de la grosseur d'une pierre qu'on voit encore dans le pilier de séparation du portail de l'église, et, chaque jour de l'année, aux voyageurs et aux indigents de passage, trois pains et deux pintes de vin. Nuit et jour, il devait entretenir une lampe à l'église, et, la nuit seulement, une lampe dans le dortoir commun. Les trois jours des Rogations, il remettait aux novices sept livres de bon pain. A lui incombait le soin de sonner la grosse cloche. Il requérait les *lemates* des bœufs et des vaches abattus à Ambronay, qu'il distribuait ensuite aux plus nécessiteux de la ville. Il était chargé de l'entretien de la chapelle de saint Jacques, où il faisait dire deux messes par semaine, le jeudi et le samedi; il en faisait célébrer deux autres, les lundis et les mardis, pour le repos de l'âme de l'abbé Jacques de Mauvoisin, en la chapelle de saint Jacques et de sainte Catherine dont ledit abbé était fondateur. Les jeudis, vendredis et samedis, jours de bénédiction des cloîtres, il les éclairait convenablement à ses frais. Il devait fournir les fruits présentés à la bénédiction pour la St-Jacques et à la St-Christophe, les buis du dimanche des Rameaux, les matelas où étaient déposés les religieux après leur mort, l'eau pour l'aspersion du dimanche et les cercueils pour les habitants défunts de la ville. Chacun des pauvres auxquels l'abbé lavait les pieds le Jeudi-Saint recevait de lui treize deniers forts. Enfin, il était chargé de faire creuser la fosse des religieux et sonner la grosse cloche à leurs funérailles. (Concordat, *ubi supra*.)

[2] Le corrier était un autre dignitaire de l'abbaye. Il siégeait à la droite du chœur et occupait la stalle après l'infirmier. Ses devoirs étaient moins étendus que ceux de l'aumônier. Les voici en substance : donner cinq œufs aux religieux les vendre-

le second, Etienne d'Oncieu percevait annuellement dix-huit deniers; rentes payables à la Nativité du Sauveur.

Datum in domo forti de Dolvres, presentibus : Guigoneto de Loysiou, Johanne Darmaysii, Andrea Guimardi, testibus, anno Dni mill* ccc° quinquagesimo octavo, die tercia decima mensis julii.

Au bas est appendue, sur queue de parchemin, l'attestation du payement des laods et de la mise en possession de l'acheteur; elle est de frère François de la Balme, corrier de l'abbaye, et en date du 15 novembre 1359. Témoins : Pierre de Grangia et Jean d'Orgeleto, bourgeois d'Ambronay.

1359. Août. — Deux aliénations sur un même parchemin. — Etienne d'Oncieu avait construit un étang à Douvres, à l'endroit appelé *li biez Lonoret*, et de ses eaux avait couvert un pré appartenant à Johannette, fille de Pierre al Vico, mariée au nommé Moninus, du dit lieu, pré dont l'abbé d'Ambronay tirait un cens de dix-sept deniers viennois. Les dommages en résultant pour la dite Johan-

dis, chaque fois qu'on découvre le tabernacle de la Vierge pour une solennité quelconque, et les mercredi et samedi de chaque semaine, excepté pendant le Carême et l'Avent, les vigiles de saint Pierre et de saint Paul et la fête de la translation des reliques de saint Benoit; fournir à chacun d'eux, pendant le Carême et l'Avent, un hareng sec, les Mercredi et Jeudi-Saint exceptés, et un potage de fèves et de pois alternés, non compris les Jeudi et Vendredi-Saint; distribuer, les trois jours des Rogations, un potage de bons légumes et une portion suffisante de pain et de fromage à tous les frères, auxquels il doit de plus, de la Noël au premier dimanche de Carême, une livre de fromage par semaine.

Le corrier percevait le tiers des offrandes faites à l'église, aux fêtes de l'Assomption et de la Nativité de la Sainte-Vierge, la totalité du blé, le jour de la Saint-Michel, et les offrandes d'œufs et de fromages apportées pendant l'année. *(Ibid.)*

nette et le seigneur abbé sont compensés par la cession du seigneur de Douvres qui suit :

Etienne d'Oncieu remet à Johannette, présente et recevant pour elle et les siens, un pré d'une seytive environ, jouxtant la chaussée du dit étang et sur lequel douze deniers de rente sont dus, tous les ans, à la correrie d'Ambronay. Afin d'équipoller pleinement l'échange, la partie lésée reçoit encore, des mains du dit Etienne, dix-huit gros tournois en un florin d'or et six gros d'argent, *in pecunia* [1].

Datum et actum apud Dovres, anno Dni m° ccc° quinquagesimo nono, die vicesima quinta augusti ; presentibus : Johanne Calamerii, Johanne Picart, alias Renart, et Johanne de Blanas, de Dovres, testibus.

Au même lieu, les mêmes an et jour et pour le prix de dix-huit gros tournois d'argent, Etienne acquiert, du susdit Moninus, un pré également submergé et grevé, à son avantage, d'un cens de dix-huit deniers.

Datum ut supra.

1360. Avril. — Nous, Pierre de Croset, docteur ès-décrets, chanoine et official de Lyon, et Nous, Geoffroy du Puys, [2] expert en droit, juge de Baugé, Coligny, la Valbonne, et en deça de la rivière d'Ain, *ac citra Yndis fluvium* [3], pour illustre prince Amédée, comte de Sa-

---

[1] *Pecunia* étant ici en opposition avec *auri* doit être rendu par argent ; *medietatem in pecunia seu in argento*, lisons-nous d'autre part dans l'un des précédents documents (1356. Octobre).

[2] *De Puteo*, famille noble de Savoie. Il existe encore une tour de l'ancien manoir des seigneurs du Puys ; elle est située au sommet d'une colline couverte de vignes, à droite de la route, entre Maltaverne et Coise, arrondissement de Chambéry.

[3] C'est la Bresse que désigne cette périphrase. La province de Bresse a été formée de seigneuries acquises, en divers temps, par les princes de Savoie, entre l'Ain et la Saône. La Sirerie de

voie [1], portons à la connaissance de ceux qui ces lettres à l'avenir liront, que noble Hugonin de Chandée [2], damoiseau, ayant vendu à noble Etienne d'Oncieu, seigneur de Douvres, la moitié de la maison-forte d'Egreffuel [3] et trente-deux livres et demie de rente ou de service perpétuel, que lui assignera le dit vendeur, vente conclue au prix de six cent quarante florins d'or, grand poids, le dit Hugonin en passe quittance.

Présent, notre mandataire, Guillaume Peloci, de Pont-de-Veyle, clerc, à ce député, Hugonin de Chandée déclare avoir reçu en bon or d'Etienne d'Oncieu, la susdite somme de six cent quarante florins, dont il l'absout et le délivre entièrement, l'assurant, en outre, qu'aucune récla-

---

Bâgé, qui, à proprement parler, en fut le noyau, avait été réunie à la Savoie, nous l'avons dit, par le mariage de Sibylle et d'Amédée V, en 1272 ; partie de celle de Coligny, par cession de Robert, duc de Bourgogne, au comte Rouge, en 1289, et la seigneurie de la Valbonne, par voie d'échange, le 5 janvier 1355, entre Amédée VI de Savoie et le Dauphin de France.

[1] Amédée VI, dit le Comte Vert, comte de Savoie pendant quarante ans (1343-1383). Il mourut le 1er mars 1383, dans une pauvre bourgade (Saint-Etienne), au fond de l'Italie. Ses restes reposent à l'abbaye d'Hautecombe où il a un mausolée. Il était né à Chambéry le 4 janvier 1334.

[2] Il eut pour père Jean, seigneur de Chandée, et pour mère Catherine de Seyssel. Son testament, conservé jadis aux Archives de Saint-Pierre de Mâcon (Guich., *Gén. Bresse*, p. 106), portait la date du 7 décembre 1379. Les de Chandée, si notre vieil historien bressan ne se méprend pas, seraient venus du Dauphiné. Guillaume, vivant vers 1250, aurait possédé, dans cette province, la seigneurie de l'Ecluse (Viennois). — Le château de Chandée « bien basti, mais en une situation trop marécageuse », s'élevait non loin du village de Vandeins. Il n'en reste presque pas de vestiges.

[3] Aigrefeuille. Où pouvait bien être située cette maison-forte ? Il y a, au territoire de Bâgé-la-Ville (Ain), le village d'Aigrefeuille, ancienne commanderie de Saint-Lazare, mais il n'a de commun que le nom avec le manoir qui fait l'objet de ce contrat.

mation ne lui sera ultérieurement adressée à cet égard par lui ou par ses successeurs.

Datum et actum in Ponte Yndis [1], die septima mensis aprilis post Pascha, anno Dni mill° trecentesimo sexagesimo; presentibus : nobili viro domino Nycodo Francisci [2], milite, dno Hermorum, Theobaldo de Chano, Andrea de Scalis [3], domicellis, Johanne Avermat et Stephano de Canalibus, de Ambroniaco, testibus.

1366. Juillet. — L'an du Seigneur, mil trois cent soixante-six, le vingt-quatrième jour du mois de juillet, sous le pontificat de Très Saint Père en Dieu, Monseigneur Urbain V[4], par la Providence divine, Pape, et, en présence de spectable et magnifique Rodolphe de *Lonpeyrio*, gouverneur de Dauphiné pour illustrissime prince et seigneur, Charles, par la grâce de Dieu, roi de France, Dauphin de Viennois [5], Guy de Seyssel, seigneur d'Ai-

---

[1] Pont-d'Ain ; archiprêtré et chef-lieu de canton sur la rive droite de l'Ain. Le château a été bâti par les sires de Coligny. Cédé, en 1289, par le duc de Bourgogne au comte Amédée V, il est resté aux mains des comtes de Savoie jusqu'en 1586. Plusieurs maisons nobles l'ont possédé depuis. Mgr Devie en a fait l'acquisition, en 1833, et l'a converti en hospice ou maison de retraite pour les prêtres âgés et infirmes du diocèse de Belley.

[2] Nicod François, gentilhomme de la maison d'Amédée VI de Savoie, auquel ce prince, par lettres données en la chapelle du château du Bourget, le 18 juillet 1354, avait inféodé les village, territoire et mandement des Allymes. Sa descendance faillit vers 1470.

[3] André des Echelles. Nous sommes étonné de rencontrer encore ce nom; Guichenon ne nous a-t-il pas dit que la maison des Echelles est tombée en quenouille depuis trente ans? Sans doute qu'Aymonette (voyez p. 59, note 2) aura gratifié l'un de ses enfants du titre et peut-être du fief des Echelles.

[4] Elu pape le 26 septembre 1362 ; c'est donc la 4e année de son pontificat. Urbain V est mort le 19 décembre 1370.

[5] On sait que le Dauphiné avait été cédé à la maison de France par Humbert II, dernier de sa race, les 23 avril 1343 et 7 juin

guebelle [1], chevalier, prête foi et hommage au dit Dauphin, entre les mains de son gouverneur, et reconnait tenir de son fief et domaine la moitié indivise des château et ville de Villeneuve de Marc [2], des droits, fiefs et arrière-fiefs, revenus, hommes, obventions, mère et mixte empire [3] et généralement de tout ce qu il possède en emphytéose, dans les mandement et juridiction du dit Villeneuve de Marc.

Hommage rendu en conséquence d'un acte de 1318, passé à Chambéry, en la chapelle du château [4] devant

---

1344, à la seule condition que le fils aîné du roi s'appellerait Dauphin et porterait les armes de cette province écartelées avec celles de France.

[1] Illustre famille de Savoie, de laquelle sont sortis les marquis d'Aix et de Sommariva, aujourd'hui fixés en Piémont. — Aiguebelle, chef-lieu de canton de l'arrondissement de Saint-Jean-de-Maurienne (Savoie). Tout près de la ville, on voit les restes du château de Charbonnières, où résidèrent longtemps les premiers Comtes de Savoie.

[2] Paroisse de l'archiprêtré de Saint-Jean-de-Bournay, diocèse de Grenoble, 1.100 habitants.

[3] *Merum et mixtum imperium*, termes empruntés au droit romain. (Voy. *Leg.* III, *ff. de Juridictione.*) On entendait par *merum imperium*, droit de punir de mort les criminels et d'appliquer des peines afflictives ou infamantes, *potestas gladii, jus animadvertendi in facinorosos homines*. Le mixte empire comprenait la justice moyenne et basse. De par la première, le seigneur pouvait connaître de toutes les causes civiles, sans distinction, et des criminelles si l'amende n'excédait pas soixante sols ; la seconde, lui conférait seulement le droit de juger au civil jusqu'à trois livres. (Salvaing de Boissieu, *Des Fiefs*, ch. 57.) — L'*altum imperium* ou souveraineté n'appartenait qu'à l'Empereur.

[4] Commencée par le comte Amédée V et achevée par son fils Aymon ; elle n'existe plus. La chapelle actuelle a été bâtie, en 1418, par Amédée VIII, sur l'emplacement de la précédente, et a reçu le nom de Sainte-Chapelle, à cause du long séjour qu'y fit le Saint-Suaire, au XVe siècle.

Guichard, seigneur de Beaujeu, Humbert, son frère [1], Pierre de Clermont [2], chanoine, Aymaret de Saint-Germain [3] et autres seigneurs, constatant qu'à cette date, Amédée, fils d'Aymar de Beauvoir [4], jurant fidélité au comte Amédée de Savoie, avait confessé être de son fief, avec le château de la Palud, au diocèse de Belley, et la ville d'Albiéto, au diocèse de Vienne, les château et ville du susdit Villeneuve de Marc.

Acta fuerunt hec apud Chamberiacum, Gratianopolitani dyocesis, in carrieria publica, ante domum albergarie Jaquemeti Boucram, in presencia et testimonio virorum nobilium et conspectorum dominorum Guidonis de

---

[1] Guichard VI, dit le Grand, fils de Louis de Beaujeu et d'Eléonore de Savoie; décédé le 18 septembre 1331. — Humbert, son frère, fut seigneur de Montmerle et de la Juliane. Après avoir occupé une stalle au Chapitre de Saint-Jean, de Lyon, il contracta mariage, mais il mourut sans lignée, le 12 septembre 1325.

[2] De la célèbre maison dauphinoise de Clermont, dont quatre branches sont encore en pleine floraison : de Clermont-Tonnerre, de Clermont-Tonnerre-de-Thovry, de Clermont-Montoison et de Clermont-Mont-Saint-Jean.

[3] Il prit part à la bataille de Varey. — De Saint-Germain, maison noble dauphinoise dont on peut suivre la filiation jusqu'en 1244; elle s'est éteinte avec Marie-Anne de Saint-Germain, dame de Mérieu, qui épousa, vers 1700, Claude-Joseph Pourroy de Lauberivière, seigneur de Quinsonas.

[4] *De Bellovidere.* « La famille de Beauvoir, dit M. Rivoire de la Bâtie, a été l'une des plus puissantes de notre province. Elle possédait à elle seule une grande partie du Viennois et la mistralie des comtes de Vienne était héréditaire dans cette maison. » Vers 1150, elle se scinda en deux branches : celle les seigneurs de Beauvoir de Marc, qui finit au commencement du xive siècle, et celle des seigneurs de Villeneuve de Marc, qui alla se fondre, en 1460, dans la maison de Virieu-Faverges, par le mariage de Sibued de Virieu, seigneur de Faverges, avec Antoinette de Beauvoir.

Morgiis [1], dni Barre et Gerrie, Guidonis Copperii [2], Jacobi Artaudi [3] militum, Petri Gerbasii [4], thesaurarii Sabaudie, Humberti Marchandi [5] jurisperiti, Cancellarii Consilii illustris principis dni Amedei, Comitis Sabaudie, Chamberiaci residentis et plurium aliorum.

1368. Octobre. — Moyennant la somme de cinq florins d'or, franche de laods et vends, le nommé li gros Piéros, de Douvres, et Etiennette, sa femme, se dessaisissent d'un pré, sis au lieu dit Pra Tupin, en faveur de Gauthier et de Johannet Giraudi, frères, aussi habitants de Douvres. Les confins du dit pré sont : terre aux héritiers de Guillaume de Chilou, de bise; terre d'André Ganivart, de matin ; la fontaine de Donchin, de vent ; et encore, terre d'André Ganivart, de soir. — Etienne d'Oncieu, chevalier, lève tous les ans vingt deniers censuels sur ce fonds.

Datum die vicesima prima mensis octobris, anno Dni millio, tercentesimo sexagesimo octavo; presentibus :

---

[1] Fils de Guigues de Morges et de Marguerite de Tullins, épousa Fauconne Roux, de laquelle il n'eut qu'une fille, Marguerite, femme de Hugues Grinde, seigneur du Molard. Les seigneurs de Morges ont failli vers 1700 avec François de Morges, mort sans postérité. L'armorial de Dauphiné en donne la suite généalogique.

[2] Les Coppier sont connus dans le Viennois dès 1242. Ils ont été seigneurs d'Hières, de Poisieu et de Marignieu. Un Guy Coppier était châtelain de la Tour-du-Pin, en 1365. Leur descendance s'est continuée jusqu'au XVIIe siècle.

[3] « Cette illustre maison, que l'on croit issue des anciens comtes souverains de Die, était si puissante qu'elle anoblit, au XIVe siècle, plusieurs familles dont la noblesse n'a point été contestée dans la recherche de 1666. » On prétend qu'elle est encore représentée dans le Gapençois.

[4] Vieille famille noble originaire de Savoie; les marquis de Sonnaz en descendent.

[5] De Pont de Beauvoisin, où nous le trouvons en 1362.

dicto Moniu, de Dovres, et Petro de Comba, de eodem loco, testibus.

1373. Février. — A titre de vente pure et perpétuelle, Jean de Blanas, de Douvres, bien avisé et sans contrainte, ni fraude, concède à Pierre Chatagnerii une maison avec curtil autour. Elle est située sous le four de Saint-Pierre, *subtus furnum beati Petri de Dovres*, et a le curtil de Jaquemet Montagnat, au nord et au midi, celui de Jean Chastellion, au soir, et, au matin, la charrière publique de Saint-Pierre ; le prix est de huit florins d'or et les laods et vends demeurent à la charge de l'acheteur.

Les dits immeubles relèvent de la directe du seigneur de Douvres, auquel il est payé, chaque année, de cens une emine [1] de froment comble, un demi-bichet d'avoine et une demi-geline.

Datum die prima mensis februarii, anno Dni millio tercentesimo septuagesimo tercio; presentibus : Johanne Varamberii et Johanne de Loyseu, testibus.

1378. Janvier. — Nous, Martin de Lorme (*de Ulmo*) licencié ès-lois [2] et sacristain [3] de Saint-Nizier [4], official

---

[1] *Eminale* ou *esminale*, mesure de capacité; la moitié du *moytier*, *meterium* ou le quart du quartail qui valait six coupes. En 1300, l'emine contenait environ 22 litres et demi. (De La Teyss., III, p. 9.)

[2] Grade intermédiaire entre le baccalauréat et le doctorat. Ce ne fut, dans le principe, que la *licence*, accordée aux docteurs et aux autres gradués, de professer publiquement dans les anciennes Universités. (Du Cange.)

[3] Le sacristain, dans les Chapitres, avait presque les mêmes fonctions à remplir que dans les monastères. Il avait la garde des objets sacrés, ornements, calices, etc.

[4] L'église de Saint-Nizier de Lyon, autrefois collégiale, et paroissiale aujourd'hui. Elle occupe l'emplacement de l'oratoire élevé par saint Pothin (IIe siècle), au milieu des marais du

de Lyon, faisons savoir à tous que, devant Guillaume Peloci, clerc juré de notre Cour, Pierre d'Oncieu a fait l'acquisition d'un pré situé en Pra Meyrin. Il a pour limites : d'un côté, le chemin du Pérat, et des trois autres, les prés de Jean Varamberii ; la dite acquisition comprend, avec le fonds, les appartenances et dépendances, entrées, sorties et droits divers du dit pré, *sub servicio eidem Petro emptori et suis predecessoribus singulis annis solvere consueti.* Le vendeur est Pierre de Mallia, de Douvres, qui a reçu, *pro justo et equipolenti precio*, six florins d'or, et laisse les laods à la charge de l'acquéreur.

Datum die vicesima quinta mensis januarii, anno Dni mill° ccc° septuagesimo octavo ; presentibus : Johanne de Loysieu, Johanne Varamberii et Johanne Chatellion, de Dovres, testibus.

1379. Septembre. — Nouvel achat qu'impose la nécessité de dédommager les propriétaires lésés, dans leurs droits, par l'étang d'Etienne d'Oncieu. Il s'agit ici d'un petit pré, *parvo prato* qui fut à Guillaume Merléti, père de Marguerite, présentement mariée à Guillelmet de Prato (Dupré ou Duprat), d'Ambronay. — Le dit Guillelmet, agissant en son nom et comme procureur de Marguerite, sa femme, quitte et totalement remet à Pierre d'Oncieu, fils de feu Etienne, les droits, action, raison et dreyture leur appartenant sur le susdit pré *in ipso stagno comprehenso et incluso*, et sur son rendement. En retour, il reçoit un franc d'or [1].

Rhône et de la Saône, pour célébrer les saints mystères. Cet oratoire a été conservé et lui sert de crypte. Souvent détruite et rebâtie l'ancienne chapelle a définitivement cédé la place au magnifique édifice que tout le monde connaît et qui est l'œuvre des XIVe et XVe siècles.

[1] Monnaie d'or de France attribuée à Jean le Bon. « *Sub Johanne Rege Francos aureos primùm cusos vulgo creditur,*

Datum et actum Ambroniaci in domo Johannis Faureti, anno Dni mill° tercentesimo septuagesimo nono die decima nona mensis septembris ; presentibus : dom^no Petro Formondi, presbytero, et Petro Pornionis, de Ambroniaco.

1380. Juillet. — Sur le point de mourir, Guigue de Seyssel avait, par testament du 20 août 1370, institué héritier Guigonnet, son fils ; mais, voulant parer aux hasards de l'avenir, il avait en même temps ordonné diverses substitutions par une clause dont voici la teneur : En tous et chacun des biens dont je n'ai pas disposé, j'établis héritier universel et général mon fils, Guigonnet de Seyssel. S'il décède sans enfants mâles, je lui substitue Béatrix, Alix et Françoise, mes filles, savoir : Alix,

---

dit le Glossaire, *quod falsum esse*, ajoute-t-il cependant, *prorsus efficit* D. le Blanc, page 147, *ex Charta an. 1068, in qua memorantur* Franci auri : *dimisit septem solidos parisenses supra dictam domum, pro pretio quatuor francorum auri* (Gloss.) La numismatique capétienne n'offre pas de type de ce nom antérieurement à 1360.

En 1379, c'est-à-dire sous Charles V, il y avait le franc d'or à pied et le franc d'or à cheval.

Franc à pied : KAROLVS·DI·GR·FRANCORV·REX. Le roi, debout sous un dais gothique, tient une épée et une main de justice ; champ semé de lis. Au revers, croix feuillue, cantonnée de deux fleurs de lis et de deux couronnelles dans une rosace ornée de huit fleurs de lis aux angles extérieurs. Légende : ☩ XPC·VINCIT·XPC·REGNAT·XPC·IMPERAT·.

Franc à cheval. — Dauphin — KAROLVS : DEI : GRACIA : FRACOR : REX : Le roi est représenté en costume de guerre, tenant de la main gauche une épée nue, sur un cheval galopant à gauche et recouvert d'une housse fleurdelisée. On voit au revers une croix feuillue dans une rosace fleuronnée et cantonnée de trèfles ; même légende qu'au précédent. (Voyez Hoffmann, *Monn. royales de France*, Charles V, planche XXIV, n°* 2 et 4.)

Les francs étaient de pièces 63 au marc de Paris, pesaient 3 deniers un grain et valaient vingt sols. (*Edits des 6 février 1369, 1er mai 1371, 10 août 1374 et 28 juillet 1378.*)

aux château et châtellenie d'Aiguebelette [1] et en leurs dépendances, Béatrix et Françoise en ma maison-forte de *Cheysello* [2], dans la part me compétant en la châtellenie de Villeneuve, et dans tout ce que je possède au mandement de Montbel, de telle sorte cependant que ma maison-forte de *Cheysello*, les droits, rentes, hommes et hommages qui m'appartiennent au mandement d'Yenne [3], constituent la part de Béatrix, et la seigneurie de Villeneuve celle de Françoise; mes autres biens seront partagés également entre elles.

L'éventualité qu'il redoutait se réalisa ; Guigonnet s'en alla de vie à trépas privé de postérité, et, testant le 28 septembre 1376, il légua la châtellenie d'Aiguebelette à Aymar, seigneur de Seyssel, et la maison-forte de *Cheysello* avec ses terres d'Yenne à Aymonnet, seigneur de Sonnaz [4].

Trompée dans son attente, Béatrix s'éleva contre les dernières volontés de son frère. A sa demande, le comte de Savoie désigna quatre arbitres : Guichard Marchandi [5], Jean Laguéti, docteur ès-lois, Antoine Cagniati et Philippe Brennecio [6], licenciés en droit et ses conseil-

---

[1] Paroisse de l'archiprêtré de Pont-de-Beauvoisin, sur le charmant lac auquel elle a donné son nom. Le château est en ruines depuis longtemps.

[2] Peut-être *Seyssel*.

[3] Archiprêtré du diocèse de Chambéry, au confluent du Rhône et du Flon.

[4] Village à cinq kilomètres au nord de Chambéry, route d'Aix-les Bains.

[5] Probablement fils de Humbert Marchandi (p. 86, note 5). Le 22 juillet 1393, il acquit de Guillaume et de Jean de Coniz, divers hommages, cens et hommes dans les mandements de Pont-de-Beauvoisin, de Pressins, de Beaumont et de Montferrand. *(Arm. de Dauphiné.)*

[6] Peut-être originaire de Pont-de-Beauvoisin ; on y rencontre une famille de ce nom en 1362.

lers, pour élucider le litige et rétablir l'accord au mieux des intérêts de chacun.

Les susdites stipulations testamentaires examinées et les parties entendues, les arbitres prononcèrent leur sentence. Béatrix obtint satisfaction, mais en partie seulement. Il lui était accordé : 1° par droit d'institution, les quinze cents florins de dot lui revenant, et les deux cents florins à elle légués par son père ; 2° par droit de substitution, la moitié de tous les biens de Guigonnet, son frère, auxquels elle était appelée à succéder. — Ordonnons, ajoutent les commissaires, que la dite Béatrix soit contente, voulant que le testament de Guigonnet de Seyssel conserve d'autre part sa vigueur, et mandons au châtelain d'Yenne et aux autres officiers du Comte, d'inviter et compeller, chacun en ce qui le concerne, Aymon de Châtillon, seigneur de Sonnaz, à se conformer à notre sentence.

Datum Chamberiaci in capella beati Jacobi Ecclesie Fratrum Minorum [1] dicti loci Chamberiaci, die vicesima sexta mensis julii, anno Domini millesimo tercentesimo ottuagesimo.

1385. Août. — Josserand d'Oncieu, damoiseau, donne, remet et cède à perpétuité, *ex causa vendicionis*, à Pierre d'Oncieu, de Douvres, chevalier, recevant pour lui, ses héritiers et successeurs, douze deniers viennois de service annuel, auxquels ce dernier était tenu envers lui pour un pré sis en Rampon ; vente passée au prix de vingt gros tournois d'argent [2], y compris les arrérages dus jusqu'à ce jour.

---

[1] Aujourd'hui église cathédrale. Ce fut la première résidence des Frères Mineurs de Chambéry ; ils la quittèrent en 1777, pour s'installer dans le couvent des Jésuites, dont la chapelle est devenue l'église paroissiale de Notre-Dame.

[2] Les gros tournois ont fait leur apparition sous saint Louis (1226-1270), et la frappe s'en continua longtemps dans les ateliers

Datum et actum Ambroniaci, in domo mei notarii (Guillelmi Peloci), anno Dni mill° tercentesimo octoagesimo quinto, die quindecima mensis augusti ; presentibus: Petro de Mugneto, alias de Turri, de Ambroniaco, et Petro Reboti, de Dovres.

1386. Décembre. — Pour le prix de treize florins d'or exempts des laods et vends, Pierre Reboti, de Douvres, de sa libre volonté, relâche à Pierre d'Oncieu, présent et recevant, une vigne sise à Douvres, au vignoble de Saint-Christophe, *in vinoblio S^{ti}-Christophori*. Il l'avait lui-même acquise de Thomas Marescalli et de son fils, Jean, d'Ambronay. La dite vigne a pour limites : la vigne aux héritiers de Giletti de Chilou, au nord ; autre vigne du dit Pierre Reboti, au midi ; la vigne des héritiers de Hugonnet de Chilou, au matin ; et une charrière publique au soir. Comme elle est reconnue mouvante de la directe du seigneur de Douvres, elle est soumise envers lui à un service annuel que l'acte ne spécifie pas.

Datum et actum Ambroniaci, in domo predicti jurati (Guillelmi Peloci), die nona mensis decembris, anno Dni mill° tercentesimo octoagesimo quinto ; presentibus : donno Francisco Letheti, Johanne Aycardi et Petro Peloci, de Ambroniaco, testibus.

royaux. Les types sont divers ; le gros tournois visé ici ou gros denier d'argent était d'origine toute récente. Une ordonnance de Charles VI, du 22 novembre 1384, en avait ainsi fixé le poids, le titre et la valeur : poids, 8 sols au marc de Paris ; titre, 42 deniers, argent le roi ; prix, 15 deniers de Tours.

En 1318, le gros tournois d'argent avait pour équivalent, en Bresse, seize deniers viennois, monnaie de Savoie écucellée : « vel si maluerint solvere grossum turonensem argenti ad valorem sexdecim denariorum viennensium moncte nostre cum escucellis. » (*Cart. de Bourg*, par M. Brossard. Ord. d'Amédée V du 3 février 1318.)

1391. Novembre. — Noble Pierre d'Oncieu aberge son moulin de Douvres à Guillaume Guicherdi, d'Ambronay, et à Guillemette, sa femme. Le dit moulin est en dessous de la *Recette*[1] du village, et, outre les bâtiments, l'abergeage comprend les eaux qui coulent devant et derrière et tout ce qui en dépend, à la charge, par les abergataires, de payer dix florins d'or d'introge[2] et, chaque année, un servis de dix setiers de froment, à la fête de saint Michel.

Le moulin sera maintenu en état et pourvu des agrès nécessaires à son bon fonctionnement. Le seigneur Pierre d'Oncieu se réserve d'y moudre sans frais le blé consommé à son hôtel et maison-forte de Douvres, *pro usu hospicii sui et suorum in ipsa domo forti de Dovres*[3].

Datum die vicesima mensis novembris, anno Dni mill° tercentesimo nonagesimo primo; presentibus : Stephano de Grangia, dno Petro Bartholomei, alias Billart, presbytero, Petro Peloci, notario, et Petro Evrardi, de Ambroniaco, testibus.

1398. Avril. — Jean Saméti, damoiseau, bourgeois et habitant de Saint-Germain, avait une rente de douze

---

[1] *Receptum*, lieu où l'on déposait les recettes ou revenus en nature du seigneur. A 100 mètres environ, à l'est du château de Douvres, on remarque sur la rive droite de la Cousance, de vieux bâtiments, parmi lesquels une tour carrée, percée de meurtrières, qui tombent de vétusté. On les appelle *Grange Lamonne*. Leur forme singulière et surtout leur distribution intérieure nous portent à voir dans ces constructions la *Recette* si souvent mentionnée dans cet inventaire.

[2] *Introgium* et *intragium*, droit d'entrée. L'introge n'était point une redevance annuelle ; l'abergataire ne le payait qu'une fois, en prenant possession de l'immeuble abergé.

[3] Les moulins constituaient comme la chasse et la pêche un droit seigneurial. Ils sont nommé *Farinaria* dans les actes les plus anciens, notamment dans un acte du 1er octobre 975 du *Cartulaire A. de Cluny*.

sols et une geline en la paroisse de Douvres. Elle reposait sur deux prés, l'un de trois seytives, jouxtait la terre seigneuriale dénommée Montessuit, le pré des héritiers de Jean Calamier, le bois de Jean Chatagneri et un sentier public; l'autre, de deux seytives, avait pour confins le bief de Cos, le pré à Pierre de Bès et le pré de Guillemette, femme d'Humbert Guimardi. — Pierre d'Oncieu en fait l'acquisition. Moyennant le prix de dix florins d'or, bons, réellement nombrés, Jean Saméti lui en transmet la propriété, avec les droits, actions et dreytures lui appartenant.

Actum apud Sanctum-Germanum, in curtili torcularis Petri de Varambon [1], anno millesimo trescentesimo nonagesimo octavo, quindecima mensis aprilis; presentibus : ipso Petro, dno Francisco Fornerii, legum doctore, habitatore Lagniaci [2], et Anthonio de Balma, domicello, testibus.

---

[1] Pierre de Varambon. S'agit-il d'un simple habitant de ce village ou d'un membre de l'illustre maison noble des la Palud de Varambon? Nous inclinons vers cette dernière hypothèse, car les recherches particulières auxquelles nous nous sommes livré sur cette famille nous ont appris qu'elle possédait en effet quelques tènements de vigne à Saint-Germain. En ce cas, le dit Pierre de Varambon ne serait autre que le fils de Pierre de la Palud, seigneur de Varambon, et de Marie de Luyrieux, appelé par Guichenon Pierre de la Palud de Varambon. Il fut « chanoyne en l'Eglise et comte de Lyon, testa le 29 juillet 1393, et institua son héritier universel Claude de la Palud, seigneur de Varambon, son frère. » (Généal., Bresse, p. 289.) Notre historien lui donne un neveu (Ibid., p. 291), dont l'existence est très problématique, car ce qu'il en dit paraît se rapporter à ce même Pierre de Varambon, qu'il a sans doute dédoublé par erreur.

[2] Lagnieu, archiprêtré du diocèse de Belley; petite ville fort ancienne : la légende de Saint-Domitian en parle sous le nom de *Calonnia*. Lagnieu a toujours dépendu de la seigneurie voisine de Saint-Sorlin. L'abbaye d'Ambronay y avait établi, dès le

1398. Avril. — Pierre et Etienne Marbosii, frères, d'Ambérieu, tenanciers de Pierre d'Oncieu, lui passent la déclaration suivante. Ils reconnaissent tenir et vouloir tenir, de son emphytéose et domaine direct, deux parcelles de pré, l'une de deux et l'autre de trois seytives. Les limites qui leur sont assignées nous font reconnaître les deux fonds mentionnés dans l'acte précédent. Les confessants doivent annuellement servir au seigneur de Douvres, sur les dits héritages, vingt sols viennois à la Saint-Michel.

Actum apud Sanctum-Germanum, anno Dni millesimo trescentesimo nonagesimo octavo die quindecima mensis aprilis ; presentibus : Anthonio de Balma, domicello, Johanne de Plastro et Petro de Balma, clerico, testibus.

1400. Février. — Etienne Bernardi, alias de Franchilins, habitant de Nyevro [1], mandement de Montluel, et Jaquemette, sa femme, fille de Jean Charreti, de Saint-Germain, remettent, à noble Pierre d'Oncieu, la propriété d'une pièce de vigne d'environ dix fosserées. Elle est au vignoble de Saint-Germain, *in vigneto S^{ti}-Germani*, lieu dit en Combes [2], entre la vigne de Jean de Serrières,

---

XIIIe siècle, un prieuré sur lequel l'économe du monastère percevait une redevance annuelle de 80 sols viennois. D'autre part, en 1476, Claude, seigneur de Montferrand, autorisé par une bulle de Sixte IV, en date du 4 des nones du mois d'août, érigea à Lagnieu un Chapitre, composé d'un doyen et de huit chanoines. Le doyen remplissait les fonctions de curé et était nommé par l'abbé d'Ambronay ; les chanoines étaient à la nomination des seigneurs de Montferrand.

[1] Niévroz, paroisse d'environ 350 habitants, à 4 kilomètres au sud de Montluel. Au XIIe siècle, elle formait déjà, avec la paroisse limitrophe de Balan, une des obédiences de l'église métropolitaine de Lyon.

[2] En Bugey, le mot *Combes* désigne le bassin d'un ruisseau, lorsqu'il est large et évasé à son milieu, et qu'il présente, à son entrée une sorte de faille plus ou moins étroite. Le lieu dit *En*

celle des héritiers de Pierre de Geno, et les deux chemins appelés Rua, *duo itinera vocata Rua*, tendant du four de Combes au village de Vareilles. Le seigneur de Douvres en a le direct domaine, et en perçoit le cens, qui est annuellement de deux setiers de vin. Le prix est de trente-deux florins d'or bons, que les dits époux déclarent leur avoir été comptés en bonne monnaie de roi. — Pierre Bosonis, d'Evoges [1], diocèse de Belley, clerc, a rédigé l'acte.

Actum apud Tiretum, in domo forti Anthonii de Balma [2];

Combes n'est pas au vignoble de Saint-Germain. C'est un riche vallon, allant du nord au sud, et aboutissant, à angle droit, à la vallée du Gardon, le long de laquelle s'étend Vareilles. Je présume que l'erreur est intentionnelle, et voici pourquoi. Les vins de Saint-Germain jouissaient, au Moyen-Age, plus qu'aujourd'hui peut-être, d'une réputation méritée ; « ils surpassent les nostres en délicatesse » écrivait Guichenon en 1650. Il ne serait donc pas étonnant que, pour donner une estimation plus grande à la pièce de vigne dont il est traité, elle ne soit dite appartenir, quoique située sur le finage limitrophe, au territoire de Saint-Germain, dans le mandement duquel elle se trouvait d'ailleurs.

[1] *Evosges*, paroisse de 300 âmes, archiprêtré de Saint-Rambert. Elle apparaît pour la première fois dans un titre de la Chartreuse de Meyriat de l'an 1137. *(Topographie de l'Ain.)*

[2] *Antoine de la Balme*; l'Histoire de Bresse le nomme Anthelme. Ses père et mère furent Pierre de la Balme et Béatrix d'Oncieu.

Tiret, village au nord d'Ambérieu, jadis fief, que Pierre de la Balme reçut, à charge d'hommage, en 1339, d'Aymon, comte de Savoie. Il est demeuré aux mains de ses descendants jusqu'à la fin du XVIe siècle. Cette terre a passé depuis à différentes maisons, aux Montfalcon, aux Chabod, aux Grenaud, aux Lesdiguières, aux Perrachon et aux Etienne. Elisabeth Marin, veuve de Dominique Etienne la remit, en 1781, à Jean-Baptiste-Louis de Boissieu, en faveur de son mariage avec Françoise de Valous. Son propriétaire actuel est M. Louis de Boissieu, petit-fils du précédent et ancien chef de division au ministère des cultes. La maison-forte du Tiret n'a pas été bâtie, comme on l'affirme, par presentibus : ipso Anthonio, dno Petro Petri, presbytero, Johanne et Petro Siodi, fratribus, et Johanne Girini, habitatoribus parochie Sancti-Germani[1]. — Anno Domini millesimo quatercentesimo, die vicesima quinta mensis februarii.

1400. Juin. — Aliénation, au prix de huit florins d'or, d'un pré sis à Douvres, lieu dit Monestruel. Pour la dite somme, Jean de Casamala, alias de Troès, d'Ambronay, vend et remet au même Pierre d'Oncieu, de la manière, par le droit et en la forme qu'une vente peut et doit être, le mieux, le plus fermement, fortement et sûrement comprise, par le vrai, le seul, le sain intellect de l'acheteur[2], le susdit pré, acquis par lui de Peronnet du Pré et de sa femme. Son étendue n'est que de deux seytives; il a le bois Raffier et la fontaine de Cosancie, au matin, le chemin allant vers Blendenechi, au soir, et le pré d'Etienne de Grangia, au nord. L'emphytéote qui le détient sert, chaque année, seize deniers censuels au dit seigneur de Douvres.

Datum die duodecima mensis junii, anno Dni millesimo quatercentesimo ; presentibus : dno Aymone Marticularii, presbytero, Petro Bartholomei, alias Boguet, Philipeto Charbonerii, habitatoribus Ambroniaci, testibus.

Pierre de la Balme. Sa fondation remonte plus haut, puisqu'il en est question dans deux actes antérieurs, de près de vingt ans, (1322 et 1323) à l'inféodation précitée. Ce manoir féodal, reconstruit en forme de château-fort avec tours et tourelles, à une époque qu'on ne peut fixer, et dont on nous a maintes fois décrit l'aspect imposant, a été ruiné par la Révolution; il n'en subsiste pas le moindre vestige.

[1] Voyez ce que nous avons dit à ce sujet page 71, note 2.
[2] *Eo modo, jure et forma quibus melius, firmius, forcius aut securius potest et debet intelligi ac dici, ad verum, solum et sanum intellectum emptoris.*

1400. Juillet. — Acte portant vente des biens suivants, situés au mandement de Douvres :

1° Pré en la Clusici, lieu dit Latepa ; contenance, une seytive ; confins, pré de Pierre d'Oncieu, à l'orient ; de Hugonard Cornuti, à l'occident ; de Jean Corbeti, à bise, et de Hugonnet Rosseti, de vent ; service annuel, vingt deniers.

2° Autre pré en la Clusici ; contenance, une seytive et demi ; confins, pré aux héritiers de Johannet de Rillieu, au nord ; chemin de la Clusici vers Plancherie, à l'orient, et pré de Pierre d'Oncieu, à l'occident ; ce pré relève de la pitancerie [1] de l'abbaye de Saint-Rambert ; service annuel, trois bichettes de froment.

3° Pré en la prairie de Monestruel ; contenance, une seytive ; confins, pré de Pierre d'Oncieu, au matin, et de Jean Dagan, au soir ; la Cousance, de bise, et le chemin de la Côte Boverrat, de vent ; cens annuel, seize deniers.

---

[1] On appelait *pitance*, chez les moines d'autrefois, le plat supplémentaire, *pulmentum generale*, qu'on servait aux religieux en dehors des deux plats que prescrivait la règle, *pulmenta generalia*, lorsqu'il y avait eu travail extraordinaire au couvent, comme au temps des foins et de la moisson. Les Bénédictins de l'Ordre de Cluny, regardant leur ordinaire comme insuffisant, y ajoutaient tous les jours, le vendredi excepté, un plat qu'ils avaient nommé *pitance* ou *generale*, suivant les cas. La pitance se servait le lundi, le mercredi et le samedi ; elle consistait en un plat pour deux. Le *generale* se servait les dimanche, mardi et jeudi, et consistait en un plat pour chaque religieux. Naturellement les mets composant la *pitance* et le *generale* étaient meilleurs que les aliments des deux plats réguliers. En général, c'était pour ceux-ci, des pois, des fèves et autres légumes accommodés au sel et à l'eau ou avec du lait, chez les Cisterciens ; à l'huile ou à la graisse chez les autres Bénédictins ; la *pitance* et le *generale*, se composaient de poissons, d'œufs ou de fromage *(Cf. Annales d'Aiguebelle).*

N'aurait-on pas dénommé *Pitancerie*, dans certains monastères, les fonds ou la rente destinés à subvenir aux frais qu'occasionnait ce supplément de nourriture ?

4° *Quoddam fogey*[1] ou serve, sis en la Serva, jouxte la Cousance, un chemin entre deux; service annuel, douze deniers.

Les dits fonds sont mouvants de la terre de Douvres et les services payables à sa censive. Le vendeur est Etienne de Grangia, d'Ambronay, et l'acheteur Pierre d'Oncieu. Le prix convenu est de quarante florins d'or, acquitté en bons écus d'or du roi de France, *bonis scutis auri Regis Francie*[2].

Datum die vicesima quinta mensis julii, anno Dni mill° quatercentesimo; presentibus : Johanne Varamberii, Humberto Marillier et dicto Rondet, famulo dicti emptoris, habitatoribus de Dovres, testibus.

1407. Février. — Nous, Louis de la Palud[3], par la grâce de Dieu et du Siège Apostolique, abbé du monastère d'Ambronay, Ordre de saint Benoît, déclarons qu'en

---

[1] L'expression est répétée deux ou trois fois ; je n'ai pu néanmoins en saisir la signification exacte.

[2] L'écu d'or du roi de France alors en cours était le *Denier d'or pur ou Écu à la Couronne*. Son apparition datait de l'année 1384. Il pesait deux deniers, quatre grains, et valait vingt-deux sols six deniers de Tours. Module, 0,030 millimètres ; le champ était meublé d'un écu chargé de trois fleurs de lis, deux en chef et une en pointe et surmonté d'une couronne ; légende : † CAROLVS : DEI : GRATIA : FRANCORVM : REX. Sur la face opposée on voyait, dans un contour à quatre lobes aboutés, avec lis aux angles intérieurs et couronnelles aux angles extérieurs, une croix arquée, évidée et fleurdelisée ; autour : † XRS. VINCIT. XRS. REGNAT. XRS. IMPERAT. (Cf. Hoffmann, *Ibid.*, Charles VI, planche xxv, n° 1.)

[3] Dit *cardinal de Varambon*. « Il a esté l'un des plus grands personnages de son siècle. » *(Généal., Bresse, p. 290.)* Fils d'Aimé de la Palud et d'Alix de Corgenon, Louis de la Palud vint au monde au château de Varambon. De bonne heure moine à Tournus, il en devint abbé ; il dirigea dix-huit ans ce monastère et Ambronay pendant dix ans. C'est en qualité d'abbé de Tournus qu'il prit part au travaux du concile de Bâle. En 1435

présence de Jean de Charno (d'Ambronay), clerc, et notaire public juré de notre Cour, Jean Lyobardi de Charbonnières, damoiseau, à l'effet d'éteindre ses dettes et celles d'Aynarde Richeri, sa mère, a cédé, à titre de vente et pour la somme de treize florins d'or, à Jean Avrimati, du dit Ambronay, un pré d'une bonne seytive de contenance. Il nous dit qu'il est en Chassagny, sur l'ancien lit de la Cousance, *juxta Cosanciam antiquam*, et qu'il doit tous les ans, à la Saint-Michel, dix-neuf deniers forts de cens aux abbés d'Ambronay.

Datum Ambroniaci die quindecima mensis februarii, anno Dni m° cccc° septimo a Paschate sumpto [1]; presen-

---

les Pères du Concile lui confièrent l'évêché de Lausanne, et Félix V l'éleva au cardinalat en 1443, choix que Nicolas V ratifia six ans plus tard. Il mourut au château de Chamoux, en Maurienne, au mois de septembre 1451. Ses restes, dit-on, auraient été rapportés à Varambon, conformément à ce qu'il avait ordonné par son testament du 19 juin 1449; mais rien ne confirme cette tradition. Ses héritiers furent le Chapitre et l'hospice de Varambon qu'il avait fondés et le Chapitre de l'église de Saint-Jean-de-Maurienne dont il était évêque.

Le Chapitre de Varambon n'est plus; mais l'hospice, sécularisé sous le nom de Bureau de bienfaisance, continue son œuvre de charité, grâce aux riches dotations qu'il doit à son fondateur.

La Collégiale de Varambon possédait le mausolée en marbre blanc du cardinal de la Palud, érigé par lui de son vivant. Des fanatiques l'ont brisé pendant les mauvais jours de la Terreur. Les débris, recueillis ces dernières années, accusent un bon travail et font vivement regretter la perte de cette œuvre d'art.

[1] L'avertissement est parfois nécessaire pour éviter des erreurs. Car, si, au cours du xiv° siècle et dans les premières années du xv°, l'usage de commencer l'année à Pâques était général en France, à tel point qu'on le désignait souvent au dehors par *more gallicano*, il s'en fallait de beaucoup qu'il le fût dans la chrétienté. L'Allemagne, l'Angleterre, l'Espagne, l'Italie et la Cour de Rome tenaient ordinairement pour le 25 décembre et le 1ᵉʳ janvier. Toutefois, même dans ces contrées, il y eut des variations nombreuses. Eugène IV y mit fin en décrétant, au concile de Florence, en 1440, que dorénavant l'année commencerait à la Nativité du Sauveur.

tibus : **Stephanio de Lugduno, Petro Bruneti,** et **Stephanio, tonsore, de Ambroniaco.**

On trouve, à la suite de l'acte et sur le même parchemin, la ratification de Louis de la Palud, en date du 21 mars 1407, et l'assentiment d'Aynarde Richeri donné, *visa et audita littera*, par acte notarié, le 22 février 1408.

1409. Février. — Quittance délivrée par devant Antoine Roleti, recevant, au nom de l'official de Lyon, Mathieu de Marcillieu, doyen de Montbrison, et de Humbert de Bovenco, juge ordinaire de Bresse et de Montagne [1], pour égrège et puissant baron et seigneur Humbert seigneur de Thoire et Villars [2]. Pierre de Corveysia, damoiseau, déclare avoir reçu vingt-cinq écus de roi, bon or et de juste poids, des mains de Jean de Corveysia, son frère, lesquels vingt-cinq écus sont à déduire de la somme dont il lui est redevable et qu'il a reconnue par obligation en bonne et due forme.

Actum et datum apud Villarios [3], presentibus : Petro

---

[1] Les sires de Thoire-Villars comprenaient sous ce nom leurs vastes possessions féodales du Bugey.

[2] Humbert VII, seigneur de Thoire-Villars. La maison de Thoire tirait son origine d'un château, dont on ne voit plus que quelques pans de murs qui tombent, sur le haut plateau dominant le village de Matafelon. Le mariage d'Etienne, seigneur de Thoire, avec Agnès de Villars, fille et unique héritière d'Etienne, sire de Villars, au commencement du xiiie siècle, en réunissant les deux principautés, fit de cette maison la première de nos provinces, après celle de Savoie. La maison de Thoire-Villars ou seconde maison de Villars a duré deux siècles et compte six princes : Etienne Ier, Etienne II, Humbert III, Humbert IV, Humbert V, Humbert VI et Humbert VII, mort au château de Trévoux, le 7 mai 1423.

[3] *Villars*, archiprêtré du diocèse de Belley. Villars apparaît d'une manière certaine vers 1030. Il « appartenait alors à la puissante famille chevaleresque, presque souveraine, des sires de Villars qui en firent le siège de leur justice et de leur admi-

Perii, burgensi de Villariis, et Petro Goneti, alias Dieu, testibus, die secunda mensis februarii, anno Domini millesimo quadringentesimo nono.

1420. Février. — Transaction entre Pierre d'Oncieu, représenté par son fils Guillaume, et Jean Chacipolli[1], damoiseau, veuf de Françoise d'Oncieu, fille du seigneur de Douvres. En mariant la dite Françoise, le seigneur son père lui avait fait une dot de cinquante florins d'or. et son fiancé, par contrat de mariage, un don de soixante florins, *pro jocalibus suis*. Françoise était morte, et sa succession avait soulevé une certaine opposition d'intérêts. Pierre d'Oncieu exigeait, non seulement le remboursement de la dot, mais encore le payement des soixante susdits florins. Jean Chacipolli ne s'y refusait pas, toutefois, il en subordonnait le payement à la restitution des joyaux remis par lui à son épouse, avant la célébration de leurs noces. Voilà l'exposé du désaccord que clot ce document.

Les parties transigent; il est convenu qu'au lieu des

---

nistration. » A la mort du dernier sire de Thoire-Villars, les quelques seigneuries qui lui restaient, y compris Villars, disparurent dans les possessions savoisiennes de la Bresse, en vertu de la vente consentie en la chapelle du château de Trévoux par Humbert VII à Amédée VIII de Savoie, le 29 octobre 1402.

[1] Nous ne savons s'il s'agit ici de Jean de Chacipol, seigneur de Franclieu, ou de son frère, Jean de Chacipol, seigneur de Léal. Les Chacipol, d'après Saint-Julien de Baleure, viendraient du Mâconnais; ils seraient natifs de Bresse, d'après Guichenon, et de Savoie, selon d'autres généalogistes. Nous nous rangeons à l'opinion de ces derniers, car on trouve un Jean de Chacipol procureur général de Savoie sous Amédée VI. De lui descendent les Chacipol, seigneurs de Franclieu, qui s'éteignirent vers 1509, et la branche collatérale des seigneurs de Léal qui faillit, un demi-siècle après, avec Claude de Chacipol, mort en 1567, sans enfants de sa femme Claire de Feillens. (Cf. *Armorial de l'Ain*.)

cent dix florins réclamés par les d'Oncieu, Jean Chacipolli en versera cent cinq en deux termes, cinquante à la mi-carême prochaine et cinquante-cinq dans le délai d'un an, *ad unum annum proxime venturum*. De son côté, Pierre d'Oncieu, dès qu'il aura touché le premier terme, devra remettre les susdits joyaux qu'il détient, entre les mains de son gendre : *hiis mediantibus una pars erga aliam de predictis omnibus et singulis quieta fit totaliter et immunis*.

Actum et datum Burgi in opatorio mei notarii publici (Henrici Moreti), presentibus : Laurencio Liatodi, Johanne de Bayveria et Stephano Durandi, notariis, testibus. Anno Dni mill° quatercentesimo vicesimo, die octava mensis februarii.

1421. Février. — Nouvel abergeage du moulin seigneurial de Douvres [1]. Pierre d'Oncieu, chevalier, remet, en emphytéose perpétuelle, au marchand drapier Pierre Darant, bourgeois d'Ambronay, et à Etienne, son frère, son moulin appelé *de Curia, vocatum de Curia*, cours d'eau, bâtiments, dépendances, garniments, entrées, sorties, fonds, propriétés et droits. Ils en jouiront eux et leurs enfants de mâle en mâle, en percevront les provents et émoluments, à la seule charge d'un cens annuel de trois setiers de froment et d'un setier de *mêlée*, tiers d'avoine et deux tiers d'orge, mesure du grenier du dit seigneur, *ad mensuram horrei ipsius domini* [2], qu'ils livreront, moitié à la Noël, moitié à la

---

[1] Voyez l'Abergeage de 1391, p. 93. Cet abénévis a évidemment pour objet le même moulin, puisqu'il est dit de celui-ci, comme du précédent, qu'il est situé *infra Receptum de Dovres*.

[2] Le droit de tenir étalon ou étalonnage étant régalien, présupposait la souveraineté. Mais comme la féodalité est sur son déclin et que tous les seigneurs s'arrogent les droits dont jouissaient seuls, dans le principe, les grands feudataires, on ne peut rien conclure de ce texte en faveur de l'indépendance de la terre de Douvres.

Saint-Jean, pacifiquement et sans forme de procès. Le droit d'introge est de cinq florins d'or. Le dit moulin sera toujours bien tenu, en sorte qu'il continue, comme par le passé, à moudre convenablement et mieux, si c'est possible, *bene et condecenter molere possit et valeat continue prout consuevit et melius si fieri possit.*

Les abergataires prendront dans la forêt du seigneur, dite Forêt de Douvres, les bois nécessaires à son entretien, faveur dont ils ne pourront bénéficier pour leur usage particulier, *ita quod de nemore nichil pro eorum aliis usibus possint seu debeant capere.*

Datum et actum apud Dovres, in domo forti ipsius loci, anno Dni millesimo quatercentesimo vicesimo primo, die penultima mensis februarii; presentibus : nobili Guillelmo de Unciaco, filio dicti domini militis predicta volente et in eis consentiente [1], Hugoneto Betuti, alias Tribolet, Johanne Guaneti, Petro Reboti et Johanne Marciani, de Ambroniaco, testibus.

1426. Avril. — Contre la somme de quatre florins et de trois gros pour le vinage, *pro vinagio* [2], Guillaume Auger, alias Rolet, de Gratoni, vend à nobles Guillaume et Claude de Douvres, Claude présent, Guillaume absent, les deux tiers d'une fosserée de vigne qu'il possède en Daraisi.

---

[1] Il était assez ordinaire, au Moyen-Age, de faire approuver les ventes et même les autres contrats par la femme et les enfants des parties contractantes ; sage précaution, bien propre à prévenir des réclamations intempestives et de graves difficultés.

[2] Redevance en vin que le tenancier payait quelquefois, à la place du cens, au seigneur direct pour la vigne qu'il détenait : « Les droits de vinages deuz pour et au lieu de censives sur vignes, disent les Coutumes de Clermont, art. 121, se doivent payer à bord de cuves, et ne peut tirer le détenteur son vin, sans avoir premièrement payé le dit vinage. » (Gloss., *Vinagium.*)

Le dit fonds touche à la vigne des acquéreurs, à celle de Pierre Jacob et à une autre vigne du vendeur. La vente est entière et sans réserve. La seule charge incombant aux dits seigneurs consiste à payer, chaque année, aux vendanges, deux pots de vin à Pierre Guyot[1], de Bourg-en-Bresse, de la directe de qui cette propriété relève.

Actum et datum Ambroniaci in opatorio mei notarii (Johannis de Grangia), anno Dni millesimo quatercentesimo vicesimo sexto, die decima tercia mensis aprilis; presentibus Johanne Colombi, notario, et Stephano Alegreti, codurerio de Ambroniaco, testibus.

Noble Pierre Guyot ratifie la vente ce même jour à Bourg, en la maison de Jean de Chyselle, et en présence des trois témoins, Jean de *Corpurio*, jeune, Guillaume Morelli, d'Attignat[2], et *Esponerio*, habitant du dit Bourg.

1428. Avril. — Autre vente consentie aux mêmes seigneurs, noble Claude d'Oncieu, damoiseau, coseigneur de Douvres, et noble Guillaume d'Oncieu, aussi coseigneur de la dite terre. Elle a pour objet une vigne d'environ quatre fosserées, sise en Rampon, entre les vignes des parties traitantes, la vigne de Michel Serbil et le chemin allant de la *Chegularia*[3] des héritiers de Pierre de

---

[1] Les Guyot « anciens gentilhommes, sont originaires de la ville de Bourg, dont le plus ancien est Estienne Guyot, qualifié damoyseau en un titre de l'an 1300, par lequel il reconnoist de tenir en fief de l'abbé d'Ambronay les dixmes de la paroisse de Revonnas. » *(Généal., Bresse, p. 215.)* Ils ont été seigneurs de la Garde, au territoire de Bourg, de Ronzières, sur Cormoranche, de Luysandres, territoire de Saint-Rambert, d'Epeyssolles, à Vonnas, de la Franchise et de Chaillouvres, en Dombes. Guichenon termine leur généalogie en 1507. — Pierre Guyot était châtelain de Bourg et fils de Geoffroy Guyot de la Garde.

[2] Paroisse de l'archiprêtré de Montrevel, sur la route de Bourg à Chalon ; 1.300 habitants.

[3] Il faut peut-être lire *Tegularia, tegularum officina*, tuilerie.

Varambon vers Chavrières. Etant tenue en emphytéose d'illustre prince Amédée, duc de Savoie [1], la dite vigne doit annuellement à sa recette douze pots de vin censuels. Elle est payée vingt florins d'or francs. Les vendeurs sont Michel Joffredi et sa femme Agnès.

Acta sunt hec apud Sanctum-Germanum, in aula domus mei notarii (Johannis Avrimali); presentibus : Anthonio Grimardi, de Sancto-Ragneberto, Johanne Botoneti et nobile Johanne Pelocsardi, de Ambeyriaco. Anno Dni mill° quatercentesimo vicesimo octavo, die vicesima septima, mensis aprilis.

1429. Juin. — Noble homme Antoine de la Maladière [2], confesse avoir eu et reçu de Guillaume et de Claude d'Oncieu, présents, savoir : trente florins, monnaie nouvelle de Savoie, en vin qu'ils lui ont livré, *in vino sibi tradito*, somme à valoir en acompte sur ce qu'ils lui doivent à raison de la dot de leur sœur; desquels trente florins le dit Antoine les absout et les tient quittes.

Datum apud Dovres, in castro dicti loci; presentibus : Petro Rebocti, Johanne Morelleti et Guillelmo Boni, testibus, anno Dni millesimo quatercentesimo vicesimo nono, die decima mensis junii.

1431. Mars. — Pour le prix de trente-deux gros intégralement versé et franc des laods, Pierre Jacob, de Vareil-

---

[1] Amédée VIII, premier duc de Savoie, né le 4 septembre 1383, d'Amédée VII, le Comte Rouge, et de Bonne de Bourbon. Après avoir tenu en mains, pendant quarante-trois ans, le gouvernement du Duché, il se retira, en 1434, au prieuré de Ripailles qu'il avait fait bâtir sur les bords du lac de Genève. Les Pères de Bâle le tirèrent de sa retraite pour lui donner la tiare. Proclamé pape, sous le nom de Félix V, en 1438, il abdiqua, en 1449, et mourut à Genève le 7 janvier 1451.

[2] Fils de Barthélemy de la Maladière et de Babelonne, fille de noble Jean de Bron. Nous parlerons plus au long de cette famille dans un instant.

les, mandement de Saint-Germain d'Ambérieu, non circonvenu, mais spontanément et de sa libre volonté, cède le quart d'une fosserée de vigne à Guillaume et à Claude d'Oncieu. La dite propriété est en Daraisi et a la vigne des acquéreurs, d'un côté, et, de l'autre, celle du vendeur. L'aliénation comprend fonds, droits et autres dépendances généralement quelconques. En sa qualité de seigneur de Saint-Germain, le duc de Savoie en a le haut domaine et en retire un pot de vin de servis, à chaque fête de saint Michel.

Acta sunt hec Ambroniaci, in opatorio mei notarii (Johannis de Grangia); presentibus : dnis Johanne Grateti, curato Sᵘ-Johannis de V... [1] et Anthonio Mermandi, presbytero de Vico [2], testibus. Anno Dni millesimo quatercentesimo trigesimo primo.

Au nom du duc Amédée, Antoine de Monferrand [3], châtelain de Saint-Germain, approuve le contrat. Donné à Saint-Germain, en la maison du dit châtelain, le neuvième jour d'avril, l'an du Seigneur 1431ᵉ.

1432. Octobre. — Guillaume et Claude d'Oncieu, frères, ont fait d'Etienne, fils de Jean Darandi, autrefois bour-

---

[1] Saint-Jean-le-Vieux (archiprêtré de Poncin). « Je n'ai pas trouvé mention de cette paroisse, déclare M. Guigue, avant le XIIIᵉ siècle, quoiqu'elle soit certainement plus ancienne. » *(Topog. de l'Ain)*. *Vicus subtus Varey;* Varey était le château ; le bourg, *vicus,* se trouvait plus bas, dans la plaine. Il prit le nom de *Saint-Jean* du vocable de son église.

[2] Probablement prêtre ou religieux du prieuré, car il y avait à Saint-Jean-le-Vieux un antique prieuré de Bénédictins. C'était une dépendance de l'abbaye d'Ambronay, et l'abbé, en qualité de prieur, nommait à la cure.

[3] Deuxième du nom, seigneur d'Attignat et de l'Epinay. Il avait épousé Sibylle de Seyssel, fille de Claude de Seyssel, seigneur de la Serra, et d'Elisabeth de Chevelu, qui lui donna Aynard et Antoine de Montferrand et Guillelmeta, femme de Claude, seigneur de Lancy et de Mantenay.

geois d'Ambronay, l'acquisition suivante pour la somme de quinze florins d'or. Le dit Etienne leur remet, pour eux, leurs héritiers et successeurs, une maison où est un gochon, *in qua est gochonus* [1], que Pierre d'Oncieu, leur père, avait jadis abénévisée à Jean Darandi [2]. Elle est située à Douvres, et se trouve confinée, au midi, par un bois au vendeur, le chemin de Douvres aux Allymes, de bise, le lieu dit ly Chadelliery, au matin, et un taillis, *brocia* [3], aux héritiers de Pierre Gaboleti, au soir. Les dits seigneurs en levaient déjà le cens qui était de trois sols viennois. Vente passée devant Jean Ribati, clerc-notaire à Saint-Rambert.

Datum et actum in castro de Dovres; presentibus : Petro Darandi et Petro Varamberii, de Dovres. Anno Dni millesimo quatercentesimo trigesimo secundo, die tercia mensis octobris.

1434. Mars. — Par devant Jean Avrimati, jeune, d'Ambronay, clerc-notaire, Foneta, fille de Jean Varamberii, de Douvres, et femme de Hugonnet Girerdi, de Saint-Germain, et Guillaume, fils de Jean Girerdi, du dit lieu, ont vendu à Guillaume et à Pierre d'Oncieu une seyterée de pré sise au territoire de Douvres, lieu dit en Coves. Elle est bornée par un pré des dits seigneurs sur deux côtés, sur le troisième, par le pré de Claude de Mathia, de Tiret, et sur le quatrième par une route, le pré de Pierre Grossi et un autre pré à Jean Tévenini. Aliénation consentie pour quatre florins pur poids et sous le service ordinaire dû aux deux seigneurs.

[1] Gochon a le même sens que *molendinum fullonarium*, foulon, moulin à fouler le drap, *quod inferiori justiliario competit*, dit du Cange (V° *Fullencium*), *ratione cujus fullonagium exigere potest.*

[2] Voyez, page 103, année 1421.

[3] Ou BRUSCIA, BROZIA, DUMETUM, *gallis*, BROSSAILLES, vel *Brosses* aut *Broces* (Gloss.).

Acta sunt hec apud Sanctum-Germanum in opatorio mei notarii (Johannis Avrimati); presentibus : nobile Claudio Chatardi et Johanne Bermos, de S¹ᵉ-Germano, testibus. Anno Dni millesimo quatercentesimo trigesimo quarto, die ultima mensie marcii.

1437. Mars. — *Pro eorum debitis persolvendis et eorum negociis refformandis*, Jean et Antoine Victiers, frères, de Douvres, concèdent, au prix de deux florins francs, à Claude d'Oncieu, présent et stipulant, savoir : le sixième d'une seytive de pré sise à Douvres, sous Malacort. La dite parcelle a, de vent, pré à Jean Mariglierii, de bise et au matin, pré du dit seigneur de Douvres, et au soir, pré de la femme de Louis Bollieti. Elle est mouvante de la directe de Claude d'Oncieu, aussi son receveur lève-t-il sur le dit fonds un service dont le chiffre, non plus que la nature, ne sont indiqués.

Acta sunt hec apud Dovres, in aula castri ipsius loci, presentibus : Johanne Prodi et Johanne Venandi, testibus. Anno Dni millesimo quatercentesimo trigesimo septimo, die septima mensis marcii.

1437. Mars. — C'est la vente d'une rente que nous trouvons à cette date. Il s'agit de six bichettes de froment censuelles que livraient, chaque année, à Benoît Gorati, de Vaux [1], Pierre Grossi et Jean Tévenini, alias Romanay, de Douvres. Les trois bichettes, dues par Grossi, reposent sur une verchère d'environ deux quartellées, où est son

---

[1] Paroisse de l'archiprêtré de Lagnieu d'environ 900 âmes; elle s'étend à l'orée d'un charmant vallon. *Vallis*, d'où *villa que dictur Vallis, Villa Vallium*, Vaux. Vaux est mentionné dès le vᵉ siècle (Voyez *Légende de saint Domitien*). — Au-dessus du village, sur une petite éminence, s'élève la chapelle de Notre-Dame de Nièvre, dont les commencements se perdent à travers les siècles du Moyen-Age ; pèlerinage très fréquenté.

habitation et située en Malacort, sur le chemin conduisant de Lenongi vers les vignes du dit Malacort ; les trois autres à la charge de Jean Téveninî, sont assignées sur une verchère avec grange jouxtant le mas de Lenongi et la route du dit mas vers Rampon, *vocatum iter de Rampon.* La dite rente est relâchée par Benoît Gorati à noble Claude d'Oncieu, contre la somme de dix florins d'or.

Actum et datum in domo forti de Dovres, anno Dni millesimo quatercentesimo trigesimo septimo, die vicesima sexta mensis marcii, presentibus : Petro Varamberii, de Dovres, Johanneto de Comba, alias Victier, testibus.

1438. Mai. — Pour deux florins et demi dont l'acheteur s'est libéré séance tenante, Ambroise Bertheti, du Tiret, et Etiennette, sa femme, fille de défunt Pierre Cardinalis, celle-ci, légitimement autorisée de son mari, ont vendu, à Claude d'Oncieu, deux sols viennois de pur et franc alleu. Une terre d'environ dix bichettes de froment de semailles en est le gage ; elle est au mandement de Saint-Germain, lieu dit Sous Montessuy [1], et sa situation est déterminée par terres de Pierre Rubis, Claude de Laya, André Boneti, Jean Bochasii, Claude Becsonis, Hugonet Bonerii, et Jean Sirant, le chemin public d'Ambérieu à Ambronay, et la terre qui fut aux Guillars, actuellemente tenue par la femme de Pierre Garzoneti. Il n'est pas stipulé de réserve de la part des vendeurs.

Acta sunt hec apud Dovres, in castro ipsius loci ; presentibus : Francisco, filio Petri Castellionis, Petro, filio quondam Johannis Castellionis, et Johanne, filio quondam

---

[1] Le lieu dénommé *Sous Montessuy* est en effet du mandement de Saint-Germain, mais sur le territoire de Vareilles. Le nom n'a pas changé ; c'est de nos jours un beau vignoble, couronnant la pointe extrême d'une ancienne moraine, vers le cours supérieur du Gardon.

Petri Grossi, de Dovres. Anno Dni mill° quatercentesimo trigesimo octavo die, vicesima prima mensis maii.

1438. Juin. — Nous, Pierre Marchery, expert en l'un et l'autre droit, conseiller du Dauphiné, juge-mage de Viennois et de la terre de la Tour [1], pour sérénissime prince, Monseigneur le Dauphin [2], faisons savoir que devant notre mandataire, Guillaume Cuerysia, noble Antoine de la Maladière, alias Muleti [3], de Crémieu [4], publiquement confesse lui avoir été remis par Claude de Douvres, seigneur du dit lieu, ce dont il le tient quitte, trente-quatre florins, monnaie courante de Savoie. La dite somme constitue, avec les sommes précédemment versées, la dot de noble Gilette, femme d'Antoine de la Maladière, et sœur de Claude d'Oncieu.

Acta fuerunt hec Crimiaci, ante domum habitacionis dicti Guillemeti de Cuerysia; presentibus : nobilibus

---

[1] La Tour du Pin, chef-lieu d'arrondissement de l'Isère; au Moyen-Age, centre d'une importante baronnie. La tour d'où la ville tire son appellation est ruinée depuis longtemps. Les barons de la Tour du Pin, que Chorier et Baluze font descendre de la Tour, en Auvergne, par Gérold de la Tour vivant en 960, ont formé la 3ᵉ race des dauphins de Viennois (1282-1349).

[2] Louis II, dauphin de 1423 à 1459, plus tard Louis XI, roi de France.

[3] *Mulet*, famille noble du Dauphiné; elle a possédé Bagnols, Montbive, le Mas et Saint-Marcel dans le Graisivaudan. Elle serait, d'après Guy-Allard, une branche de celle de la Maladière, et reconnaîtrait pour chef Antoine de la Maladière dont il est parlé ici. Il est aussi difficile d'appuyer que de démentir son assertion. Nous constatons cependant qu'il n'y a pas la moindre affinité entre les armoiries des deux maisons. Les seigneurs de la Maladière portaient d'azur à la bande d'or, chargée d'un lion de gueules, et les Mulet d'azur au lion échiqueté d'or et de sable tenant de la patte dextre une flèche de sinople empennée de gueules et d'azur. L'une et l'autre ont pris fin au XVᵉ siècle.

[4] Crémieu, archiprêtré du diocèse de Grenoble; 1.800 habitants.

viris Johanne Auduardi et Stephano Gentilis, habitatoribus dicti loci Crimiaci, testibus, die vicesima secunda mensis junii, anno Dni mill° quatercentesimo tricesimo octavo.

1438. Juillet. — Guillaume de Pont (Dupont), de Saint-Germain, barbier, et sa femme Alix, ont aliéné à Claude d'Oncieu les fonds que voici :

1° Une parcelle de pré d'une seytive environ, relevant de la directe de Douvres, sur laquelle il est dû un cens annuel au seigneur acquéreur. Elle est située au territoire du dit village, lieu dit en la Sangeya, jouxte le chemin de Champernon vers Saint-Pierre.

2° Autre parcelle de pré de trois quarts de seytive, au même finage, vendue sous l'obligation d'un service, payable à la pitancerie du monastère de Saint-Rambert, si elle est reconnue mouvante de son domaine, autrement non, *si de eadem pidancia movere reperiatur, aliter non* [1].

La première est payée vingt florins d'or bons, la seconde, huit florins et onze gros; les laods et vend en plus.

Datum in aula bassa castri de Dovres; presentibus : Anthonio Nycoleti, alias Meyson, Johanne de Leya, et Stephano Rebot, de Dovres, testibus. Anno Dni millesimo quatercentesimo trigesimo octavo, die prima mensis julii.

Vénérable frère François Chatardi, procureur de l'abbaye de Saint-Rambert, donne son approbation au dit contrat.

Fait à Saint-Rambert, en la grande cour du Monastère, le 8° de juillet, l'an du Seigneur 1438°.

1439. Août. — Johanneta, fille de Pierre Prévot, avait

---

[1] Les usages féodaux commençaient à tomber en désuétude, car si les redevances eussent été régulièrement prélevées on n'aurait pas eu le plus léger doute sur le *dominium directum* de cet immeuble. Il est vrai qu'il s'agit d'un monastère, et qu'en fait de tributs, les plus exigeants n'étaient pas les moines.

épousé Pierre, fils de Jean de *Laudaco*. Comme une partie de sa dot était encore à payer à la mort de son père, Antoine, Jean, Pierre et Louis Prévot, ses frères, s'en trouvaient débiteurs. Le dit Jean de *Laudaco* leur fit reconnaître sa créance et fournir des garanties; c'est l'obligation passée par le garant qu'ils donnent qui fait l'objet de la présente convention.

Pierre Bertini d'Ardosset, paroissien de Ceyzérieu, reconnaît légitimement devoir à Jean de *Laudaco*, en qualité de répondant, *ex causa responsionis*, vingt florins d'or, pur poids. La main sur les Evangiles, il promet de le désintéresser en paix et sans y être contraint, *in pace et sine lite movenda*, aux trois termes et en la manière qui suivent : six florins à la prochaine fête de la Nativité de la Sainte-Vierge ; six florins au 15 octobre, et huit florins à la fête de saint André, avec intérêts et dépens s'il y a lieu.

Actum Chamiaci in domo habitacionis dicti Johannis de Laudaco; presentibus : discreto viro Andrea Cohennardi, notario, et Reynardo, filio naturali dicti nobilis Petri Prepositi quondam, testibus. Anno Dni millesimo quatercentesimo tricesimo nono, die vicesima sexta mensis augusti.

1441. Juillet. — Au nom du Seigneur, Amen. Qu'il soit manifeste à tous que, dans la maison abbatiale d'Ambronay [1], Claude d'Oncieu, seigneur de Douvres, personnellement établi devant Révérend Père en Dieu, Monseigneur Pierre du Saix [2], par la divine Providence,

---

[1] Elle existe encore. Les bâtiments sont presque intacts ; ils occupent un large emplacement, au côté droit de l'église, avec laquelle ils communiquaient jadis par un couloir.

[2] Second fils de Claude du Saix et de Marguerite de Juys. Il prit l'habit monastique à Ambronay et devint, successivement, doyen de Molon, prieur de Chintrieu, au diocèse de Genève

abbé du monastère, en sa chambre, *in camera*, lui a exposé que, tenant en fief des dits abbé et couvent certains héritages à spécifier en temps et lieu, il se proposait d'en prêter foi et hommage. Empêché, par de *nombreuses et graves occupations*, de recevoir la dite fidélité, le seigneur abbé a congédié, *relaxavit*, le dit Claude d'Oncieu, l'invitant toutefois de se rendre à la première injonction qui lui sera remise par lui ou en son nom. Claude d'Oncieu a requis qu'il soit dressé acte de sa démarche.

Actum et datum anno Dni millesimo quadringentesimo quadragesimo primo, die vicesima octava mensis julii; presentibus : egregiis militibus dnis Johanne et Bonifacio de Saxo [1], de Baneriis et Rigniati dominis [2], testibus.

(1431), puis abbé et seigneur d'Ambronay. Le duc Amédée VIII de Savoie le députa au couronnement de l'empereur Sigismond. Il fut incontestablement l'un des grands personnages de son époque. Ses restes reposent dans le chœur de l'église d'Ambronay; sur la pierre qui les couvre on lit : « *Hic jacet Reverendus Pater Dominus Petrus de Saxo, decretorum doctor, abbas Ambroniaci qui obiit anno gratiæ... III Februarii, cujus anima requiescat in pace. Amen.* »

[1] *Du Saix*, famille chevaleresque de Bresse que peu surpassent en illustration et en ancienneté. Sa filiation est bien établie jusqu'en 1080 (*Généal., de Bresse*, p. 348). Le château du Saix, qu'entouraient de hautes murailles et que défendaient de puissantes tours, s'élevait dans une clairière de la forêt de Seillon, non loin de Péronnas. Jean et Boniface du Saix étaient frères de l'abbé d'Ambronay. Jean continua la lignée des seigneurs de Rivoire et de Ressins, et Boniface fit la branche des seigneurs de Rignat.

[2] Baneins (archiprêtré de St-Trivier-sur-Moignans), paroisse et, anciennement, seigneurie en toute justice avec château. Cette terre entra dans la maison du Saix, en 1436, par la vente qu'en fit Urbain de la Chambre à Jean du Saix, seigneur de Rivoire; elle en sortit, au commencement du XVe siècle, avec Huguette, petite-fille de ce dernier qui la porta aux Andrevet. — Rignat (paroisse de l'archiprêtré de Ceyzériat); le château commande toujours, avec sa fierté d'an-

1455. **Mars.** — Obligation de seize florins, pur poids, passée par Gonet de Cresto (Ducret), d'Ardosset, en qualité de tuteur de Henri, fils de Johannet Calerii, aussi d'Ardosset, en faveur d'Alix, relicte de Martin Mandros, habitant de Mornieux [1], lesquels seize florins lui étaient dus en restitution de dot, *ex causa restitutionis dotis*. Le dit Gonet lui cède et remet, pour les avoir, tenir et posséder, jusqu'à entier payement de la susdite somme, les fonds suivants : 1° pièce de terre au mollard de Crest, *in molari de Cresto* [2], gageant cinq florins ; — 2° parcelle de terre sise en la Croix, sur le chemin de Revoyria vers Grammont, gage de cinq autres florins ; — 3° trois quarts de terre, au lieu dit en la Vigne Desta, pour quatre florins ; — 4° enfin pour les deux florins restant un demi-journal de terre au curtil Calerio, entre les terres d'André d'Ardosset, de Henri, pupille du dit Gonet et un chemin public.

tan, l'humble village étendu au bas du coteau. Claude du Saix acquit la seigneurie de Rignat de Jeannette de Coucy, le 24 octobre 1422, et obtint du Duc de Savoie, le 20 décembre 1426, confirmation de la haute, moyenne et basse justice. Ses successeurs ont possédé cette terre jusqu'à Claude III, qui laissa deux filles. Jeanne, l'ayant eu en partage, la remit à sa fille Jeanne de Talaru, qui la porta d'abord aux Coligny par son mariage avec Joachim, marquis de Coligny et d'Andelot, puis la vendit, le 3 septembre 1651, à Eustache Chavry, seigneur de Cornon.

[1] *De Morniaco*, village dépendant de Ceyzérieu ; il est assis sur une petite élévation entre deux lacs. La moitié des droits de pêche des dits lacs passa aux Chartreux de Pierre-Châtel, par acquisition du 26 mars 1510.

[2] On entend par *Mollard*, dans la Bresse et l'arrondissement de Belley, les bosselures naturelles ou artificielles qu'on remarque en certains lieux, particulièrement dans les plaines. Le mollard est plus petit que le monticule et ne pyramide pas comme la butte. Dans notre région, le mollard de Champagne, bien conservé quoique livré à la culture, donne une idée très nette de l'éminence que rappelle cette dénomination. Ajoutons que ce mot s'emploie quelquefois adjectivement, pour désigner un pré en hauteur et sec par nature.

Actum apud Viriacum Magnum, in domo Petri Preti; presentibus : Petro de Molari, Petro Corronis, de S‑Martino [1], Petro et Glaudio de Ardosseto, Johanne Michodi et Humberto Mermeti, habitatoribus Vognie, testibus. Anno Dni millesimo quatercentesimo quinquagesimo quinto, die vicesima sexta mensis marcii.

1457. Février. — Pierre Vullieti de Pillarderia confesse avoir eu et reçu de nobles hommes, Jean et Pierre Prévot, douze florins, neuf gros, acompte d'une créance qu'il a sur eux, à ce qu'ils affirment, *ut asserunt*, par suite d'une condamnation prononcée au Conseil ducal de Chambéry.

Actum Viriaci ante domum Ludovici Nugeti; presentibus : Johanne Rubnerii, Petro Pecolli et Petro Bavosii. Anno Dni millesimo quatercentesimo quinquagesimo septimo, die decima septima februarii.

1458. Février. — Reconnaissance au profit de Claude d'Oncieu. Antoine Jordani et, procédant avec son consentement, Pierre et Laurent, ses deux fils, avouent tenir et vouloir tenir de l'emphytéose, direct domaine et main‑morte, *et eciam de manumortua*, selon la coutume de Douvres, de Claude d'Oncieu, un moulin avec roues, bâtiments, maison d'habitation et ses autres dépendances, sous le service annuel de trois sols, trente bichettes et quatre bichets de froment, mesure de Douvres, payables, le froment à la Saint‑Michel, et l'argent à la Nativité du Sauveur.

Item, les dits confessants déclarent posséder féodalement et de main‑morte, un gochon à fouler le drap, *aptum ad follandum pannos*, plates et outillage compris,

---

[1] *Saint-Martin-de-Bavel*, paroisse de 700 âmes, à 3 kil., Est de Virieu-le-Grand. Divers objets antiques, restitués par le sol dans cette localité, font présumer qu'il existait sur ce point, soit une station, soit une villa gallo-romaine.

et devoir, de ce chef, au seigneur recevant deux sols viennois à la Noël.

Le moulin est à Douvres, sur le chemin qui va du dit village aux Allymes; le gochon situé en aval lui est presque contigu.

Acta fuerunt premissa in castro loci de Dovres, in aulâ bassa; presentibus: Johanne Rabati, Emmanuele de Comba, Johanne Tenandi et Johanne Genevay, de Dovres. Anno Dni millesimo quatercentesimo quinquagesimo octavo, die decima octava mensis februarii.

1458. Mai. — Sentence rendue en appel par Jean Moneti, notaire à Bourg, délégué de Philippe Piocheti, juge de la terre de Douvres, contre Gonette, femme de M° Bertrand de Vez, maréchal de Saint-Antoine, accusée d'adultère avec Jean Pussodi, son domestique, natif de Chambéry. Le châtelain s'était prononcé en l'affaire huit jours auparavant, mais de sa décision, il avait été rappelé et par le procureur et par Gonette et son mari.

« Siégeant en tribunal, *pro tribunali sedentes*, selon la coutume de nos ancêtres, portant Dieu et les divines Ecritures en notre cœur, faisant sur notre face le signe de la croix en disant: au nom du Père, du Fils et du Saint-Esprit, ainsi-soit-il, Nous, juge de la dite terre, prononçons notre sentence ainsi qu'il suit: Attendu que Gonette s'est rendue coupable d'adultère, qu'à l'insu de son mari, elle a quitté Lyon, emportant partie du mobilier de son époux, pour se retirer à Douvres, *causa concubinatus*; pour ces motifs, faisant application des Statuts de Savoie [1], la condamnons: à être frappée de verges,

---

[1] Sorte de Code qu'Amédée VIII fit publier le 17 juin 1430. Il est divisé en cinq livres. « Le premier contient les lois et règlements pour les affaires de religion; le deuxième, des règlements pour les magistrats et les gens de justice; le troisième est à la fois un code civil et un code de police; le quatrième contient le

spatulas nudas, du château de Douvres jusqu'à sa demeure, en passant par les lieux les plus fréquentés ; puis, à être exposée sur la place publique liée à un pilori de bois dressé à cet effet ; enfin la bannissons pour sept ans de notre juridiction. »

Intervient noble Helmorge de Châtillon, dame de Douvres [1], qui humblement supplie de traiter la coupable avec indulgence, *contemplacione mulieris*. « Donc, poursuit le juge, à la requête et en considération de la dite dame, réduisons la peine au simple bannissement, ordonnons que les meubles soient restitués au mari d'icelle, et mandons à nos officiers, tous et chacun, d'exécuter, en ce qui les concerne, la dite notre sentence [2]. »

---

tarif des taxes des salaires des gens de justice ; le cinquième est un recueil de lois somptuaires. » (de La Teyss., IV, p. 203.) (Cf. Revel et surtout Phil. Collet qui en ont publié d'intéressants Commentaires.)

Nos provinces ont puisé dans ce Recueil les principes de leur droit civil et les règles de leurs procédures.

Voici l'article sur lequel est basé ce jugement :

« Si concubinarii utriusque sexus vel eorum alter fuerint aliis personis seu alteri personæ conjugati, ita quod eorum concubinatus sit adulterium, viri in primo casu per septem dies carceribus detrudantur in victu panis et aquæ lecto privandi, nisi straminibus. Et si fuerint relapsi, poena eis duplicetur, deinde multiplicetur pro numero relapsuum prout supra. Mulieres vero in primo casu ad pilorium deducantur ibidem ligandæ per tres horas, deinde cum sonitu tubæ per vicum magis publicum loci delicti cum virgis, et funiculis verberandæ prout supra deducantur, et postmodum à loco et territorio delicti per septennium banniantur. » (Lib. III, art. XXXVIII).

[1] Richard, son père, était seigneur de Châtillon-de-Michaille. La maison de Châtillon, dont les origines remontent au XIIe siècle, s'est continuée jusque vers 1600. Son dernier représentant a été Claude de Châtillon. — Châtillon, jadis capitale de la Michaille, est aujourd'hui simple chef-lieu de canton et archiprêtré du diocèse de Belley. Sa situation, au-dessus du confluent de la Semine et de la Valserine, est des plus pittoresques. Il ne reste que des ruines informes de son ancien château-fort.

[2] Si nos Cours d'assises et nos tribunaux, au lieu de se mon-

Data in Recepto castri dicti loci de Dovres, in quo curia teneri consuevit, anno Dni millesimo quatercentesimo quinquagesimo octavo, die vigesima quinta mensis maii.

1460. Décembre. — Etienne, fils de Pierre Vulliéti, en son nom et au nom de ses frères, Guillaume et Claude, se reconnait tenu, envers Jean et Pierre Prévot, au payement de neuf florins. C'est la rente de trois ans d'un pré remis en emphitéose par les dits créanciers à Pierre Vulliéti, en 1457, sous le cens annuel de trois florins, neuf deniers trois quart gros. Il promet par serment de se libérer de la dite somme, avant la prochaine fête de Pâques, avec dommage, s'il y en a, *si que sunt*, et les frais de justice depuis janvier 1459, s'il s'en trouve, *si que essent*.

Actum Seyssiriaci, in domo liberorum Henrici Mantillieri, presentibus : nobili Glaudio de Balma, dno Andrea Grassi, de Avrissiaco, presbytero, Poneto Ferrati, de eodem loco, notario, Francisco Monedi, filio Johannis Monedi. Anno Dni millesimo quatercentesimo sexagesimo, die quatuordecima mensis decembris.

1462. Mars. — Nous, Philippe Piocheti, bachelier en l'un et l'autre droit, juge de la terre et juridiction de Douvres, pour noble et puissant Claude d'Oncieu, seigneur

---

trer d'une indulgence excessive pour les crimes de ce genre, les punissaient avec la même sévérité, l'adultère et les attentats contre les mœurs ne seraient pas aussi multipliés, et, surtout, ne s'étaleraient pas avec l'effronterie narquoise qu'on leur connait. Nous voyons avec peine la dame de Douvres implorer la pitié du juge, et entraver l'action de la justice, dans une affaire si délicate. On ne doit pas oublier que la femme est la gardienne de la morale, et que la bonté, qualité très estimable d'ailleurs, si la raison ne l'éclaire et ne la dirige, n'est que l'effet d'un sentimentalisme ridicule.

du dit lieu, faisons savoir par la teneur des présentes
que, en nos assises ordinaires de Douvres, siégeant judi-
ciairement, avons réduit l'amende portée contre Jean
Viviers, Jean et Etienne Perret, et autres délinquants, à
dix livres, qu'ils verseront entre les mains du dit seigneur
ou de son receveur.

Deux mots aideront à comprendre cette sentence. Les
condamnés habitaient les Allymes. Ils avaient, nous
ignorons sous quel prétexte, arraché les bornes limitant
les deux juridictions des Allymes [1] et de Douvres et en
avaient planté d'autres *infra juridiccionem de Dovres*. Le
cas était grave, car les seigneurs se montraient chatouil-
leux à l'endroit de leur justice. Aussi avaient-ils vu leur
délit frappé d'une condamnation à quarante livres
d'amende; c'est ce premier jugement qui est aujourd'hui
mitigé.

Data, lata et lecta hec nostra sentencia in assisiis de
Dovres. Anno Dni millesimo quatercentesimo sexagesimo
secundo et die vicesima secunda mensis marcii.

1462. Mai. — Pour le prix et somme de six florins,
réellement comptés en bonne monnaie, Pierre et Girard,
fils de Martin Mugérii, de Virieu, tous les deux et *chacun*

---

[1] La juridiction des Allymes confinait donc à celle de Douvres; elle avait la même étendue que la paroisse actuelle, créée
par Mᵣ Devie le 13 avril 1828. Ce village n'a pas de municipa-
lité à lui; il dépend d'Ambérieu et compte au plus 120 habitants.
La seigneurie des Allymes fut constituée, comme il a été dit
plus haut, en juillet 1354, au profit de Nicod François, qui en
fit construire le château. Il l'assit sur la croupe de la montagne,
qui s'élève en forme de môle entre les Allymes et le mont Luysandres, dont elle semble, vue de face, n'être qu'un puissant con-
trefort. En 1557, ce manoir « fut démoly par arrest du Parle-
ment de Chambéry sous le roy Henri II, parce que Charles de
Lucinges, seigneur des Allymes, avait été l'un des principaux
chefs de l'entreprise de Polvilliers. » Mais le traité de Cateau-

solidairement, ont concédé à seigneur Amédée Vogueti, aussi du dit Virieu, présent et recevant, un pré d'un quart de seytive. Ce pré est en la Loyère, entre le pré du dit acquéreur et celui de Jean et Pierre Prévot. Fonds, droits, appartenances et dépendances sont compris dans la vente.

Datum Viriaci Magni, ante hopatorium liberorum Nycolai Ferrati, presentibus : Johanne Roffini, habitatore de loco Viriaci Magni, et Laurencio Fara, testibus. Anno Dni m° iiii° lx° secundo et die penultima mensis maii.

1465. Novembre. — Noble Jean Prévot, pour lui et Pierre Prévot, son frère, donne à cens à Pierre Banderii, Jean Belmondi, alias Corderii, Jaquemet et Claude Peysonis, Etienne Vullieti de Pillarderia, et à Guigue Grassi, d'Avrissieux, les prés de Lestreyta et Despelliéri, selon leurs confins connus, *juxta confines suos*, aux deux premiers, la moitié, aux quatre autres, un sixième chacun. L'accensement durera trois ans à commencer aujourd'hui et finir à pareil jour. Les dits censitaires serviront seize florins à chaque saint Michel.

Actum Seyssiriaco, in domo Jacobi Madocti, presentibus : Andrea Rondeti, de Ardosseto, Glaudio Tuzzelli, de Seyssiriaco, Petro Groboneti et Francisco Tendreti, de Polliaco. Anno Dni millesimo quatercentesimo sexagesimo quinto, die undecima mensis novembris.

1467. Janvier. — En présence de Jean Meysson, de Douvres, clerc, Jean Rubati, alias Michaélis, aussi de

---

Cambrésis, qui rétablit le seigneur de Lucinges dans ses biens, fit aussi sortir de ses ruines le château des Allymes. Quelques années suffirent pour le remettre en état. La famille de Tricaud, d'Ambérieu, en est aujourd'hui propriétaire.

Douvres, aliène une parcelle de pré à Claude d'Oncieu, sous le service ordinaire dû au seigneur abbé d'Ambronay, car elle est mouvante de sa directe. Sa contenance est d'une seytive environ ; elle est située en Clusici, sous le Mollard de Douvres, et a pour confins : pré de l'acheteur à l'occident; chemin du Mollard vers la croix de Bellevue, *Bellivisus*, à l'orient; pré de Philippe Jallieti, au nord, et pré de Berthet Voactes, au midi. Vingt florins en sont le prix; le vendeur déclare s'en contenter.

Acta sunt hec in magna aula castri de Dovres, presentibus : Stephano Guemardi, de Dovres, et Anthonio, filio Johannis Guillerocti, de Molari de Dovres, testibus. Anno Dni millesimo quatercentesimo sexagesimo septimo et die vicesima secunda mensis januarii.

Pierre Gerbais, commissaire député par le duc de Savoie *ad regendam et gubernandam abbatiam Ambroniaci*[1], confirme la vente. — Datum in castro Sancti-Andree supra Suranum[2], presentibus : egregio viro domino Petro Pelleti, provido viro Moneto Pelleti, de Burgo in Bressia, ac discretis viris Jacobo Morelli et

---

[1] Je pense qu'il s'agit seulement de la garde de l'abbaye pendant la vacance produite par la mort de l'abbé Antoine Allemand; car, malgré les désordres qu'engendra la commende, il nous répugne d'admettre que les princes de Savoie eussent poussé l'impudence jusqu'à faire gouverner le monastère par un officier de justice de leur entourage.

[2] Saint-André-sur-Suran, château bâti au village de ce nom, paroisse de Neuville-sur-Ain, sur une éminence calcaire que le Suran enlace presqu'entièrement d'un de ses plus gracieux méandres. En 1370, le Comte Verd l'avait échangé, avec l'abbé Pierre du Mollard, contre « le chasteau et seigneurie de Loyettes avec l'hommage deu aux abbés d'Ambronay par Hugues de Genève, chevalier, seigneur d'Anthon, et outre ce le port et passage sur le Rhosne, au dessous du chasteau de Loyettes. » De ce château, qui existait déjà au XIe siècle, et était encore habitable en 1650, il ne reste qu'une tour et quelques débris des murs d'enceinte.

Guillelmo Monerii, testibus. (Le 27ᵉ de février de l'an 1467.)

1468. Juillet. — André, fils de Martin Mandros, est débiteur de cinq florins, pur poids, envers noble Pierre Chunisardi, et de dix-huit gros envers noble Jeanne, sa femme, pour laods et vends de quelques propriétés que Pierre Dufour lui a précédemment aliénées. Il en passe reconnaissance et confesse être tenu à payer, pacifiquement et sans difficulté aucune, la dite somme entre les mains de ses créanciers. Ce qu'il fera en la manière suivante, savoir : à l'égard de Pierre Chunisardi, de la présente date à samedi prochain, deux florins, et le reste à la fête de saint Michel venant. A l'égard de la dite Jeanne, il se libérera dans la quinzaine. Il prend à son compte frais et dépens.

Actum apud Seyssiriacum, in domo heredum Mancellerii, presentibus : Petro Benduti et Johanne Belmondi, testibus. Anno Dni millesimo quatercentesimo sexagesimo octavo, die septima mensis julii.

1468. Août. — Jaquemette, fille de feu Jean de Bes, de Varey [1], et femme de Martin, fils de Pierre Martin, de

---

[1] Village à l'est de Saint-Jean-le-Vieux. « Je crois, dit M. Guigue, que Varey possédait, au XIIIᵉ siècle, une église paroissiale ou annexe. Cette église, sous le vocable de Saint-Martin (Ecclesia Sancti-Martini-de-Varey), fut confirmée à l'abbaye de Saint-Rambert, en 1191, par le pape Célestin III. » (*Topographie*). Le château, but de tant d'excursions, depuis que les travaux, exécutés par le baron Dervieu de Varey, son dernier propriétaire, lui ont restitué son cachet féodal, a été, au Moyen-Age, l'une des plus considérables places de guerre du Bas-Bugey.

A quelques centaines de mètres au-dessous, dans la plaine, entre Varey et Saint-Jean-le-Vieux eut lieu, en 1325, la bataille dite de Varey, où le comte Edouard de Savoie fut vaincu et son armée mise en déroute par Guigue VIII, dauphin de Viennois.

Longeville [1], mandement d'Ambronay, était de condition mainmortable. A sa mort, arrivée tout récemment, a *pauco tempore cum ab humanis decesserit*, comme elle ne laissait personne en communion avec elle, ses biens ont fait échute à son seigneur, Claude d'Oncieu, seigneur de Douvres.

Le dit Claude d'Oncieu, par acte passé devant Jean Becuti, d'Ambronay, remet, sur leur demande, pour eux et les leurs, à Benoit et Pierre, frères de la défunte, et aux mêmes conditions, tous les biens, meubles et immeubles, actions réelles et personnelles, provenant du dit retour d'héritage. Il n'exige d'introge que la somme de huit florins, monnaie de Savoie; toutefois les deux mainmortables acquitteront les dettes, œuvres pies, et autres obligations à la charge de la succession.

Datum in castro de Dovres, videlicet in aula bassa ipsius castri, presentibus : Petro Castellion et Johanne Pirenesi, testibus. Anno Dni millesimo quatercentesimo sexagesimo octavo, die decima sexta mensis augusti.

1472. Juin. — Transaction et échange entre le seigneur et les habitants de Douvres. — Claude d'Oncieu et la communauté de Douvres possédaient en commun un ancien chemin situé entre les prés seigneuriaux, appelés pré Laba et pré Bonard. D'un entretien couteux parce qu'il était sans cesse érodé par les eaux, on l'avait délaissé. Non loin de là, et traversant le pré Bonard, se trouvait un sentier, *violetum* [2], allant de Malacort vers

---

[1] Hameau d'Ambronay, près de l'Ain, en face de Varambon. Les Sires de la Palud, seigneurs de Varambon, étaient anciennement possessionnés dans ce village, que l'Ain, en changeant de lit, a peut-être donné au Bugey.

[2] Diminutif de *violus*, terme qu'on rencontre fréquemment dans les chartes concernant nos provinces et les pays limitrophes; *angustior callis, semita quasi minor via*, vulgo viol, sentier. (Du Cange.)

Ambronay, passage que la tolérance avait ouvert et dont la prescription avait fait un droit. Maintes fois l'échange de ces deux chemins contre le cens et la directe d'une autre route, sise à Douvres, lieu dit en Balliniéri, avait été proposé à Claude d'Oncieu ; chaque fois la proposition avait été écartée; cependant, un peu de condescendance aidant, le dit seigneur s'était en fin de compte décidé à l'accepter.

En conséquence, devant Jean Becuti sont personnellement établis, d'une part, le seigneur de Douvres, d'autre part, Etienne Jaquéti, Jean Ribati, syndics modernes du dit lieu et les habitants dont les noms suivent : Jean Grossi, Pierre de Romanay, Berthélemy de Romanay, Pierre Castellionis, François Castellionis, Jean Castanerii, Jean Calamier, Jean Marillierii, Louis Comba, François Comba, Jean Marestalli, Pierre Marestalli, Claude Marestalli, Jean Dagan, Pierre et Jean Rebocti, Jean Prodi, Jean Genevesii, Gonet Prodi, Jean Prodi, Anthoine Jani, Guillermet de Vogiis, Etienne Prodi, Anthoine Quatio, Berthet Boneti, Antoine Jaqueti, Jean et Pierre Boillieti, Jean de Rilliaco, François de Riaco, Jean Pellio, Anthoine Fennollii, Louis Jaqueti, Johannet de Comba, Jean Jaqueti, Pierre Rigoleti, Pierre, fils de feu Pierre de Luysiaco, Jean, fils de Jean Marillierii, François Prodi, Michel Vuliacti, Benoit, fils de Jean de Bes, Anthoine de Bes, Jean, Etienne et Guillaume Boches, Pierre Varamberii, Guillaume Varamberii, Anthoine Guéminardi, Anthoine Marestalli et Pierre, fils de défunt Jean de Luysieu. — Les dits habitants concèdent à Claude d'Oncieu les droits et actions, qu'ils ont sur les chemin et violet susdits, de manière qu'aucun d'eux ne puisse y pénétrer sans sa licence. Par contre Claude d'Oncieu remet à la communauté de Douvres le cens et le domaine direct de la route sise en Balliniéri, en sorte que dorénavant elle sera exempte de tout service.

Acta fuerunt hec in Recepta castri loci predicti de Dovres, presentibus : Petro et Benedicto Gaboleti, hominibus Dni Ambroniaci, et Johanne Bardelli, de Varambone, testibus. Anno Dni millesimo quatercentesimo septuagesimo secundo, die vicesima mensis junii.

1475. Mars. — Gonet Morelli, de Mornieux, paroisse de Ceyzérieu, et Poneta, sa femme, possèdent, au lieu appelé en Cuelya, une vigne d'environ *sex cletas vince* [1] de contenance. Elle a un chemin public, à l'occident, la vigne d'André Mandros, au midi, la terre de François Onyti, à l'orient, et, au nord, une autre vigne des dits époux. André Mandros en fait l'acquisition, moyennant trois florins qu'il paye incontinent, et dont les vendeurs lui passent quittance.

Actum Morniaci in domo dictorum venditorum, presentibus : Johanne Banderii, de Seyssiriaco, et Claudio Grangeni, de Morniaco, testibus. Anno Dni millesimo quatercentesimo septuagesimo quinto, die...... mensis marcii.

1479-1488. — Terrier renfermant cent deux reconnaissances de divers emphytéotes ou tenanciers de la seigneurie de Douvres [2]. Il fut entrepris d'après les ordres d'Andelot de Montchenu [3] et de sa femme, Antoinette

[1] *Cleta*, mesure de superficie dont j'ignore la valeur.
[2] Il n'est pas complet; les sept derniers folios en ont été enlevés. Autant qu'il est permis d'en juger par le nombre de feuilles qu'occupe en moyenne chaque déclaration, c'est quatre reconnaissances, cinq au plus, qui nous manquent.
[3] *De Monte Canuto.* « La maison de Montchenu est sans contredit l'une des plus antiques et des plus illustres de la province, et, chose bien rare, elle s'est conservée jusqu'à notre

d'Oncieu, en leur qualité d'héritiers de Claude d'Oncieu et *tanquam causam habentes* d'Anne d'Oncieu, père et sœur de la dite Antoinette. L'exécution de ce travail dura de 1479 à 1488 et fut confiée à Antoine Forésii, de Châtillon-les-Dombes [1], qui se dit bourgeois et habitant d'Ambronay, clerc-notaire de par l'autorité du Saint-Empire romain et juré de toutes les Cours de la souveraineté ducale de Savoie.

Nous ne résumerons pas ces aveux, tous rédigés d'après une formule unique; l'analyse, tant brève serait-elle, deviendrait fastidieuse, et grossirait outre mesure les dimensions de ce Recueil qui ne doivent guère dépasser celles d'un Inventaire. Toutefois, afin d'être utile aux chercheurs en quête de renseignements, nous allons

---

époque, moins puissante, il est vrai, mais toujours dans une situation digne de son glorieux passé. »

Elle descend d'Amédée, seigneur de Montchenu, en Dauphiné, au XIe siècle, et a formé quatre branches : 1° celle des seigneurs de *Montchenu* tombée en quenouille par les trois filles de Marin de Montchenu, nommées Marie; 2° celle des seigneurs de *Montchenu et de Château-neuf-de-Galaure*, éteinte vers 1775, avec Laurent, comte de Montchenu; 3° celle des seigneurs de *Beausemblant* « que nous croyons tombée dans la maison de Sibeud, dans le dernier siècle »; 4° celle des seigneurs de *Thodure*, actuellement représentée par M. Scipion de Montchenu, légataire universel du marquis Gaston de Montchenu, qui, en lui léguant le manoir de ses ancêtres, a voulu faire revivre ce grand nom dans le Dauphiné. Les Montchenu portaient : de gueules à la bande engrêlée d'argent, ceux de Beausemblant et de Thodure brisaient d'une aigle d'azur en chef de la bande. (D'après M. Rivoire de la Bâtie.)

[1] Archiprêtré et chef-lieu de canton (Ain), sur la Chalaronne. Sirerie possédée à l'origine par des gentilshommes du nom de Châtillon. Ils disparurent de bonne heure, car, au XIe siècle, la seigneurie de Châtillon appartenait déjà aux Enchaînés de Montmerle; les sires de Beaujeu la possédaient au XIIe et, au XIIIe siècle, elle se fondit dans la sirerie de Bâgé par le mariage de Sibille de Beaujeu avec Renaud de Bâgé, en 1228.

faire connaître les noms des tenanciers, les fonds et les cens qu'ils déclarent, enfin le lieu et la date du contrat.

Sont reconnus par :

— Antoine Clerici, alias Gilo, de Vareilles, pour lui et Claude Gilo, son neveu, vigne de trois fosserées et pré de demi-bichette de chanvre de semaille, au dit Vareilles; cens, une bichette de froment, le sixième d'une geline et vingt pots de vin pur et clair [1]; de plus, vigne d'une fosserée et quart, et pré du quart d'une bichette de semaille de chanvre; cens, demi-bichette de froment et huitième d'autre, le huitième d'une geline et quinze pots de vin. Fait au château de Douvres, en la cour basse, le 26° d'octobre, an 1479.

— Jean Gilo, pour lui et Gilet Gilo, son frère, de Vareilles, trois fosserées et demie de vigne et demi-bichette de chanvre de semaille en pré, se joignant; cens, une bichette et quart de froment, le quart d'une geline et trente pots de vin. Au château de Douvres, le 26° d'octobre, an 1479.

— Michel Clerici, alias Gilo, de Vareilles, vigne d'une fosserée et pré contigu d'un quart de bichette de chanvre de semaille; cens, demi-bichette et huitième d'autre de froment, le huitième d'une geline et quinze pots de vin. Au château de Douvres, le 26ᵉ d'octobre, an 1479.

— Guillaume et Jean Sieu, du Tiret : 1° terre de deux bonnes quartellées, au lieu dit sous le Grand Chemin de la Choma; cens, deux sols; 2° pièce de vigne de quatre fosserées, en Rampe.. cens, un setier de vin. Au château de Douvres, le 26 d'octobre, an 1479.

— Guillaume Sieu, du Tiret, pour lui et Etiennette

---

[1] Les redevances inscrites dans ce Terrier sont toutes *ad mensuram Sᵗⁱ-Germani*, et payables : le blé, à la saint Michel, le vin, aux vendanges, et l'argent, à la Noël.

Joffrey, sa femme : 1° terre de huit quartellées en Cos, à Douvres ; cens, un bichet de froment ; 2° vigne de cinq fosserées en Combes ; cens, une bichette de *mêlées*, *micleorum*, et demi-setier de vin. Au château de Douvres, le 26° d'octobre, an 1479.

— Claude et Michel Bunafey, frères, du Tiret : 1° vigne de quatre fosserées en Combes ; cens, une bichette de froment ; 2° terre de deux journaux à Sizot (Tiret) ; cens, douze deniers. Au château de Douvres, le 26° d'octobre, an 1479.

— Michel Bunafey, du Tiret, pour lui et Jeanne Pigneti : vigne de deux fosserées en Combes ; cens, trois émines de mêlées, demi-bichette de froment et douze pots de vin. Au château de Douvres, le 26° d'octobre, an 1479.

— Poneta, relicte d'Antoine Martinan, en qualité de curatrice de Claude et de Catherin, ses enfants, du Tiret : 1° pré de deux seytives, en Pirabot ; cens, demi-bichette de froment ; 2° vigne de huit fosserées à la Léchère ; cens, deux deniers. Au château de Douvres, le 26° d'octobre, an 1479.

— Claude Chenava, pour lui et Alix Lombardi, sa femme : 1° maison, grange et curtil contigus, d'environ la semaille de demi-bichet de froment, en Trémolars, et autre petit curtil de même contenance et au même lieu ; cens, trois deniers ; 2° verchère d'une bonne quartellée de semaille, en la Servaniry ; cens, demi-bichette de froment comble et quinze deniers ; 3° deux quartellées de terre, à la Léchère ; cens, huit deniers ; 4° deux quartellées de terre en Curta Rey ; cens, douze deniers ; 5° terre de la semaille de trois bichettes de blé, au Trembley ; cens, trois deniers. Au château de Douvres, le 26° d'octobre, an 1479.

— Pierre Sirandi, du Tiret, pour lui et Claude, son frère : 1° vigne de cinq fosserées, en Monteil ; cens, trente pots de vin et un bichet de froment ; 2° un journal de terre, au Turral de la Léchère; cens, un denier; 3° une seytive de pré, en Pra Mia; cens, deux deniers; 4° maison avec *modico curtili*; cens, trois deniers. Au château de Douvres, en la vieille cour, le 27e d'octobre, an 1479.

— Antoine Sirandi, du Tiret : 1° deux fosserées de vigne, en Monteil; cens, dix-huit pots de vin, sept deniers, une obole et quart de geline; 2° terre d'une quartellée, au Trembley; cens, trois oboles; 3° une seytive de pré, en Pra Mia; cens, deux deniers. Au château de Douvres, le 27e d'octobre, an 1479.

— Pierre, fils de Jean Sirandi, pour lui, Claude et Louis, ses frères, du Tiret : 1° vigne de deux bonnes fosserées, en Monteil; cens, dix-huit pots de vin, sept deniers, une obole et quart de geline; 2° terre en Gratachia, de la semaille de trois bichettes de froment; cens, six deniers et une obole; 3° maison en Monteil; cens, trois deniers; 4° un journal de terre, à la Léchère; cens, un denier. Au château de Douvres, le 27e d'octobre, an 1479.

— Jean Roches, du Tiret : 1° deux seytives de pré, au Pra ou Chatagnier; cens, deux sols; 2° une bonne quartellée de bois récemment mise en culture, au Bochet, en Forrier; cens, quinze deniers et une obole. Au château de Douvres, le 27e d'octobre, an 1479.

— Etienne Pelveti, alias Grosseti, Jean et Simon Pelveti, ses cousins, pour eux et Etienne Pelveti, fils de Pierre, leur parent, de Vareilles, terre de sept quartellées, au Fromentari; cens, deux sols. Au château de Douvres, le 27 d'octobre, an 1479.

— Etienne Pelveti, alias Grosseti, de Vareilles, terre de dix bichettes de froment de semaille, en les Perrouses; cens, deux bichettes de froment. Au château de Douvres, le 27e d'octobre, an 1479.

— Simon Pelveti, pour lui et Etiennette Violeti, sa femme, deux parts d'un journal de terre, au Laquès;

cens, douze deniers. Au château de Douvres, le 27ᵉ d'octobre, an 1479.

— Jean de Laya, du Tiret : 1° pré d'une bonne seytive et demie, au Pra Mia ; cens, neuf deniers ; 2° deux terres d'une bonne bichette de blé de semaille chacune, au Prey, *subtus Fornachiam* ; cens, un denier et une obole. Au château de Douvres, le 27ᵉ d'octobre, an 1479.

— Etienne Pition, pour lui et Jean, son frère, d'Ambérieu, vigne avec curtil, en les Plactes, le tout de deux fossevées ; cens, demi-bichette de froment. Au château de Douvres, le 27ᵉ d'octobre, an 1479.

— Pierre Raveti, de Château-Gaillard [1], pour lui, Antoine et Thomas, ses frères, pré d'environ quatre seytives, en les Recorbes ; cens, deux deniers. Fait à Saint-Germain, en la maison de Pierre Mareschal, le 4ᵉ de novembre, an 1479.

— Antoine Boconeti, d'Ambérieu, vigne de deux bonnes fosserées, en Combes ; cens, trois émines de mêlées, demi-bichette de froment et douze pots de vin. Fait à Ambérieu, en la maison de Pierre Merbosii, le 5ᵉ de novembre, an 1479.

— Etienne Boconeti, *senior*, d'Ambérieu, une seytive de pré, en Monteil ; cens, dix-huit deniers. Fait à Ambérieu, chez Pierre Merbosii, le 5ᵉ de novembre, an 1479.

— Etienne, fils de Pierre Boconeti, *junior*, d'Ambérieu, une seytive de pré, en Monteil ; cens, neuf deniers. Fait à Ambérieu, chez Pierre Merbosii, le 5ᵉ de novembre, an 1479.

---

[1] Paroisse d'environ 500 âmes de l'archiprêtré d'Ambérieu, sur la berge droite d'un ancien lit de l'Albarine. Son château a été détruit à une époque inconnue, peut-être en 1468, par les Dauphinois, lorsqu'ils ravagèrent la Bresse, sous les ordres de Comminges. Détail à noter, on découvre à travers les décombres des amas considérables de blé carbonisé ou simplement noirci par l'action du feu.

— François Burgarelli, alias Amorat, d'Ambérieu, vigne en Grand Champ, de quatre fosserées; cens, demi-setier de vin. Fait à Ambérieu, le 5ᵉ de novembre, an 1479.

— Antoine Novelleti, de Saint-Germain, sept parts d'un journal de terre, au Péron; cens, sept deniers. Fait à Ambérieu, le 5ᵉ de novembre, an 1479.

— Etiennette, fille de Jean de Fornacha, d'Ambérieu, petite verchère d'une bichette de chanvre de semaille; cens, une émine de froment. Fait à Ambérieu, le 5ᵉ de novembre, an 1479.

— Peronette, relicte de Guillaume Cotancy, en qualité de tutrice d'Antoine et de Jean, ses enfants, curtil de la semaille d'une bichette de froment, en les Plactes; cens, demi-émine de froment. Fait à Ambérieu, chez Pierre Merbosii, le 5ᵉ de novembre, an 1479.

— Pierre, fils de feu Antoine Garsoneti, d'Ambérieu, pré d'une demi-bichette de froment de semaille, en les Plactes; cens, une émine de froment. Fait à Ambérieu, chez Pierre Merbosii, le 5ᵉ de novembre, an 1479.

— Noble André Grimodi, de Saint-Rambert, vigne d'environ huit fosserées, en Saleyse; cens, une bichette comble de froment. Fait à Ambérieu, chez Pierre Merbosii, le 8ᵉ de novembre, an 1479.

— Antoine Arodi, alias Motet, de Saint-Germain, le huitième d'une terre, contenant en tout neuf quartellées, en Lestra; cens, une émine de froment et trois émines d'avoine. Fait à Ambérieu, chez Pierre Merbosii, le 8ᵉ de novembre, an 1479.

— Antoine Ollierii, pour lui et Jeanne de la Chanal, d'Ambérieu, trois parts de la moitié d'une terre, en Lestra [1]; cens, trois émines de froment, deux bichettes

---

[1] *Juxta iter tendens de Ambroniaco apud Sanctum Dyonisium*; il n'a été question jusqu'ici que de la léproserie de Chausson et le nom de Saint-Denis ne s'était pas montré encore.

et une émine d'avoine. Fait à Ambérieu, chez Pierre Merbosii, le 8ᵉ de novembre, an 1479.

— Louis Cornuti, pour lui, Claude et Antoine, ses frères, de Vareilles, vigne de quatre fosserées et pré de la semaille de demi-bichette de chanvre ; cens, une bichette et demie de froment, tiers d'une geline et trente-quatre pots de vin. Fait à Ambérieu, chez Pierre Merbosii, le 8ᵉ de novembre, an 1479.

— Hugon Ponceti, alias Guerra, pour lui et Antoinette de la Chanal, sa femme : 1° vigne de trois fosserées, le quart d'une maison ou grangeon [1] et un petit curtil en Romanas ; cens, un setier et un pot de vin ; 2° deux fosserées de vigne au même lieu ; cens, dix-huit pots de vin ; 3° le quart d'une terre contenant en tout neuf quartellées, en Lestra ; cens, demi-bichette de froment et un bichet d'avoine. Fait à Ambérieu, chez Pierre Merbosii, le 8ᵉ de novembre, an 1479.

— Guillaume Costancy, pour lui et Claudine de la Chanal, sa femme, de Saint-Germain : 1° vigne de trois fosserées, le quart d'un grangeon et un petit curtil en Romanas ; cens, demi-setier de vin ; 2° le quart d'une terre de neuf quartellées, en Lestra ; cens, demi-bichette de froment, plus une bichette et demie d'avoine. Fait à Ambérieu, le 8ᵉ de novembre, an 1479.

— Pierre Girerdi, pour lui et Antoine Girerdi, son frère, d'Ambérieu : 1° vigne en Combes de dix fosserées ; cens, un setier de vin ; 2° autre vigne en Combes de trois fosserées ; cens, un setier de vin. Fait à Ambérieu, chez Pierre Merbosii, le 9ᵉ de novembre, an 1479.

Le village grandit donc peu à peu autour de l'hospice ; cependant, au point de vue religieux, ce n'est qu'au xviiiᵉ siècle que les pouillés et la Carte de Berlier l'inscriront comme annexe d'Ambérieu au catalogue des paroisses.

[1] On appelle ainsi à Ambérieu et dans la région voisine les celliers bâtis en pleines vignes.

— Pierre Clerici, et Jean Clerici, prêtre, frères, pour eux et Jean Clerici, leur cousin, de Vareilles, terre de deux quartellées en Sechivilla, *juxta ripariam Albarine*; cens, douze deniers. Fait à Ambérieu, chez Pierre Merbosii, le 9e de novembre, an 1479.

— Jean Boneti, pour lui, pour Philibert et Etienne, ses frères et Jean Boneti, son cousin germain, du Tiret : 1° pré d'une seytive et demie, en Pra Mia; cens, neuf deniers ; 2° le huitième d'une quartellée de terre en Perrey, *subtus Fornachiam*; cens, une obole et demi-picte [1] ; 3° deux quartellées de terre au Turral de la Léchère ; cens, six deniers ; 4° curtil d'une bonne bichette de froment de semaille, en Monteil; cens, quinze deniers. Fait à Ambérieu, chez Pierre Merbosii, le 10e de novembre, an 1479.

— Jean Martin, du Tiret, pour lui et Françoise Dedani, sa femme, vigne de deux fosserées en Combes; cens, demi setier de vin. Fait à Ambérieu, chez Pierre Merbosii, le 10e de novembre, an 1479.

— Marguerite, femme de feu Claude Lombardi, du Tiret, habitant Pont-d'Ain, le tiers d'une terre, en Sernoniry, de la semaille d'un bichet de froment; cens, le sixième d'une bichette comble. Fait à Ambérieu, chez Pierre Merbosii, le 10e de novembre, an 1479.

— Jean Morelli, pour lui et Benoite Dedani, sa femme, de Saint-Germain, une seytive de pré en Cos, à Douvres; cens, seize deniers. Fait à Ambérieu, chez Pierre Merbosii, le 10e de novembre, an 1479.

— Jean Bachelardi, de Saint-Germain : 1° vignes et

---

[1] Picte, nom donné en Savoie, au commencement du XVe siècle, au demi-viennois ; elle valait le quart du fort ou la moitié du viennois ; 32 constituaient le gros autrement dit le sol. C'était la plus faible de toutes les monnaies ayant cours « minutissima fere omnium monetarum. » (Du Cange.) On l'appelait *picte* ou *pite*, de la ville de Poitiers, où ce type avait pris naissance.

bois contigus, le tout de huit fosserées, en Saleyse ; cens, deux deniers et une obole ; 2° le huitième d'un journal de terre, en Perrey ; cens, une obole et demi-picte. Fait à Ambérieu, chez Pierre Merbosii, le 10° de novembre, an 1479.

— Pierre Martin, pour lui et pour Jean Martin, prêtre, André Martin, son neveu, et Jean Martin, ce dernier, pour lui et Guigue Martin, son frère, de Cormoz [1], deux journaux de terre en Sechivilla ; cens, deux sols. Fait à Ambronay, en la maison du notaire recevant, le 13° de novembre, an 1479.

— Jean Dagia, du Tiret, un journal de terre sous la Choma ; cens, un dernier. Fait à Ambronay, maison du dit notaire, le 15° de novembre, an 1479.

— Mathieu de Vuachia, alias Gaillardi, pour lui et au nom de Pierre, son neveu, de Jeanne, Jeannette, Françoise et Thomase, ses nièces, du Tiret, le tiers d'un journal de terre à la Leschère ; cens, cinq deniers. Fait à Ambronay, maison du dit notaire, le 15° de novembre, an 1479.

— Antoine Bunafey, du Tiret : 1° la huitième partie d'un journal de terre, en Perrey ; cens, une obole et demi-picte, 2° terre de deux bonnes quartellées en Forrier ; cens, une émine et demie de froment, trois deniers et une obole. Fait à Ambronay, maison du dit notaire, le 15° de novembre, an 1479.

— Pierre Bunafey, du Tiret : 1° une seytive de pré dans l'étang du seigneur de Douvres ; cens, deux sols et demi ; 2° un journal de terre sous Montessuy, territoire de Saint-Germain ; cens, douze deniers. Fait à Ambronay, maison du dit notaire, le 15° de novembre, an 1479.

— Antoine Magnini, Claude, son frère, François et Pierre Magnini, frères, du Tiret, terre et bois contigus

---

[1] Hameau de Château-Gaillard.

en Forrier, le tout d'une bonne quartellée ; cens, quinze deniers et une obole. Fait à Ambronay, maison du dit notaire, le 15e de novembre, an 1479.

— Péronnette, relicte d'Antoine Blanchetti, pour elle et pour Claude, Jean, Pierre et Mathieu, ses enfants, du Tiret : 1° une vigne de quatre fosserées, en la Léchère ; cens, un denier ; 2° un journal de terre sous la Choma ; cens, trois deniers. Fait à Ambronay, maison du dit notaire, le 15e de novembre, an 1479.

— Claude Simpleti, du Tiret : 1° vigne de trois fosserées, en Combes ; cens, huit pots de vin ; 2° autre vigne de hui fosserées, en la Léchère ; cens, deux deniers aux dames de Bons [1] ; 3° terre de la semaille de trois bichettes de blé, en Gratachia ; cens, six deniers et une obole ; 4° un petit pré, en Fauges ; cens, une obole ; 5° demi-seytive de pré, en Monteil ; cens, neuf deniers. Fait à Ambronay, maison du dit notaire, le 15e de novembre, an 1479.

— Antoine Simpleti, pour lui, Claude et Jean Simpleti, ses frères, du Tiret, une fosserée et demie de vigne, en Combes ; cens, quatre pots de vin. Fait à Ambronay, maison du dit notaire, le 15e de novembre, an 1479.

— Jean Cotancy, d'Ambérieu, terre d'une demi-bichette de froment de semaille, en les Plactes ; cens, demi-émine de froment. Fait à Ambronay, maison du dit notaire, le 17e de novembre, an 1479.

— Jean Guillermi, de Château-Gaillard, comme tuteur d'Antoine et de Guillaume Simpleti, du Tiret, une fosserée et demie de vigne, au Tiret ; cens, quatre pots de vin. Fait à Ambronay, maison du dit notaire, le 17e de novembre, an 1479.

---

[1] Religieuses de l'Ordre de Citeaux ou Bernardines. L'abbaye des dames nobles de Bons fut fondée, vers 1155, par Marguerite de Savoie, fille d'Amédée III, qui en fut la première abbesse ; elle a été transférée à Belley au XVIIe siècle. — Bons, village du canton de Belley (env. 175 hab.) et ancienne paroisse aujourd'hui réunie à celle de Chazey.

— Jean Boydart Borserii, de Saint-Germain, habitant de Lagnieu, deux quartellées de terre, en la **Longy-Rey**, sous Gardon; cens, deux bichets de froment. Fait à Ambronay, maison du dit notaire, le 17e de novembre, an 1479.

— Claude Ollierii, pour lui et Gonete Joberti, sa femme, d'Ambérieu, vigne et bois contigus de trois fosserées, en **Recolly**; cens, six deniers. Fait à Ambronay, maison du dit notaire, le 17e de novembre, an 1479.

— Claude Chocterii, pour Pierre, son père, d'Ambérieu, terre en **Combes**, d'une bichette de froment de semaille; cens, le tiers d'une demi-bichette de mélée. Fait à Ambronay, maison du dit notaire, le 17e de novembre, an 1479.

— Guillermin de Monte (Dumont), alias Beczon, du Tiret : 1° verchère, en **Monteil**, d'un bonne bichette de froment de semaille; cens, quinze deniers; 2° curtil, en **Monteil**, de la même contenance; cens, quinze deniers aux dames de Bons. Fait à Ambronay, maison du dit notaire, le 18e de novembre, an 1479.

— Thomas Alabe, alias Beney, de Château-Gaillard, pour lui et Jeanne Jaceron, sa femme, du Tiret, une quartellée de terre, en **les Seiilières**; cens, un denier et une obole. Fait à Ambronay, maison du dit notaire, le 18e de novembre, an 1479.

— Etiennette, relicte de Jean Jaceron, *junior*, pour Claude, son fils et feu son mari, du Tiret : 1° la huitième partie d'une quartellée de terre, au **champ du Prey**; cens, demi-picte et une obole; 2° un journal de terre converti en pré, en **Pra Mia**; cens, cinq deniers et une obole aux dames de Bons. Fait à Ambronay, maison du dit notaire, le 18e de novembre, an 1479.

— Jean Pitrat, de Saint-Germain : 1° six quartellées de terre, en **Lestra**; cens, un bichet de froment; 2° petit pré contenant *unum andan prati*, en **Fauges**; cens, le douzième d'une obole; 3° pré de la semaille d'une bichette de froment, aussi en **Fauges**; cens, douze deniers. Fait à

Ambronay, maison du dit notaire, le 18ᵉ de novembre, an 1479.

— Vénérable Antoine Guillardi, prêtre, pour lui, Jacques et Violeti Guillardi, ses frères, d'Ambérieu : 1° vigne de trois fosserées, en Romanas, lieu dit en Susans ; cens, un setier et dix-neuf pots de vin ; 2° la moitié d'une grange et un curtil aussi en Romanas, lieu dit ou Nant ; cens, *pro granjono*, deux pots de vin, et *pro curtili*, un pot seulement ; 3° deux fosserées de vigne au même lieu ; cens, dix-huit pots de vin ; 4° petite seytive de pré à Douvres, sur l'ancienne Cosance ; cens, deux sols et demi. Fait à Saint-Germain, en la maison d'Etienne Troillon, le 17ᵉ de novembre, an 1479.

— Vénérable dom Simon Girerdi, prêtre, d'Ambérieu, terre d'une quartellée, au Pontet de la Léchère ; cens, douze deniers aux dames de Bons. Fait à Saint-Germain, maison d'Etienne Troillon, le 18ᵉ de décembre, an 1479.

— Soffred Belli, marchand de Saint-Rambert, pour lui et ses frères : 1° deux fosserées de vigne, en Romanas ; cens, dix-huit pots de vin ; 2° un journal de terre, sous Montessuy ; cens, douze deniers. Fait à Ambronay, maison du dit notaire, le 18ᵉ de décembre, an 1479.

— Jean Bidati, notaire à Saint-Rambert, fondé de pouvoir de Jean, son père : 1° vigne de six fosserées, en Saleyse ; cens, douze deniers ; 2° vigne de six fosserées, en Romanas ; cens, quarante pots de vin, *cum pareriis* ; 3° curtil d'une demi-émine de blé de semaille, même localité ; cens, un pot de vin. Fait à Ambronay, en la maison de vénérable Pierre Vuillermerii, curé du dit lieu, le 25ᵉ de janvier, an 1480.

— François et Etienne Belli, pour eux, Pierre, leur père, et Pierre Belli, leur neveu, d'Arandas [1], vigne de

---

[1] Paroisse sous le vocable de saint Pierre (archiprêtré de Saint-Rambert). Elle est peut-être la plus ancienne du Bugey

de deux fosserées, au Poysat, en Romanas; cens, un setier de vin. A Saint-Germain, maison d'Etienne Troillon, le pénultième de novembre, an 1479.

— Louis et Jacques Belli, pour eux et Antoine Belli, leur cousin, d'Indrieu, paroisse d'Arandas, vigne de deux fosserées, au Poysat, en Romanas; cens, un setier de vin. A Saint-Germain, maison d'Etienne Troillon, le pénultième de novembre, an 1479.

— .... Machodi, fils de Pierre, de Château-Gaillard, pour lui, François, Jean, Pierre et Benoit, fils de feu Etienne Machodi et pour Etienne Machodi, pré de trois bonnes seytives, en Collognieux, à Château-Gaillard; cens, douze deniers aux dames de Bons. Fait à Château-Gaillard, maison d'André Gonin, alias Bidalis.......

— François Deschamps, alias Berteti, de Château-Gaillard, vigne de deux fosserées et demie et *modicum magis*, en Romanas; cens, un setier de vin. A Saint-Germain, maison d'Etienne Troillon, le 1er de décembre, an 1479.

— Jean Gaillardi, de Bettant, vigne de deux fosserées et demie, en Romanas; cens, un setier de vin. A Saint-Germain, maison d'Etienne Troillon, le 14e de décembre, an 1479.

— Pierre Gaillardi, de Bettant, deux fosserées et demie de vigne, en Romanas; cens, un setier de vin. A Saint-Germain, maison d'Etienne Troillon, le 14e de décembre, an 1479.

— Vénérable dom Gonète Cheneva, prêtre, du Tiret, pour lui et Ollivier, son frère, Claude, Pierre, François, Antoine, André, Hugues et Renaud, fils de Jean Cheneva,

---

« Suivant la légende de saint Domitien, partie de son territoire aurait été concédée, dès l'an 426, aux religieux de Saint-Rambert qui conservèrent toujours le patronage de son église dont ils reçurent confirmation, en 1191, du pape Innocent III. » *(Topographie de l'Ain.)*

Etienne et Guigue, fils de Pierre Cheneva, du Tiret : 1° la moitié d'un pré, en la Balme ; cens, un denier aux dames de Bons ; 2° la moitié d'une vigne de quatre fosserées, sur le chemin d'Ambérieu en Islas[1] ; cens, un denier ; 3° deux quartellées et demie de terre, au Trembley ; cens, six deniers. Au Tiret, en la maison du dit Gonet, le 3° de décembre, an 1479.

— Pierre Colly, du Tiret : 1° vigne, en Combes, d'une bichette de blé de semaille ; cens, le tiers d'une demi-bichette de mêlée ; 2° demi-journal de terre à Saint-Germain ; cens, douze deniers ; 3° une seytive de pré, en Cos, à Douvres ; cens, seize deniers. Au Tiret, maison de dom Gonet Cheneva, le 3° de décembre, an 1479.

— Thomas Périn, alias Combes, du Tiret, pour lui et Claudine Combes, sa femme : 1° un journal de terre, en les Sellières ; cens, huit deniers ; 2° terre d'une quartellée, sous Montessuy ; cens, un denier et une picte et demie. Au Tiret, maison de dom Gonet Cheneva, le 3° de décembre, an 1479.

— François Joberti, du Tiret, en qualité de tuteur de Pierre, Jean, Etienne, Claudine et Claudia Joberti, du Tiret, terre de huit quartellées, en Cos ; cens, dix-sept deniers. Au Tiret, maison de dom Gonet Cheneva, le 10° de décembre, an 1479.

— Jean Joberti, du Tiret : 1° terre et bois se joignant, ensemble neuf quartellées, derrière Malacort ; cens, quatre sols, huit deniers et une obole ; 2° terre de deux quartellées, en Cos ; cens, une émine et demie de froment. Fait en Cos, *in vinea de Rebos ante granjonum*, le 10° de février, an 1480.

---

[1] *Islas*, du latin *apud Insulas*. On dénomme ainsi l'immense étendue de terrains d'alluvions que la commune d'Ambérieu possède sur la rive gauche de l'Ain, en face de Priay. C'étaient des pâturages depuis un temps immémorial ; ils ont été livrés à la culture en 1860.

— Antoine Coilly, pour lui et Françoise Dagia, du Tiret, la moitié et le quart de trois quartellées d'une terre indivise, sous la Choma ; cens, un denier et une obole aux dames de Bons. Au Tiret, maison de dom Gonet Cheneva, le 10e de février, an 1480.

— François Dedani, du Tiret, un journal et demi de terre, en les Sélières ; cens, deux deniers aux dames de Bons. Au Tiret, maison de dom Gonet Cheneva, le 10e de février, an 1480.

— Jean Ponceti, alias Guerra, de Saint-Germain, vigne de six fosserées, en Romanas ; cens, deux setiers et demi de vin. A Saint-Germain, maison d'Etienne Troillon, le 14e de décembre, an 1480.

— Peronette Caillat, pour elle et Guigonne, sa sœur, deux fosserées de vigne ; cens, une demi-geline. A St-Germain, maison d'Etienne Troillon, le 10e de décembre, an 1480.

— Antoinette, relicte de Jean Boysier, de St-Germain : 1° vigne de deux fosserées, en Saleyse ; cens, une demi-geline ; 2° un curtil ; cens, deux deniers. A St-Germain, maison d'Etienne Troillon, le 14e de décembre, an 1480.

— Pierre Violeti, alias Machodi, de Saint-Germain, pour lui et Aymon, son frère : 1° vigne de douze fosserées, en Romanas ; cens, un setier et demi et cinq pots de vin ; 2° moitié indivise d'une terre d'une quartellée en tout, sous le bourg neuf de Saint-Germain ; cens, deux deniers et une obole ; 3° la huitième partie d'un journal de terre au pont de Bettant ; cens, un denier. A Saint-Germain, maison d'Etienne Troillon, le 10e de décembre, an 1480.

— Noble André de Varambon, de Saint-Germain, vigne de quatre fosserées, avec grange, en Rampon ; cens, douze deniers. Fait au château du Tiret, *in castro Tireti*[1], le 9e de février, an 1480.

---

[1] Amédée de la Balme, seigneur du Tiret, est au nombre des témoins.

— Vénérable Pierre Berteti, prêtre, *de Ripis*, habitant de Saint-Germain, terre d'un journal, au Prey, territoire de Saint-Germain ; cens, douze deniers. A Saint-Germain, maison d'Etienne Troillon, le 15ᵉ de décembre, an 1480.

— Violet Cotancy, de Saint-Germain, curtil sous le bourg du dit Saint-Germain ; cens, trois deniers. A Saint-Germain, maison d'Etienne Troillon, le 15ᵉ de décembre, an 1480.

— Pierre Guillermin, alias de Saleyse, de Saint-Germain, la moitié d'une quartellée de terre sous le bourg-neuf du dit village ; cens, deux deniers et une obole. A Saint-Germain, maison d'Etienne Troillon, le 15ᵉ de décembre, an 1480.

— Jeanne Girerdi, d'Ambérieu, relicte d'Antoine Remigii, notaire à Saint-Germain, la moitié indivise d'un pré de la totalité de deux seytives, vers la Balme ; cens, sept deniers aux dames de Bons. A Saint-Germain, maison de Pierre Remigii, le 15ᵉ de décembre, an 1480.

— Pierre Rodeti, notaire à St-Rambert, vigne d'une fosserée, en Romanas ; cens, quatre deniers. A Saint-Germain, maison d'Etienne Troillon, le 15ᵉ de décembre, an 1480.

— Pierre, Benoit et Jean, fils de Simon Teste, de Torcieu, vigne de quatre fosserées indivise entre eux, en Romanas ; cens, un setier de vin. A Saint-Germain, maison d'Etienne Troillon, le 16ᵉ de décembre, an 1480.

— Marguerite, fille de Jean de la Chana, de Saint-Germain, vigne de quatre fosserées vers Nant, en Romanas ; cens, dix-huit pots de vin. A Saint-Germain, maison d'Etienne Troillon, le 17ᵉ de décembre, an 1480.

— François Bailly, du Tiret : 1° maison haute et basse, en Trémolars ; cens, un denier et une obole ; 2° le tiers d'une verchère, au même lieu ; cens, le sixième d'une bichette de froment comble aux dames de Bons ; 3° le tiers d'une seytive de pré, en Fauges ; cens, douze deniers. Fait au château du Tiret, le 9ᵉ de février, an 1480.

— Benoit Lombardi, du Tiret : 1° maison et la moitié d'une grange, en Tremolars; cens, douze deniers et une picte; 2° le tiers d'une verchère d'une bichette de froment de semaille, au Tiret; cens, le septième d'une bichette comble de froment aux dames de Bons et cinq deniers. Fait au château du Tiret, le 9° de février, an 1480.

— Noble Amédée de la Balme, seigneur du Tiret : 1° pré de trois bichettes de froment de semaille, au Pra de Prapier; cens, quatre deniers; 2° maison, en Trémolars et la moitié d'une grange; cens, deux deniers. Fait au château du Tiret, le 9° de février, an 1480.

— Antoine Balme, du Tiret, le tiers d'une seytive de pré, en Fauges; cens, douze deniers. Fait au Tiret, en la maison neuve de François Nignon, le 9° de février, an 1480.

— Soffred Augert, alias Roleti, de Gratours [1], vigne avec bois contigu de la contenance totale de six fosserées, en Dareyse; cens, huit deniers. Fait à Ambronay, maison du notaire recevant, le 24° avril, an 1480.

— Noble Sibued Faureti, de Saint-Germain, pré d'une bonne seytive, en Fauges; cens, deux sols. Fait à Saint-Germain, maison d'Etienne Troillon, le 26° d'avril, an 1480.

— Pierre Domegeti, pour lui, Pernet et Jeannette, ses enfants, et Laurence, sa femme, vigne d'une fosserée et tiers d'autre fosserée, en Romanas; cens, vingt-quatre pots de vin. Fait en Chênes [2], en la maison de Claude Colombi, le 27° de mars, an 1481.

— Claude Colombi, de Chênes, vigne de deux fosserées et tiers d'autre fosserée, en Romanas; cens, quarante

---

[1] *Gratoux*, hameau à 2 kil. au nord de Saint-Rambert.

[2] Je n'ai pu retrouver la position exacte de ce mas; il devait être situé au territoire du Tiret ou sur celui de Saint-Germain. C'était probablement le mas des Cheneva qui en auront formé leur nom : *va* (vers) *Chênes*.

pots de vin. Fait en Chênes, maison du dit Claude Colombi, le 27e de mars, an 1481.

— Claude, fils d'Humbert Colombi, pour lui, Georges, Pierre, Jean et Antoine, ses frères, vigne de deux fosserées et tiers d'autre, en Romanas; cens, quarante pots de vin. Fait en Chênes, maison de Claude Colombi, le 27e de mars, an 1481.

— Claude de Balma, pour lui et Antoine, son frère, du Tiret : 1° terre, en Perrey, de la semaille de six bichettes de froment; cens, deux sols; 2° pré d'une bonne seytive, vers Balme; cens, quatre sols. Au Tiret, maison de dom Gonet Cheneva, le 29e de mars, an 1481.

— Jean Grossi, fils de Sébastien Grossi, *quondam* notaire et bourgeois de Saint-Rambert : terre, en Rampon, contenance, la semaille de six bichettes de blé; cens, deux bichettes de froment; autre terre de même étendue, en Romanas; cens, deux bichettes de froment. Fait au château de Douvres, le 11e de mai, an 1484.

— Gonet Foillieti, du Tiret : 1° pré d'une bonne seytive, en les Cloy; cens, douze deniers; 2° le tiers d'un pré contenant en tout trois seytives, vers Nantet; cens, huit deniers. Fait au Tiret, en la maison de Gonet Foillieti, le 8e de juin, an 1484.

— Claude Foillieti et François Foillieti, ce dernier pour lui, Jean et Pierre Foillieti, ses frères, du Tiret, le tiers d'un pré, vers Nantet, contenance totale, trois seytives; cens, huit deniers. Au Tiret, maison de Gonet Foillieti, le 8e de juin, an 1484.

— Pierre Gaillardi, du Tiret : 1° terre d'une quartellée sous Montessuy; cens, trois deniers et une picte et demie; 2° une quartellée de terre, en Cos; cens, une émine de froment. Au château de Douvres, le 14e de septembre, an 1486.

— Guillaume Pumieti, du Tiret, une terre, en Rampon, de la semaille de six bichettes de froment; cens, une bichette de blé. Fait le pénultième d'octobre, an 1488.

Tels étaient, à la fin du xve siècle, les tenanciers et les fonds dépendants de la seigneurie de Douvres, au mandement de Saint-Germain, *apud Sanctum-Germanum.*

Apud Sanctum-Germanum ; ces trois mots, inscrits en tête du recueil, disent que nous n'avons là qu'un fragment du grand terrier de Douvres. Qu'est devenu le reste ? Quand un ouragan de haine, de fer et de feu, comme celui de 1789, a passé sur un pays, il n'est pas téméraire de présumer que ce terrier a été, comme tant d'autres monuments, la proie des flammes. La Révolution menaçait de sept ans de fer quiconque oserait soustraire à la destruction les titres sur lesquels reposaient les droits des seigneurs. Qu'on ne s'étonne pas si les documents de cette nature sont si rares de nos jours.

1481. Janvier. — Aliénation consentie par Denis Onyti, de Vongnes, à Jacques Jaqueri, habitant de Chanoz[1]. C'est un quart de seytorée de pré, indivis avec Jacques Onyti, son frère, et Georges Burleti, qu'il cède pour la somme de cinq florins, pur poids. La dite parcelle est située en Bédori, jouxte le pré de Pierre Maniglerii, de vent, le pré des dits Jacques Onyti et Georges Burleti, au soir, et celui de Pierre Minati, au matin. La vente comprend le fonds, les droits et généralement tout ce qui dépend du dit pré, à la charge cependant pour l'acquéreur d'un service annuel envers le seigneur direct.

Actum apud Bossiacum [2] in domo nova mei notarii (Claudii Janodi), presentibus : Francisco de Carro, de Sancto-Martino, Johanne Garodi et Claudo Malepi-

---

[1] Petit hameau de la commune de Vongnes, à 1,200 mètres au nord du village.
[2] *Bossieu*, autre hameau de Vongnes de peu d'étendue, situé, comme le précédent, au-dessus de la plaine de Lavours.

gnati [1]. clerico, testibus. Anno Dni millesimo quatercentesimo octuagesimo primo, die decima octava mensis januarii.

1482. Juin. — Echange entre noble Amédéa, veuve de Pierre Bertelleri[2], de Virieu, tutrice et administratrice de ses enfants, et Amédée Billieti. La dite dame cède au dit Amédée Billieti, environ deux seytives de pré, sises à Virieu, lieu dit pré Vuarnes, avec droits, appartenances et dépendances ; en retour, ce dernier lui remet un journal de terre au même territoire, lieu dit en Mussonnière. Ils prennent l'un et l'autre l'engagement de servir exactement les cens dus au seigneur direct.

Actum Viriaci Magni retro domum dictorum libero-

[1] Voici un nom patronymique de formation bizarre ; n'est-il pas la preuve manifeste que si bon nombre de noms tirent leur origine de la terre, un plus grand nombre peut-être ont été emprunté aux qualités, aux défauts et à la conformation physique des individus ?

[2] *Bertellerius*, fabricant de harnais, de bâts, de sangles, etc. (du Cange) ; le nom de la profession avait passé à la famille.

« Il n'était pas natif de Genève, mais de Virieu-le-Grand en Verronnois, » dit Bonivard dans ses *Chroniques de Genève* (t. II, p. 16), en parlant de Philibert Berthelier, l'un des héros de l'indépendance genevoise. Les Berthelier tiraient, en effet, leur origine de cette localité. Le premier dont on ait trouvé mention est Jean Berthelier, tanneur, à la date de 1429. Il eut trois fils : Pierre, Antoine et François. De Pierre naquirent Jean et Claude, celui-là régisseur de la terre de Virieu pour Claudine Raulin, fille du grand chancelier de Bourgogne, et celui-ci simple notaire ducal ; François devint curé de Saint-Martin-du-Fresne, et Antoine fut père de Philibert Berthelier, qui eut la tête tranchée à Genève en 1519. D'Amblarde du Crest, ce dernier avait laissé François et Philibert Berthelier. Condamnés l'un et l'autre à la peine capitale par la faction calviniste, François fut exécuté le 15 septembre 1555 ; Philibert n'échappa à la mort qu'en se réfugiant hors du territoire de la ville. (D'après M. A. Callet, *Ann. de la Soc. d'Emulation de l'Ain*, 1891, p. 234 et seqq.)

rum [1]; presentibus: Stephano Bulliandi, Johanne Ludovici, et Johanne Prepositi, de Viriaco Magno, testibus.

1483. Février. — Selon le droit et la coutume depuis longtemps en vigueur es-pays de Savoie, les héritages de Jacques Barberii, alias Tardeti, de Lézieu [2], homme taillable de Jean Prévot, de Virieu, ont fait échute au dit seigneur, et des dits héritages noble Jean Prévot dispose par la présente cession.

Par le ministère de Jean Columbi, notaire, Jean Prévot donne à Etienne et à Pierre Turrelli, alias Billieti, frères, de Lézieu, présents et acceptants, les biens du dit mainmortable sis au mandement de Rochefort, paroisse de Pollieu, terres, prés, vignes, bois, hermitures, terres cultes et incultes, curtils, tâches et guet [3]. L'introge est de quatre-vingt florins, pur poids, dont six pour douze viennois gros, monnaie de Savoie. L'abergateur n'entend préjudicier en rien aux services, usages et tributs que prélèvent sur ces fonds les censives seigneuriales.

Datum Bellicii in domo Claudii Luyseti; presentibus: Clemente Guilardi de Lavors, notario, Claudio Luyseti;

---

[1] Jean et Claude. La maison des Berthelier était située près de l'église St-Etienne, au lieu dit Eschatouz, et comprenait, entre autres dépendances, une tannerie, un moulin et un verger. Ce petit domaine était limité à l'orient par un chemin public, à l'occident par les eaux de l'Arène, au nord et au midi par des propriétés particulières. (Arch. nat., Terrier de Virieu-le-Grand, p. 1500 [2].) L'Arène séparait le diocèse de Genève de celui de Belley : la chapelle de St-Etienne desservait la partie nord de Virieu appartenant au premier. Elle a été démolie au commencement de ce siècle. (D'après M. Callet. ibid., pp. 237 et 238.)

[2] Village au sud de Pollieu, archiprêtré de Belley ; 130 habitants.

[3] Surveillance exercée au château en temps de guerre pour éviter les surprises de l'ennemi. Les vassaux devaient le guet. Vers le déclin de la féodalité les seigneurs substituèrent à cette prestation personnelle des redevances en argent et en nature.

Jacobo Colombi et Guillelmo Tendreti, clerico, et Johanne Eshardi, de Polliaco. Anno Dni millesimo quatercentesimo octuagesimo tercio, die quindecima mensis februarii.

1483. mars. — Au nom du Père, du Fils et du Saint-Esprit. Amen. En présence de Claude Bollieti et des témoins soussignés, Joaneta, fille de feu Barthélemy Meyssonis et femme de Jean Rebocti, de Douvres, personnellement établie, a condé son testament nuncupatif. — En voici les clauses les plus intéressantes : — Quand son âme quittera son corps, humblement et dévotement elle la recommande au Créateur, à Notre-Seigneur Jésus-Christ, à la glorieuse et miséricordieuse Vierge, sa Mère, et à toute la cour céleste. — Elle élit sa sépulture au cimetière de Douvres, au tombeau de ses pères. — Le jour de son obit, on convoquera, à l'église de Saint-Pierre, vingt prêtres qui devront célébrer les divins offices pour le remède de son âme et le repos de ses prédécesseurs. Chacun d'eux recevra en aumône cinq quarts ; l'officiant recevra dix quarts. Les mêmes cérémonies solennelles seront renouvelées à son anniversaire du bout de l'an [1]. — Elle lègue trois quarts en aumône au luminaire de Saint-Pierre de Douvres, autant aux luminaires de Notre-Dame d'Ambronay [2], de Saint-Jean-le-Vieux et de Saint-Nicolas d'Ambronay [3]. — Un Claude de Linossan, prêtre de Douvres, reçoit de son côté un legs, mais, vu le mauvais état du parchemin, on ne

---

[1] Au XVe siècle, le premier anniversaire qui suivait le décès était célébré, avec autant et parfois plus de magnificence, que les funérailles elles-mêmes.

[2] L'église conventuelle sous le vocable de l'Assomption de la Sainte-Vierge.

[3] L'église paroissiale, bâtie à quelques pas de celle du monastère, sur le côté gauche de la place. Elle a été détruite quelques années après la Révolution.

peut ni en énoncer la quotité, ni déterminer le nombre de messes qui lui sont confiées.

Datum apud Dovres ante domum Johanete dicte testantis; presentibus: Johanne Ribocti, Benedicto Varamberii, Goneto Prodi et Guillelmo Montagnati [1], testibus. Anno Dni millesimo quatercentesimo octuagesimo tercio die vicesima sexta mensis marcii.

1484. Janvier. — La nommée Benoîte, après la mort de son mari, François Debertio, de Cuzieu [2], avait épousé Jean Bauderii, qualifié *magninus* [3] et était morte à son tour. Johanneta, sa fille du premier lit, femme de François Veguti, avait naturellement des droits à sa succession, et, à titre d'héritière, exigeait des Bauderii, père et fils, le remboursement de la moitié des soixante florins constituant la dot de sa mère. Ceux-ci ne consentaient à en relâcher que le tiers. De là contestation qu'un compromis avait mis en voie d'arrangement. Les parties avait dési-

---

[1] Il se pourrait que Guillaume Montagnat comptât parmi les ancêtres des Montagnat, anoblis au XVIII° siècle, et qui devinrent coseigneurs de Douvres. L'*Armorial de l'Ain* les dit originaires d'Italie : « Un Montagnat, dit M. Rév. du Mesnil, suivit en 1463, le duc de Savoie, en qualité de médecin, et s'établit en Bugey, où ses enfants vécurent dans les rangs de la première bourgeoisie. Jean-Claude Montagnat, marchand, bourgeois de Douvres, fut père de Claude, qui se fit jésuite en 1703. » Ces assertions, fussent-elles prouvées, n'iraient pas contre notre conjecture. — Les Montagnat se sont alliés aux Cozon, aux Martinière, aux Thoubillon, très honorables familles du Bas-Bugey, et d'eux descend, par les femmes, M. Aimé Vingtrinier, l'aimable et savant bibliothécaire de Lyon.

[2] Paroisse de 400 âmes de l'archiprêtré de Virieu. D'après un usage curieux, mais remontant très haut, la cure devait être possédée simultanément par deux titulaires.

[3] Je pense qu'il faut traduire par *chaudronnier* ou *rétameur*. Le vulgaire appelle encore *magnins* les chaudronniers et les rétameurs ambulants.

gné deux arbitres, à la décision desquels elles devaient s'en rapporter à peine de deux écus d'amende.

Donc, noble Aymon Gabrielis et Peronnet Ferrati, notaire, d'Avrissieu, arbitres choisis, la cause examinée et les contendants interrogés, ordonnent qu'il sera remboursé par les Bauderii à François Veguti, recevant pour et au nom de sa femme, dix-huit florins seulement ; trois florins à la saint Michel prochaine, et d'année en année, trois florins à la même date, jusqu'au payement intégral de la dite somme. Les frais sont laissés à la charge de la demanderesse.

Actum apud Viriacum Magnum in domo Petri Gerbey ; presentibus : Matheo Premellions, Johanne Gallandi, de Massiniaco [1], decano de Sancto-Martino [2]. Anno Dni millesimo quatercentesimo octuagesimo quarto, die quinta mensis januarii.

1488. Septembre. — En son nom propre et au nom de son frère, Violeti Guillardi, prêtre, Jacques Guillardi, de Saint-Germain d'Ambérieu, cède, par vente irrévocable et perpétuelle, une parcelle de pré à Helmorge de Châtillon, dame de Douvres et relicte de Claude d'Oncieu, en son vivant seigneur du dit Douvres. La dite parcelle n'a qu'une seytive de contenance ; elle est située au Pra Novel, entre le pré d'Antoinette d'Oncieu, fille de la dite Helmorge, au matin, la terre de Pierre Perrodi, de vent, la terre et le pré d'Antoine Prodi, de bise et au soir. Les

---

[1] *Massignieu*, paroisse de l'archiprêtré de Belley, sur les bords du Rhône (600 habitants) ; réunie à celle de Peyrieu, au XVIIe siècle, puis rétablie le 9 avril 1826.

[2] Est-ce Saint-Martin-de-Bavel qui est visé ici ? La réponse ne peut être qu'affirmative puisqu'on ne rencontre pas d'autre localité de ce nom dans le voisinage de Virieu. Saint-Martin aurait donc été doté d'un prieuré ou doyenné au Moyen-Age. Aucune des chartes connues jusqu'à ce jour ne l'avait encore mentionné.

cens ordinaires dus aux directes dont elle est mouvante seront régulièrement servis comme au temps passé. Elle est payée vingt-deux florins, monnaie courante de Savoie.

Acta fuerunt premissa in castro de Dovres, in aula inferiori ; presentibus : Johanne, filio Petri Marillieri, de Amberiaco, et Johanne Vuillati, alias Bresson, de Dovres, testibus. Anno Dni millesimo quatercentesimo octuagesimo octavo die vicesima tercia mensis septembris.

1489. Novembre. — Benoit Ruffin, alias Clerici [1], de Cuzieu, et Antoine, fils de Pierre de Rupt (de la Roche) [2], de Vollien [3], procureurs et administrateurs des biens de la confrérie de saint Théodule existant à Cuzieu [4], confessent avoir reçu, pour eux et leurs successeurs en ces fonctions, un calice et trois florins et demi, de François Veguti, de Virieu-le-Grand, lesquels somme et calice, ce dernier était tenu de livrer à la confrérie en vertu d'un accord remontant au 23 février 1488. Ils le déclarent en conséquence libéré de son obligation.

Actum Bellicii in opatorio domus mei notarii (Claudii Flandrini) ; presentibus : nobili Petro de *Excurniaco*, Johanneto Vollieti et Stephano Balluti. Anno Dni millesimo quatercentesimo octuagesimo nono, die octava mensis novembris.

1497. Mars. — Nous, Claude de Castro, protonotaire du Siège Apostolique, chanoine des églises cathédrales de Genève, Lausanne et Maurienne (Saint-Jean de), vicaire

---

[1] Les Clerc sont aujourd'hui inconnus à Cuzieu ; la famille est éteinte ou bien a émigré ailleurs.

[2] Il y a encore des Laroche à Vollien.

[3] Hameau de Cuzieu, près de la route de Virieu-le-Grand à Belley.

[4] M. l'abbé A. Clerc, curé de Cuzieu, m'écrit que cette confrérie n'existe plus dans la paroisse et que le souvenir en est totalement perdu. Elle aura été supprimée au XVIIe siècle.

au spirituel et au temporel [1] des église et évêché de Genève, spécialement député par l'autorité diocésaine, voulons qu'il soit manifeste qu'à la demande d'Andellot de Montchenu, seigneur de la Bâtie et du Châtelard [2], ayant vu, palpé et lu un acte de 1358 dont la teneur suit : L'an du Seigneur 1358, Jaquemet Ciollère, de Lancier [3], se reconnaît publiquement, veut et doit être homme lige et taillable de noble et puissant Gérard, coseigneur de Ternier [4]; et du dit chevalier il tient en fief et à cens : 1° la maison qu'il habite à Lancier, avec deux pauses de terre [5] à l'entour; cens, une octave de froment, mesure de Genève; 2° terre d'une pause, en Planeysi, jouxte la

---

[1] L'évêché de Genève constituait une seigneurie indépendante, distincte du comté dit de Genève, mais plus exactement appelé de Genevois. Du vivant même de Rodolphe III, roi de Bourgogne et d'Arles, on voit les évêques frapper monnaie et, en 1154, Frédéric Barberousse concéder, par diplôme impérial, à l'un d'eux, Ardutius, des droits régaliens et le titre de prince de l'Empire. Genève était redevable de la liberté à ses évêques; cependant elle les a expulsés, en 1534, au nom de cette même liberté qu'ils lui avaient toujours si pleinement octroyée.

[2] Il y a eu deux châteaux de la Bâtie en Savoie; l'un était situé au village de la Bâtie, canton d'Albertville, route de Moutiers; il est en ruine. On trouve l'autre à Curienne, canton nord de Chambéry. — Le Châtelard, archiprêtré, chef-lieu de canton et capitale du pays des Bauges, sur la rive droite du Chéran. D'imposants vestiges sur un rocher sauvage, non loin de la ville, rappellent l'existence de son ancien château-fort.

[3] Lancy, ancienne paroisse du décanat de Vuillonnex; de nos jours commune distante de 3 kilomètres, sud-ouest, de Genève. Il y a eu, au Moyen-Age, une maison noble de Lancy.

[4] Château dépendant du Comté de Genevois dont il ne reste que quelques pans de murs à 1.200 mètres de la petite ville de Saint-Julien (Haute-Savoie). Il avait donné son nom à une châtellenie ou mandement comprenant la région située au sud de Genève entre l'Arve et la Laire.

[5] Mesure de superficie propre aux pays voisins du Léman où elle est encore en usage. Son étendue, si je ne me trompe, est de six ares cinquante-neuf centiares.

forêt de Saint-Martin de Démo : cens, une octave de froment ; 3° terre de dix pauses entre les bois de Rebelliari et de Belle Combe ; cens, vingt sols ; 4° terre d'une demi-pause et vigne à Lancier, terre d'une pause, en Curtiz, et deux autres terres de même contenance, l'une en Planeysi et l'autre en Cretez ; cens, un bichet et demi de froment, une geline et sept deniers : rentes annuellement dues à la Saint-Michel. Fait à Ternier, en la maison d'Aymon Mauricii ; — avons ordonné de transcrire le dit instrument, de le rédiger en la présente forme que nous avons signée et expédiée pour servir à qui de droit.

Datum Gebenne in domo nostre habitacionis, die quinta decima mensis marcii. Anno Dni millesimo quadringentesimo nonagesimo septimo ; ibidem presentibus : egregiis viris Glaudio Vuarreni et Jacobo Orcuria not. testibus.

1499. Février. — A quiconque les présentes lettres verra, Nous, François de Borgia [1], par la grâce de Dieu et du Siège Apostolique, évêque de Théatino et trésorier général de Sa Sainteté Notre Seigneur le Pape, faisons savoir que vénérable seigneur Pierre de Coye, en payement des annates paroissiales [2] de l'église de Saint-Genès

---

[1] De l'illustre maison des Borgia d'Espagne. D'abord évêque de Théatino (ou mieux Thiano, dans la terre de Labour, évêché suffragant de Bénévent), il fut ensuite archevêque de Cosenza, et élevé au cardinalat, en 1500, par le pape Alexandre VI. Sa conduite à l'égard de Jules II le fit condamner à la prison, mais l'intervention des cardinaux, ses collègues, l'exempta de subir sa peine. Il prit part au conciliabule de Pise ; sa mort arriva presque subitement dans cette ville le 4 novembre 1511.

[2] Droit perçu par les supérieurs ecclésiastiques à l'occasion de la collation d'un bénéfice. Antérieurement au XII° siècle, l'annate n'était payée aux papes que par les évêques qu'ils consacraient eux-mêmes ; ils l'ont depuis étendue successivement à tous les bénéfices consistoriaux. Elle devint ainsi une préroga-

de Vendranges [1], diocèse de Lyon, payement auquel il avait été contraint sous peine de censure par la Chambre Apostolique [2], à raison de la moitié des fruits de la première année perçus en la dite église, a fait réellement verser, par les mains de Strorzio, aux receveurs et trésoriers de la susdite Chambre, la somme de vingt-trois florins et soixante oboles, ainsi que les registres en font foi, livre VII, fol. XLVI. De laquelle somme le dit Pierre, ses héritiers et successeurs, leurs biens présents et à venir, nous quittons et délivrons par la teneur des présentes. En foi de quoi nous avons les dites lettres scellé de notre sceau.

Datum Rome in Camera apostolica, die decima nona februarii m. cccc. LXXXXIX. pontificatus D. N. D. Alexandri Pape VI anno septimo.

XVᵉ siècle. — L'acte est sans date, mais l'écriture est de la seconde moitié du XVᵉ siècle. — Longue bande de parchemin de 1 m. 70 de longueur sur 0,25 de largeur. Le corps de l'acte est égaré; en voici cependant le résumé établi au mieux d'après ce fragment. — Guillaume Lamberti est admis à reconnaître, au profit du seigneur de

---

tive exclusive du Saint-Siège contre laquelle ne cessèrent de réclamer nos rois. Ce n'est plus aujourd'hui que la modique somme, versée à la chancellerie romaine par les nouveaux évêques, pour l'expédition de leurs bulles.

[1] Paroisse de l'ancien archiprêtré de Roanne. Les pouillés du diocèse de Lyon la mentionnent depuis le XIIIᵉ siècle : « *Ecclesia de Veindranges ; parate in synodis, nichil ; nomen patroni, capitulum lugdunense.* » Au XVᵉ siècle, le revenu du bénéfice était de huit livres. Aujourd'hui paroisse de 500 âmes, toujours sous le vocable de saint Genès, de l'archiprêtré de Saint-Symphorien de Lay.

[2] Sorte de Tribunal ou de Conseil qui connaît des revenus ecclésiastiques. Il veille principalement sur tout ce qui concerne le trésor, le domaine et le revenu casuel des papes.

Miribel [1], le service et le droit de garde dus sur un brotteau [2] et un pré mouvant de son direct domaine, selon les teneur et forme des reconnaissances antérieures. A diverses époques, les dits fonds avaient éprouvé une dépréciation notable *propter nimiam habundacionem aque fluvii Rhodani*, et les droits avaient subi une réduction proportionnelle; leur valeur n'ayant pas augmenté, les commissaires feudistes [3] Guyonnet et Jacquet, estimaient qu'il y avait lieu de maintenir encore la réduction.

Actum in dicto loco Miribelli, in domo habitacionis nostrorum notariorum, presentibus : nobili Philippo de Grandimonte, domino de Mongriffon [4], capitaneo et castellano loci predicti Miribelli, nobile Andrea Peynon, cive Lugduni, et Anthonio Durandi, de Nyevroz.

1500. Juin. — Pour lui, ses héritiers et ses successeurs, Amédée Vugti, de Vongnes, vend une pièce de terre à

---

[1] Le duc de Savoie. Depuis l'échange du 5 janvier 1354 qui la fit passer aux Comtes de Savoie, la terre de Miribel resta en leur possession, sauf les quelques années que dura l'occupation française (1536-1559), jusqu'à Emmanuel-Philibert. Ce prince l'engagea, peu après le traité de Cateau-Cambrésis, à Jean-Louis de Costa, comte de Châtillon et de Pont-de-Veyle.

[2] Parmi les riverains du Rhône et de l'Ain ce terme désigne les terrains fouillés et délaissés par les eaux.

[3] Ou simplement *feudistes, commissaires à terrier* : délégués spéciaux chargés de recevoir, au nom du seigneur, les reconnaissances des tenanciers. C'étaient ordinairement des notaires.

[4] *De Grammont*; noble et antique maison de chevaliers sortie de Grammont, en Bugey. Elle a formé plusieurs branches. Philippe appartenait à celle des seigneurs de Montgriffon remontant à Jean de Grammont, seigneur de Montgriffon, de Montferrand et des Echelles. en 1400. N'ayant pas de postérité, il légua tous ses biens, le 7 février 1533, à sa femme. Eléonore de Varey. — Montgriffon ; village à 10 kil., N.-E., de St-Rambert. Il n'a le titre de paroisse que depuis le 28 août 1808 ; avant la Révolution, c'était une annexe d'Aranc. sous le vocable de Ste-Anne.

Jacques Jaquerii, aussi de Vongnes, au prix de huit florins de Savoie. Sa contenance est d'un quart de journal ; elle est située au dit village, à la Côte, entre les terres aux héritiers de Pierre Planteti, au matin, de l'acheteur, au nord, de Philibert Planteti, de vent, et de Pierre Regis, au soir. Acte passé par devant Jacques de la Crose, de Saint-Martin-de-Bavel.

Datum in domo mei notarii predicti ; presentibus ibidem : Dyonisio Vugti, Reynaudo Regis, Stephano Clerici, clerico, et Petro Clerici, ejus fratre, testibus. Anno Dni millesimo quingentesimo, die vicesima quinta mensis junii.

1503. Mai. — Obligation faite par Jean Ony, alias Salury, de Mornieu, paroisse de Ceyzérieu, au profit des frères Amédée et Antoine Clerici, fils de feu Benoît Clerici, de Cuzieu. C'est le solde de la dot de Monète, femme de Louis Dufour, de Rossillon, que celui-ci devait restituer à ses beaux-frères. Jean Ony lui étant redevable de trente-sept florins, il leur transmet sa créance. — Jean Ony déclare donc devoir et être tenu de payer aux créanciers sus-désignés, la somme de trente-sept florins d'or, bon poids. Il assigne la dite somme sur une terre d'environ trois journaux d'étendue, sise à l'endroit dénommé en Meysons. Quant au payement, il est convenu qu'il aura lieu par fractions de six florins, servies chaque année à une date que l'acte ne détermine pas.

Actum apud Cussiacum in domo dictorum Amedei et Anthonii Clerici ; presentibus : Anthonio Onyti, alias Michodi, Anthonio Morelli, ambo de Morniaco, et Anthonio Proti, de Cussiaco, testibus. Anno Dni millesimo quingentesimo tercio, die vicesima quinta mensis maii.

1505. Février. — Jean Ony manqua aux engagements qu'il avait pris, nous le présumons du moins, car, deux ans après, la terre qu'il avait donnée en nantissement fut vendue par Antoine Clerici, son créancier. — Le dit Antoine Clerici, remet pour le prix de ..... [1], à Jean Mandros, de Mornieu, la susdite terre, sise en Meysons. Il la cède avec fonds, appartenances, entrées, sorties, droits et actions lui compétant, à la condition que l'acquéreur payera, chaque année, les cens habituels à celui de qui elle est tenue en emphytéose.

Actum..... presentibus : Hugone Grossi, alias Michonis, de Chamilliaco [2], et Hugone Morelli, de Morniaco, testibus. Anno Dni millesimo quingentesimo quinto, die vicesima sexta mensis februarii.

1509. Janvier. — Antoinette d'Oncieu, fille de Claude, seigneur de Douvres, et d'Helmorge de Châtillon, femme d'Andelot de Montchenu, avait reçu de son époux, en augmentation de dot, tant par donation entre vif que par testament, divers dons consistant en meubles, immeubles et pensions à percevoir sur les terres de la Bâtie et du Châtelard. Après la mort de son dit époux, elle passe les biens, objet des dites gratifications, à son beau-frère, Amédée, seigneur de Viry.

— La dite Antoinette d'Oncieu, considérant les multiples services à elle rendus par noble et puissant Amédée de Viry, lui donne et cède les actions, raisons, propriétés, successions et autres réclamations pures, utiles, directes, prétoriennes et civiles, cens, servis et pensions, en un

---

[1] L'enlèvement de la marge sur le côté gauche du parchemin ne permet pas de l'énoncer et nuit beaucoup à la lecture de cette pièce.

[2] Est-ce Chemillieu, hameau de Nattages, sur la rive droite du Rhône, ou Chevillieu, hameau de Pugieu, sur le Furan ? La proximité de ce dernier village de Cuzieu, où se règlent les conventions et sur le territoire duquel est situé le fonds dont il est traité, semble naturellement le désigner.

mot, tous les droits dont elle est jouissante, en vertu des concessions précitées; elle les remet au dit Amédée à tenir et posséder au même titre qu'elle-même les tient et possède.

Acta et data fuerunt premissa apud Dovres, in castro ipsius loci, in camera existente supra magnam ollam ipsius castri; presentibus : venerabilibus religiosis Urbano de Anthyochia [1] magno priore [2] et elemosinario prioratus

---

[1] Le Concordat, passé à la fin du XVe siècle entre l'abbé et les religieux d'Ambronay, mentionne, mais sans le qualifier, Urbain d'Antioche, parmi les moines du monastère.

[2] *Devoirs et obligations du grand-prieur d'après le susdit Concordat :* « Le prieur marche immédiatement après l'abbé et a la première place, dans le chœur, à gauche. Il doit posséder tous les moyens de correction à l'égard des religieux du monastère, et de même qu'il leur est supérieur en dignité, il doit l'être aussi par la régularité de ses mœurs et la sainteté de sa vie. Le prieur n'est pas seulement élu pour être à la tête de la communauté, mais pour lui servir d'exemple. Son devoir est donc d'être un modèle de charité et d'union dans ses paroles et dans ses actes. S'il s'aperçoit de l'apparition de quelques vices, il doit les extirper ; enfin, selon la parole de l'apôtre saint Jacques, il doit être prompt à entendre, lent à parler, plus lent encore à s'irriter. Le prieur doit toujours se trouver le premier aux offices divins, et, principalement à matines ; il doit coucher dans le dortoir, ou du moins avoir sa chambre près de là et, au premier coup de cloche, éveiller tous les frères. Il doit ensuite entrer dans l'église, faire les prières dans le chœur et célébrer la grand messe avec le religieux de semaine. Au premier son de cloche, fait dire les psaumes aux novices, et veille jour et nuit sur le troupeau qui lui est confié, en ne dissimulant pas les fautes des coupables. S'il se trouve un frère vicieux, ou orgueilleux, ou contempteur de la sainte règle, il sera d'abord réprimandé en secret, et s'il ne s'amende pas, il sera admonesté en plein Chapitre par le prieur, selon la règle de saint Benoit. Le prieur assistera à toutes les heures canoniales, dira l'oraison dominicale avant de les commencer et donnera la bénédiction au chœur ; il devra ensuite tenir le Chapitre après Primes et avant Complies. Après les prières, il donne l'eau bénite aux religieux, entre au dortoir avec les frères et les novices, et fait allumer la lampe du

de Amburnex, domino Anthonio de Anthyochia, nobili Gabriele de Henmeliaco et honesto viro Aymone Regis, Gebennensis dyocesis. Anno Dni millesimo quingentesimo nono, die quindecima mensis januarii.

1517. Juillet. — Noble François Torimberti, de Ceyzérieu, possède en franc-alleu, au lieu dit en Espelleti et jouxtant le pré d'Etienne et de Jean Prévot, une parcelle de pré d'environ quatre seyterées. Il cède le dit fonds avec tout ce qui en dépend à discret Pierre Ferrati, notaire d'Avrissieu, contre la somme de cinquante florins

dortoir. Il doit aussi célébrer ou faire célébrer dans la chapelle, chaque dimanche, une messe fondée en l'honneur de saint Jacques et de sainte Catherine, pour le repos de l'âme du révérend seigneur et père, Jacques de Mauvoisin, ancien abbé de ce monastère, auteur de cette fondation. Il fait aussi célébrer, tous les samedis, une messe dans la chapelle de Saint-Bernard, pour le repos de l'âme de son fondateur. Le prieur doit régir et administrer les revenus attachés aux fondations de ces messes et anniversaires par le révérend Jacques de Mauvoisin, qui, par son testament, a chargé le prieur du soin des chapelles qu'il a fait construire Il doit veiller à la rentrée exacte du pain, du vin et des autres émoluments qu'a légués le fondateur. Il veille à ce que toutes les messes instituées dans l'église de Notre-Dame d'Ambronay, soient régulièrement célébrées. Il a droit, outre sa prébende, ou portion ordinaire, à deux pains, une pinte et une mesure de vin, qu'il soit présent ou absent, à une double portion de tout ce qu'est chargé de livrer le corrier, et généralement au double de tout ce que reçoivent les religieux. Tous les frères qui n'ont pas encore été ordonnés pour dire la messe doivent habiter près de la demeure du prieur et se tenir au chœur devant sa stalle. *(Traduction de M. de la Teyssonnière.)*

Le prieur avait donc la principale part dans la direction intérieure de l'Abbaye. Il nous a paru bon d'exposer, tout au long, les fonctions de cet important dignitaire en réponse aux détracteurs sans conscience, qui accusent, gratuitement, les couvents et les moines de corruption et de crimes imaginaires.

d'or, pur poids, réellement nombrés et livrés en écus d'or soleil [1].

Datum Seyssiriaci in domo dicti nobilis venditoris, presentibus ibidem: egregio Jacobo, de Ardosseto, notario, Andrea Rueti, discreto Claudio Sellemandi et Guillelmo, filio Jacobi, de Ardosseto, testibus. Anno Dni millesimo quingentesimo decimo septimo, die sexta decima mensis julii.

1518. Mai. — Autre vente consentie au susdit acquéreur. Moyennant le prix de quarante florins d'or, pur poids, le florin valant douze deniers gros, monnaie de Savoie en cours, Jean Torimberti remet à Pierre Ferrati, une autre pièce de pré en Espelleti. Elle est de deux seyterées de pré et a pour confins : le pré du dit Jean Ferrati, d'un côté, et, de l'autre, le pré de vénérable Jean Barralis. L'acquéreur en obtient la pleine propriété ; il peut en user et ordonner comme il l'entendra, par disposition testamentaire ou autrement, *in testamento vel aliter*.

1518. Mai. — Acte faisant suite au précédent et rédigé sur le même parchemin. — L'an et le jour ci-après indi-

---

[1] Monnaie d'or frappée sous François I*er* ; son poids était de deux deniers seize grains. Elle valut d'abord 40 sols de Tours. (Edits des 27 novembre 1516, 21 juillet 1519 et 28 septembre 1526), mais quelques années plus tard deux ordonnances du 5 mars 1532 et du 18 octobre 1539 en portèrent la valeur à 45 sols. On voyait d'un côté l'écu de France, surmonté de la couronne royale, et au-dessus un soleil à sept rayons d'or ; l'inscription : FRANCISCVS : DEI : GRACIA : FRANCORUM : REX : encadrait le tout. Au revers, une croix, fleurdelisée aux quatre bouts et cantonnée de deux F et de deux fleurs de lis, avec la légende : XRS VINCIT, XRS REGNAT, XRS IMPERAT. Le seul règne de François I*er* en fournit onze variétés (Hoffmann, ibid., *François I*er*, texte et pl. LIV de 1 à 11).

qués, Pierre Ferrati voulant reconnaitre les bons procédés à son égard de noble François Torimberti qui lui a relâché pour quarante florins un pré de deux seyterées, en Espelleti, lui concède pour lui et ses successeurs le droit de rachat à perpétuité. Le dit François Torimberti pourra, s'il lui plait, *perpetuis temporibus*, réavoir, racheter et répéter le fonds vendu, à la seule condition d'en restituer le prix versé.

Datum Seyssiriaci in domo dicti Francisci Torimberti; presentibus : Francisco Humberti, notario, Petro, ejus filio, et Andrea Riondeti. Anno Dni millesimo quingentesimo decimo octavo, die tercia mensis maii.

1521. Août. — Procuration délivrée par Jean-Philibert de la Palud [1] au seigneur de Cognat, en Comté. — Nous, Jean-Philibert de la Palud, comte de Varax [2] et de la

---

[1] Fils de Hugues de la Palud et d'Antoinette de Polignac, Jean-Philibert appartenait à la branche cadette des la Palud, ou branche de Châtillon. Elle avait succédé à la branche aînée, éteinte en 1517, dans les vastes possessions patrimoniales des la Palud dont les terres de Varambon et de Richemont faisaient partie. « En luy faillit la branche des seigneurs de Chastillon de la Palu et de Saint-Maurice, comtes de Varax, d'autant qu'il n'eut enfans de Blaise de l'Aubespin, sa femme. » (Guichenon, *Généal., Bresse*).

[2] Château-fort bâti sur un renflement de terrain, à 1.100 mèt. environ à l'est de Saint-Paul-de-Varax, et seigneurie érigée en comté par patentes de Louis de Savoie du 26 février 1460. « Le chasteau de Varax estoit autrefois fort beau et bien logeable, écrivait Guichenon en 1650, mais *il tombe en ruine*. » En historien courtisan, il n'osait trop affirmer, ni redire tout haut que les armées françaises, commandées par Biron, l'avaient saccagé et brûlé en 1595.

« Le château et maison-forte du dit Varax, avec pont-levis et fossés et cinq grosses tours, le colombier, granges et étables sont ruinés et abattus ; un bourg et ville joignant le dit château avec murailles et fossés et pont-levis, auquel bourg, avant les

Roche [1], seigneur de Varambon, Richemont, Villers-Sexel, Saint-Hippolyte [2], Châteauneuf et autres terres, savoir faisons à tous que de notre plein gré, pure, franche et libérale volonté, en toutes et singulières nos querelles, négoces et besognes, avons constitué, ordonné, nommé et établi, et par ces présentes constituons, ordonnons, nommons et établissons notre procureur général, irrévocable et spécial, le seigneur de Cognat, auquel avons donné et octroyé, donnons et octroyons plein pouvoir, puissance et licence d'ester et comparoir en jugement pour nous et au nom de nous, et de nous défendre ès-causes et circonstances qui advenir pourront.

« En tesmoingnage desquelles choses dessus dites et en signe de vérité, nous avons scellé ces présentes de nostre seel [3]. »

---

guerres dernières, pouvait avoir environ quarante petites maisons qui ont été abattues et brûlées; les sujets dépendant du dit Varax, presque tous morts, et ceux qui restent d'environ le nombre quinze, pauvres et misérables. » *(Archives du château de St-Maurice-de-Rémens.)*

[1] On voit encore l'ancien château de la Roche au territoire de Rigney, archiprêtré de Marchaux, diocèse de Besançon. Il a été transformé en ferme-école. La maison des seigneurs, puis comtes de la Roche, s'illustra dans la cinquième croisade; elle régna sur les principautés d'Athènes et de Thèbes.

[2] Villers-Sexel, sur l'Oignon, chef-lieu de canton de la Haute-Saône (1.150 habitants). — Saint-Hippolyte, petite ville de 1.100 âmes, au confluent du Doubs et du Dessoubre. C'est le point de jonction de trois gorges pittoresques creusées à travers de hautes montagnes couvertes de bois et de rochers. Ces riches seigneuries étaient arrivées aux la Palud de Varambon, par le mariage de François de la Palud avec Marguerite de Petite-Pierre (17 juillet 1432), qui hérita de Bernard, comte de Petite-Pierre, son père, de Gillette de Villers-Sexel, sa mère, et de Humbert, comte de la Roche, son oncle.

[3] Le sceau de Jean-Philibert est effectivement appendu au bas de cette charte, mais il est tellement informe qu'on ne distingue ni motif, ni légende.

« Faictes au lieu de Braches, le vingt-cinquiesme jour du mois d'apvril, après Pasques, l'an mil cinq cent vingt-ung. »

1522. Septembre. — Pour le prix de sept florins, pur poids, qui lui sont incontinent payés, noble Etiennette, relicte de noble Jean Bernardi, de Rochefort, paroisse de Cressin, quitte, pour elle et les siens, à probe André Fussati, du dit Cressin, tout ce qu'elle a, peut et doit avoir, maintenant et à l'avenir, en droit, action, raison, propriété, dreyture et querelle, sur une pièce de terre, ses appartenances et ses dépendances, située au lieu appelé en Lichet. Elle est délimitée par terre de Jean Billieti, à l'orient, d'André Fussati, à l'occident, de Claude Pontanerii, au midi, et de François Bardeti, au nord. Guillaume Tendreti, notaire à Pollieu, a mis par écrit les dites conventions.

Actum Cressini in domo Claudii, filii quondam Girardi de Ravoyria; presentibus : ibidem, Andrea, filio quondam Amédei de Ravoyria, de Rupeforti, et dicto Glaudio de Ravoyria, testibus. Anno Dni millesimo quingentesimo vigesimo secundo et die vicesima octava mensis septembris.

1533. Avril. — Au lieu dit Pra du Tort, à Cuzieu, entre les prés d'Antoine Rollandi et des héritiers d'Antoine Rollandi Clerici, alias de Dorthia, au midi et au soir, puis un chemin public, au matin et au nord, s'étendait un pré d'environ cinq seytives appartenant au seigneur de Grammont, Claude de Martel [1], qui fut de la Forest, *qui fuit de Foresta*. Le dit Claude de Martel s'en est dessaisi en

---

[1] Les de Martel reconnaissent pour chef Guillaume de Martel, maître d'hôtel d'Amédée VIII, duc de Savoie qui reçut en fief de ce prince le château de Grammont, le 1er août 1414. (Guigue, *Topog.*, Grammont.) — De la Forest, autre famille chevaleresque de Savoie, originaire « du lieu de la *Foresta*, au Mont du Chat,

faveur de Jean Prévot, de Virieu-le-Grand, contre la somme de quarante-six écus d'or au coin du Roi avec un soleil, *scutorum auri, cugni Regis, cum sole.*

Actum Bellicii in domo venerabilis viri Petri Ranquerii ; presentibus ibidem : viro Johanne Robersonis, burgensi Yenne, Glaudio, filio Petri Ranquerii, et egregio Francisco Bonerii, notario. Anno Dni millesimo quingentesimo tergesimo tercio et die decima nona mensis aprilis.

1537. Août. — Ce petit parchemin nous apprend que Jean Ferrati et Jean Garodi, experts désignés pour limiter les prés de Jean Prévot, seigneur de Charrières [1], et de Bruyandi Banderii, situés en la prairie d'Anders, ont procédé à cette opération en s'aidant de la connaissance qu'avaient des lieux Vautareti et Jean Martini. Inutile de suivre la ligne de séparation établie par les arbitres, mais il importe de relever que le dit Bruyandi Banderii, peu satisfait du résultat, protesta, *protestatus est et protestatur de nullitate ipsius limitacionis*, attendu qu'il avait des droits, prétendait-il, *infra fines descriptos*. Malgré ses réclamations, on rédigea le procès-verbal ; acte en fut donné aux parties.

Datum in prato dicti del Anders ; presentibus : nobili Claudio de Balma et Anthonio Carronis et Petro Tamenerii et Johanne, filio Johannis Martini, et Claudio, filio Ludovici Vautareti, et Benedicto Michodi, de Vollino,

---

près d'Yenne et établie en Bugey au xiv⁰ siècle. » (Rév. du Mesnil, *Armorial.)* Grammont passa de l'une en l'autre par la donation qu'en fit Claude de Martel, le 27 octobre 1487, à Philibert de la Forest, sous l'expresse condition qu'un des fils de ce dernier épouserait une de ses filles.

[1] *De Charrieriis*, hameau près de Thusy, archiprêtré de Rumilly. On peut consulter sur les différentes familles nobles de Charrières, l'*Armorial de Savoie* par M. le comte A. de Foras.

testibus. Anno Dni millio quingentesimo trigesimo septimo, die tercia mensis augusti.

1538. Avril. — *Pro negociis in melius reformandis et quia sic eisdem fieri placet* Pierre Calamerii et Etienne Bollieti, syndics modernes [1] de Douvres, ont remis, au nom du luminaire de saint Pierre de la dite paroisse, à François Rebrocti, présent et recevant, un journal de terre sis au lieu dit en Cuoz, avec fonds, fruits et tous les droits lui appartenant. Une seule réserve est stipulée : le luminaire conserve à perpétuité le droit de rachat sur la dite terre. L'acquéreur est tenu d'acquitter les services dus au seigneur direct, ainsi que les charges de toute sorte dont l'immeuble peut être grevé. Prix de la vente : vingt florins, monnaie actuelle de Savoie.

Acta sunt hec Dovres ante domum dicti Francisci Rebrocti ; presentibus ibidem : Petro de Cumba et Clemencio Gueminardi, de Dovres, testibus. Anno Dni mill° quingentesimo trigesimo octavo, die prima mensis aprilis.

1540. Février. — Claude, fils de feu Guillaume Lucani, et Antoine, fils de défunt Etienne Lucani, de *Champagnia* [2], déclarent avoir reçu de vénérable Guigue Chanavati, de *Hossia* et d'Antoine Vessuti, alias Carra, six vingt florins, somme à eux due pour la cession de quelques propriétés que Mathieu Prévot leur avait transmises par donation entre vif et par testament. En foi de quoi la présente quittance leur est délivrée.

---

[1] On appelait syndics les magistrats chargés de gérer les affaires de la communauté ; les maires les ont remplacés, mais le nom seul est changé. Ils étaient d'origine essentiellement populaire, car, chaque année, la communauté les élisait au ban de cour à la majorité des voix. Leurs pouvoirs duraient un an.

[2] *Champagne*, paroisse et archiprêtré en Valromey ; population d'environ 950 âmes.

Actum Seyssiriaci in domo honesti Claudii Lopni; presentibus : ipso Claudio Lopni, Stephano Bormonis, dno Petro Pugiodi, de Viriaco, Benedicto David, de Lochiaco [1], dno Johanne Rueti et discreto Petro Bordonis, testibus. Anno Dni millesimo quingentesimo quadragesimo, vigesima secunda (die) mensis februarii.

1540. Août. — Le 5 août de la dite année, Adrien d'Oncieu, seigneur de Douvres, de Cogniat et de Vélières, a constitué à sa fille Claudine, qui doit épouser Romain, seigneur de Syons [2] une dot de onze cents écus d'or soleil et l'a gratifiée de ses vêtements de noce, mais il exige que, le lendemain de son mariage, elle fasse une renonciation publique de ses droits à la succession de ses père et mère. Le mariage a été célébré le dit jour; le lendemain Claudine s'empresse de répondre aux intentions de son père.

— Noble demoiselle Claudine d'Oncieu, dûment autorisée de son époux, de sa libre volonté, quitte et transporte à noble Adrien d'Oncieu, tous les biens paternels et maternels et les droits lui appartenant sur les dits biens, en échange de la dot à elle assignée. Sont exceptées les échutes et les successions ou parts de succession pouvant lui arriver d'ailleurs.

Acta fuere premissa ante castrum Divitis Montis [3] in

[1] *Lochieu*, paroisse de l'archiprêtré de Champagne; elle est située sur le versant gauche de la vallée, au-dessous de la forêt d'Arvières.

[2] *Sion*, dans l'ancien décanat de Rumilly, à sept kilomètres au nord-ouest de cette ville.

[3] *Richemont*. Le château de Richemont, territoire de Villette, remonte à la fin du XIIIe siècle. Chassé de Varambon par l'ingratitude d'Aymon, son fils ainé, Girard de la Palud s'édifia cette demeure et, par testament du 19 juillet 1299, la laissa à Jean, son second fils. (*Archives du château de Saint-Maurice.*) D'importantes restaurations exécutées de 1830 à 1845 par Mme de

exitu misse ; presentibus ibidem : maniffico domino Johanne de Pallude [1], comite de Varax, nobili Batazardo dno de *Crans*, reverendo domino Guillelmo de Ponte Vitrio, domino de Marlan, nobili Petro de Corans [2] et pluribus aliis. Anno Dni millesimo quingentesimo quadragesimo et die Veneris sexta augusti.

1540. Août. — L'aliénation consentie, en 1533, par le seigneur de Grammont à Jean Prévot, comportait, à ce qu'il parait, la réserve, sinon formellement énoncée au moins verbale, d'être toujours résiliable, sans que l'acquéreur ou ses ayant-droit puissent prétendre aucune indemnité ; le dit seigneur veut bien renoncer à cette clause. *Hinc est quod* Claude de Martel, qui fut de Foresta, abandonne, pour vingt-cinq écus d'or au coin du roi, à Jean Prévot, seigneur de Charrières, sa préférence et son droit de rachat, *prevalenciam et reachetum*, sur la pièce

---

Belvey, née de la Teyssonnière, ont restitué à Richemont sa physionomie féodale. C'est assurément l'un des plus beaux spécimens de l'architecture militaire du Moyen-Age que possèdent nos pays.

[1] Jean de la Palud, le dernier des la Palud de la branche de Jarnosse, en Lyonnais, était devenu seigneur de Richemont et comte de Varax, au décès de Jean Philibert de la Palud qui l'avait fait héritier de l'universalité de ses biens. Il mourut au château de Richemont le 9 janvier 1544 *(Généal., Bresse,* p. 302).

[2] De Corant, maison chevaleresque de Bresse qui allait bientôt disparaître. Pierre de Corant était seigneur de la Motte, au territoire de Cuisiat, de Lionnières, sur Saint-Etienne-du-Bois, et de Vauluisant, paroisse de Villereversure. Fils de François de Corant, il fut lui-même père de Philibert en qui faillit la lignée. Il avait épousé Denyse de Verges, dame de Mentry, de Martignat et de Belfort, en Comté. Le fief de Corant était sur la paroisse de Chaveyriat. La maison de Corant ne semble pas l'avoir possédé dans le principe, mais seulement aux XIVe et XVe siècles ; au XVIe il appartenait aux Andrevet, qui, je crois, n'en ont jamais pris le nom.

de pré par lui vendue au Pra du Tort. En conséquence noble Jean Prévot possèdera le dit pré franc et sans condition aucune.

Actum Viriaci Magni ; presentibus ibidem : Guigone Ratellacti, nobili Claudio de Balma, Anthonio Billieti, Anthonio, ejus filio, et Ludovico Bullientis, testibus. Anno Dni millesimo quingentesimo quadragesimo, die vigesima quinta mensis augusti.

1541. Novembre. — Seigneur Romain de Syons, seigneur du dit lieu et de Creste [1], pour lui et au nom de damoiselle Claudine d'Oncieu, sa femme, « cognoit et confesse avoir heu et reçu de spectable Adrien d'Oncieu présent et ceste quittance et confession acceptant la somme de trois cents écus d'or au soleil, de bon poids. » C'est la pleine solution et entier payement des « onze cents escus d'or soleil et habillementz constituez par le doct et mariage d'ycelle damoyselle Claudine d'Oncieu, sa fille, et femme du dit seigneur confessant. » Pour assurer à la dite dame, le cas échéant, le remboursement de cette somme, le seigneur de Syons l'hypothèque sur sa terre de Creste ; Claudine d'Oncieu en percevra les rentes jusqu'à ce que pleine satisfaction lui ait été donnée.

« Faictes et passées au chastel de Dovres, en présence de Révérend seigneur M⁰ Guillaume de Ponivert, prieur de Marlant, corryer, religieux d'Ambronay, Nayme Dagand, Philibert Dagand, de Dovres, et de Pierre Victier du dit lieu, tesmoings. L'an de grâce courant mil cinq cens quarante ung et le troisiesme jour de novembre. »

1551. Mai. — Nobles Pierre Muginier [2] et Marie Bar-

---

[1] Seigneurie au territoire de Thiez, en Faucigny.
[2] Famille de Villieu anoblie je ne sais quand ni par qui ; l'Armorial de l'Ain n'en parle pas.

dollier ont vendu à noble Jean Ballandrin [1], de Loyes [2], la rente dite de Loriol, cens et revenus d'icelle, et une terre sise au même mandement contenant la semaille d'environ huit bichets de blé. La dite terre jouxte, au matin, le chemin public de Loyes à Mollon. Le prix total est de quatre-vingts écus d'or soleil [3]. Par grâce particulière, l'acquéreur concède aux deux époux la faculté de rentrer en possession de leurs biens selon qu'il est stipulé ci-après :

Les jour et an sous-indiqués, Jean Ballandrin donne aux époux Muginier pleine et entière puissance de racheter les susdites rente et terre à la condition par les dits vendeurs, de rendre, payer et rembourser à l'acheteur les quatre-vingts écus d'or soleil qu'ils ont touchés.

« Faict et passé à Villieu [4] en la maison des dits nobles mariés vendeurs, icelle présentz : Mre Claude Guers, de

---

[1] D'après une tradition reçue dans la famille, les Ballandrins seraient originaires d'Italie. Ils se sont très honorablement maintenus à Loyes depuis le xive siècle jusqu'à nos jours. La descendance mâle s'est éteinte dans ces dernières années avec Hector-Henri Ballandrin, mort sans alliance.

[2] Village et ancien château-fort sur une éminence qui s'avance en promontoire dans la vallée de l'Ain. Loyes est à cinq kil. au nord-est de Meximieux et compte environ 500 habitants.

[3] C'est sans doute l'écu d'or au soleil à l'effigie de Henri II. Il différait sensiblement, sinon de poids et de valeur, au moins de forme, de l'écu similaire frappé sous François Ier. Module : 0 030 millim.; au droit, tête diadémée avec l'inscription : ✠ HENRICVS II. DEI GRA. FRANCOR. REX. Au revers, le champ est meublé de l'écu de France accosté de deux H couronnés et surmonté du diadème; plus haut, un soleil; légende : XRS VINCIT. XRS REGNAT. XRS IMP. 1549. (Ordonnance du 31 janvier 1548.)

[4] Section de la commune de Loyes et paroisse sous le vocable de saint Pierre. Villieu possédait au Moyen-Age un prieuré; on ignore le nom de son fondateur et l'époque de sa fondation. Il n'existe plus depuis longtemps.

Villieu, Michel Berthier, cordonnier, de Loyes, et Claude, fils de feu Michel Cocher, de Villieu. L'an de grâce courant mil cinq cens cinquante-ung et le dix-neufviesme jour du moys de may. »

1552. Mars. — Charles de Lucinges, seigneur des Allymes [1], approuve, loue et ratifie l'aliénation des maisons, vignes, terres, servis, droits, domaines, laods et vends à lui appartenant et dus es-terres de Loyes, Meximieux, Pérouges, du Bourg-Saint-Christophe [2] et autres lieux circonvoisins, faite à Pierre Muginier et à Marie Bardol-

---

[1] Illustre maison de Savoie « très ancienne et de bonne marque », dit Guichenon. Elle a eu le château de Lucinges, en Faucigny, pour berceau. Son établissement en Bugey remonte à Humbert de Lucinges qui épousa, le 8 mai 1477, à Pont-d'Ain, Claudine François, dame des Allymes. « La postérité d'Humbert s'est continuée dans les seigneurs de la Motte, de Gy et des Allymes, vicomtes de Lompnes. » *(Armor. de l'Ain.)* Ce grand nom est dignement porté de nos jours par les princes Henri et Louis de Lucinges-Faucigny.
Charles eut pour père Bertrand de Lucinges et pour mère Guyonarde, fille de Gonzalès, seigneur de Cardouse, en Portugal. « Ce fut un des hardis et vaillans hommes de son siècle. »

[2] Pérouges, petite ville bâtie sur une élévation, sorte de cône tronqué, à quelques centaines de mètres au soir de Meximieux. Longtemps elle a fait partie, en titre de baronnie, des possessions de la maison de Savoie ; l'écu de gueules à la croix d'argent répandu à profusion dans son église en témoigne. Pérouges a conservé jusqu'à nos temps son cachet féodal. « Le château, construit au XIIIe siècle, ainsi que quelques-uns des murs d'enceinte existent encore en partie. » La tour qui confine à l'église est, dit-on, d'origine gallo-romaine.
Les troupes de Comminges, gouverneur du Dauphiné, assiégèrent Pérouges en septembre 1468. L'énergique résistance de Philibert de Moyria, commandant de la place, les obligea de se retirer et sauva les habitants du pillage. Le souvenir de cet évènement s'est perpétué par une note manuscrite qu'on lisait sur *un ancien missel conservé à la sacristie paroissiale avant 1789.* Contrairement à la leçon en cours, nous la restituons

lier, sa femme. Ces divers fonds et rentes avaient été vendus, par acte reçu Laurent Perroset, le 26 juillet 1542, à Claude de Chignin, écuyer, seigneur de la Place et de Montgriffon, avec droit de rachat, droit transmis au seigneur des Allymes qui en avait usé peu de temps après. Charles de Lucinges en était ainsi devenu le seigneur direct; c'est en la dite qualité qu'il intervient au contrat.

« Faict et passé à Lagnieu, en la maison-forte de Montferrant, et en la chambre, y celle présens nobles et puissans seigneurs : Guillaume de Montferrant, seigneur d'Attignat [1], Jacques Ferrand, lieutenant particulier au bailliage de Bresse, et Claude du Puys, tesmoings appellés; l'an de grâce mil cinq centz cinquante-deux et le premier jour du moys de mars. »

1552. Juillet. — Damoiselle Jeanne de Cordon, veuve de feu Adrian d'Oncieu, comme mère et tutrice de Guillaume et de Catherin d'Oncieu, ses enfants, reconnait devoir à spectable seigneur Hercule de Cordon [2], cosei-

---

ainsi d'après l'abbé Blanchon, ancien curé de Mollon, qui a pu s'assurer de la version véritable :

Perogiæ Perogiarum, villa imprenabilis. Coquinati delphinati voluerunt prehendere illam. Ast non potuerunt; attamen emportaverunt portas, gonos cum serris, et degringolaverunt cum illis. Diabolus emportet illos.

Bourg-Saint-Christophe, village au-dessous de Pérouges dans un vallon. Il en est question dans la charmante relation du transport des reliques de saint Taurin, en 1158, par les moines de Gigny, en Comté. (*Cf. Acta Sanct. Aug.*, II, p. 845, édition Palmé.)

[1] Son père se nommait Jacques de Montferrand et sa mère Françoise de Montfalcon. Il avait épousé, le 24 janvier 1542, Polyxène Guyot, dame de Villars-sous-Tréffort.

[2] Coseigneur des Marches avec Jean Octavien, son frère; fils de Claude de Cordon et de Méraude de Chales. Des seigneurs des Marches descend M. le comte de Cordon qui possède et

gneur de Cordon et des Marches, et à damoiselle Bernarde de Bonnivard, veuve de Jean-Philibert d'Oncieu, à présent femme du dit Hercule, sept cent quatorze écus d'or soleil au coin du roi, solde de la somme de deux mille écus à laquelle elle était tenue envers Bernarde, sa bru. Cette somme était due à la dite Bernarde de Bonnivard en suite d'un accord, passé entre elle et Jeanne de Cordon, le 3 juillet 1552, au sujet des donations de survie à elle faites par Jean-Philibert, et des legs contenus en son testament. Le payement des susdits sept cent quatorze écus est ordonné ainsi qu'il suit : cent quatorze écus à la prochaine fête de Saint-Michel hiémale venant, et « de la dite fête en ung an l'an premier révolu, passé, autres cent escus, et ainsi payant de année en année, l'an premier toujours révollu, à une chescune fête de Saint-Martin, cent escus jusqu'à payement final. »

« Faict et reçu en la maison-forte de Dovres, en la salle basse; présents : Mre Pierre Fornier, prestre, chambrier de l'abbaye d'Ambronay, Mre Françoys de Voute, notaire royal de Varey, Jean Tranchant, habitant du dit Dovres, Mre Jehan Cordon, chanoine de Varambon [1], et Mre Pierre Massard, notaire royal de la ville d'Ambronay; l'an de

---

habite le château de Cordon, sur le Rhône, près de Belley. — Bernarde de Bonnivard était fille d'Amblard de Bonnivard, seigneur de Lompnes. La maison de Bonnivard apparaît au commencement du XIVe siècle ; elle a eu le privilège peu envié de donner le jour à François Bonnivard, le triste personnage dont s'honore Genève et que lord Byron a chanté.

[1] Le Chapitre de Varambon se composait de onze chanoines sous la direction d'un doyen. Le doyen relevait directement du Saint-Siège et les chanoines du seigneur du lieu, à la condition pour celui-ci de porter les nom et armes des la Palud. Par concession spéciale du pape Nicolas V, accordée au Chapitre en considération du cardinal de la Palud, son fondateur, les chanoines officiaient avec la mitre, et le doyen avec la mitre et la crosse (Cf. Guich., *Preuves*, p. 148.)

grâce mil cinq cens cinquante-deux et le troysiesme jour du moys de juillet. »

1552. Novembre. — Jeanne de Cordon ne laisse pas son obligation en souffrance, du moins en ce qui regarde la première échéance. Nous trouvons, à la date du 12 novembre, la quittance du terme échu la veille. — Noble Hercule de Cordon, en son nom et comme fondé de pouvoir de Bernarde de Bonnivard, par procuration du 22 mars de la présente année, déclare avoir reçu de Jeanne de Cordon, qualité de tutrice de Guillaume et de Catherin d'Oncieu, la somme de cent écus d'or soleil au coin du roi, de bon et juste poids. A déduire des sept cent quatorze écus d'or précédemment reconnus par elle.

« Faict et passé au chasteau-fort de Dovres, en la salle basse d'icelluy ; présents : Pierre Callamier, Pierre Rosti et Loys Bolliet, de Dovres ; l'an mil cinq cens cinquante-deux et le douziesme jour du moys de novembre. »

1559. Décembre. — A tous soit notoire que noble Hercule de Cordon, écuyer [1], et de son autorité procédant, Bernarde de Bonnivard, confessent leur avoir été versée, par damoiselle Jeanne de Cordon, la somme de cent écus « à raison de chacun escus de quarante-six sol tournoys [2],

---

[1] On réservait ce titre, aux deux derniers siècles, aux gentilshommes de petite noblesse et aux nouveaux anoblis. Revel en attribue l'origine à l'arme employée, dans leur service, par les possesseurs de certains fiefs. Les fiefs, en effet, prenaient autrefois des noms différents, selon la diversité des armes avec lesquelles se devait le service ; ainsi nos seigneurs bannerets de Bresse *habebant feuda vexillorum*, à cause des bannières qu'ils devaient porter ; d'autres, *habebant feuda scutiferorum*, et s'appelaient de là *écuyers*. (Rev., *Quest.*, p. 75.)

[2] Parmi les monnaies d'or frappées au coin du roi Henri II, je ne connais que l'écu au soleil du poids de deux deniers quinze grains. L'ordonnance du 29 juillet 1549 en avait fixé la valeur à

qu'ils ont réellement reçus, tant en sept escus d'or pistollez que le reste en bonne et grosse monnoye. Et c'est pour total et complément de paiement de la somme de sept cens quatorze escus, esquels la dite Jeanne, en ces qualités, étoit tenue envers les confessants pour complément et reste de solution de deux mil escus d'or soleil, auxquels la dite Jeanne étoit obligée envers damoyselle Bernarde de Bonnivard. » Les créanciers, « en signe de vrai payement », c'est-à-dire de payement final, ont remis à la dite dame de Douvres l'acte du 3 juillet 1552.

« Faict et passé au château des Marches [1], présentz : noble George de Cordon [2], spectable Mre Benoit de Cordon, docteur en droitz [3]; honnête Etienne Berthet, marchand de Cormoz [4], et Mre Jacques Bartiaz, curial [5] des dites Marches; l'an mil cinq centz cinquante-neuf et le troisiesme jour du moys de décembre. »

1562. Mai.—Transaction, concernant le moulin Damont, entre Jeanne de Cordon, dame de Douvres, et Pierrette Deroma, veuve en premières noces de Pierre Guillon, maintenant femme de Laurent Reverdy, du dit Douvres.

45 sols tournois, mais diverses ordonnances postérieures, en date des 23 janvier 1549, 5 février 1550, 5 juin et 29 janvier 1551 et 12 septembre 1554, l'élevèrent à 46 sols.

[1] Le château des Marches a échappé au vandalisme révolutionnaire. Il est situé sur le Gland, à trois kilomètres au sud-est de Saint-Benoit (Ain).

[2] Frère d'Hercule de Cordon. Il mourut sans enfants. Avec lui finit la branche des de Cordon, seigneurs des Marches et de Pluvy, en Bugey, et de Passin, en Valromey.

[3] « Celluy-ci fut fils naturel de George de Cordon, seigneur des Marches, et fut légitimé par le roi Henri II, en l'an 1558 ; il suivit les lettres et fut juge de Belley ; son père l'institua héritier par testament. » (Guich., *Bugey, Gén.*, p. 95.)

[4] Hameau de Château-Gaillard (Ain).

[5] Curial, a *curia*, greffier du châtelain dans les juridictions seigneuriales.

Jeanne de Cordon exigeait que la moitié du moulin lui fût relâchée et remise avec le foulon, autrement dit gochon, sis en aval sur la Cozance. Pierrette opposait ses droits, déclarant n'être point obligée à cet abandon. De là procès. Trop intéressée dans la question, la justice de Douvres ne la pouvait résoudre par un jugement qui fût à l'abri du soupçon. On avait eu recours au juge-mage du Bugey ; mais peu satisfaites de sa décision, les parties avaient interjeté appel. Elles se ravisèrent toutefois et conclurent entre elles une transaction qui, en les conciliant, devait leur gagner du temps et épargner des frais.

Par devant le juge de Douvres et Edouard Bolliet, notaire au dit lieu, Jeanne de Cordon et Pierrette Deroma ont convenu : 1° de renoncer respectivement à leur demande en appel, sauf le bon vouloir de Son Altesse ; 2° la sentence du juge-mage sortira son plein et entier effet, et, à ces fins, sera loisible à la dite demanderesse de prendre possession, saisine et jouissance de la moitié du moulin et de ses aisances, sans décret, ni mandement ; 3° Pierrette Deroma payera à la dame de Douvres cinquante florins, monnaie de Savoie, le dernier jour du mois d'août prochain, pour les arrérages de la pension due sur la dite part contestée.

« Faict et passé à Dovres au recepte du château du dit lieu ; présentz : honneste Estienne Berthet, marchand de Cormoz, Johan Jacquet, Lovys Jacquet, tisserant, du dit Dovres, Benoits Guillerost, bollongier, habitant au dit Dovres ; l'an mil cinq cens soixante-deux et le vingt-sixiesme jour du moys de may. »

1572. Janvier. — Héritiers d'Adrien et de Jean-Philibert d'Oncieu, leur père et frère aîné, Guillaume et Catherin d'Oncieu ont partagé la juridiction de leurs terres, mais non le domaine direct qui reste indivis. Guillaume veut un partage entier et définitif ; je le suppose du moins, car, sur sa demande, le Sénat ducal de Chambéry se prépare à intervenir. S'il n'intervient pas effectivement, c'est que les deux frères ont amiablement traité le 19 janvier de la susdite année. Voici les clauses essentielles de leur accord :

1° Ils renoncent aux procès pendants à la Cour souveraine de Savoie ; 2° Guillaume d'Oncieu cède à Catherin d'Oncieu le domaine direct, la juridiction haute, moyenne et basse de Douvres, les droits, noms et actions qu'il peut prétendre en la dite seigneurie, ainsi que les prés de la Clusisse et des Charavassières, mais il se réserve la vigne appelée de Chanves, à Saint-Germain ; 3° Catherin d'Oncieu remet à son frère Guillaume, les seigneurie, juridiction et château de Cognat ; 4° le dit Catherin payera, savoir : à Guillaume, six cents écus de cinq florins, le dernier mai prochain, à Antoine de Chignin, cinq cents écus de même valeur, solde de la dot de Claudine, leur sœur, enfin, à Etienne Berthet, de Cormoz, cent pistoles [1] valant deux cents écus, hypothéquées sur le pré de la Clusisse ; 5° Guillaume prend à sa charge une pension de cent écus que son frère payait en Bourgogne.

« Faict et passé à Chambéry, dans la maison de noble et puissant Marin Guillet, seigneur de Beaumont [2] et de Monthouz, et présents avec luy : Mre Gaspard de Lescheranie [3], conseiller de Son Altesse, sénateur au Sénat, Mre Marin de Viry, seigneur et baron du dit lieu, Mre

---

[1] Monnaie fictive ou de compte qui valait dix livres. On appliqua le nom de pistole, de l'italien *pistola*, aux écus d'or d'Espagne et d'Italie, à cause de leur petite dimension comparativement à ceux de France.

[2] Paroisse, au pied du Salève, à 4 kil. au sud de Saint-Julien (Haute-Savoie).

[3] Famille noble de Savoie, originaire des Beauges ; la terre de Versailleux, en Dombes, a été sa propriété de 1714 à 1718.

Jean-François Berlier [1], docteur es-droits, avocat au Sénat, nobles Laurent du Carron de Meirieu [2] et Anthoine de Chignin, seigneur de la Plasse, tesmoings à ce appelés. Le dix-neufviesme jour du moys de janvier mil cinq cent septante-deux.

1572. Décembre. — Magnifique seigneur Catherin d'Oncieu, seigneur de Douvres, vend une vigne d'environ trente-cinq fosserées à François Bouvier et à Claude Bourdin, ce dernier marchand et bourgeois de Saint-Rambert. Elle est située au finage de Rampon, lieu dit

---

[1] Les Berlier viennent de Pérouges, où nous les rencontrons vers 1450. Ils s'établirent à Varambon un siècle plus tard. Partis des rangs de la simple roture, ils se sont élevés par leur seul mérite à la noblesse d'abord, puis aux charges et aux dignités les plus éminentes de l'Etat de Savoie. Ils ont brillé d'un vif éclat au XVIIe siècle. La branche aînée s'est éteinte vers 1700 et la branche cadette en 1870 avec Anthelme Berlier qui n'a laissé que trois filles, Madeleine, Catherine et Antoinette Berlier. Philibert Collet n'était qu'incomplètement renseigné quand il écrivait : « Celle (famille) des Berlier est de celles qui ont acheté des titres de noblesse du duc Charles-Emmanuel Ier ; elle s'est établie en la ville de Lent, en Dombes. Je ne sais si cette famille des Berlier subsiste encore ; celui qui porte le nom de Chiloup, qui étoit le surnom de cette maison, s'appelle Grisi, et il demeure dans la même ville de Lent, en Dombes. » *(Critique des deux Guich., Crit. onzième, Mss. du comte Douglas.)*

Jean-François Berlier était fils de Claude Berlier, notaire à Varambon, et de Françoise de Condrieux. Il a été conseiller d'Etat de Savoie, premier président de la Cour des Comptes, seigneur de Chiloup et de la Roche, en Bresse, du Bourget, en Savoie, enfin, archevêque et comte de Tarentaise. Il mourut dans son diocèse le 2 janvier 1607. *(D'après une généalogie inédite et des papiers de famille.)*

[2] Laurent, seigneur de Carron et de Meyrieu, au territoire de Saint-Germain-les-Paroisses. Son père, Jean de Carron, avait reçu de Charles II, duc de Savoie, des lettres d'anoblissement que François Ier confirma par patentes du 29 août 1539. *(Généal., Bresse, p. 69.)*

en Combes, vignoble de Saint-Germain, « jouxte le chemin tendant de Tiret à Vareilles, de matin, aultre chemin, de bize, aultre chemin aussi tendant de Vareilles à Tiret, de seoir, vigne de Pierre Bossu, dit Barberousse, de vent. » Les acquéreurs la reconnaitront mouvante du fief du dit seigneur, en acquitteront les laods et vends à chaque mutation et lui payeront, annuellement, à la Saint-Martin d'hiver, un sol viennois de servis. Le prix de la vente est de quinze cents florins.

« Faict et passé à Dovres, dans la maison de Mre Philibert Rebot, prestre du dit lieu, présentz : le dit Rebot et Aymé Perrod, du dit Dovres ; l'an mil cinq cens septante-deux, à Noël, et le second jour de janvier. »

1575. Juin. — Indépendamment du moulin banal, il y avait à Douvres, près de la fontaine du Meynes, mais sur la Cosance, un moulin dit du Meytin, appartenant à noble Claude de Forest [1], prévôt d'Ambronay. Débiteur envers la Chambre des Comptes de Savoie et laissant sa dette impayée, le dit prévôt avait vu son moulin subhasté et remis « par élection d'amis » à Catherin d'Oncieu, au prix de quatre cent cinquante florins. Toutefois, avant l'expiration du délai « de six mois accordés », il prétendit « être sur ses pieds de reachepter le dit moulin ». Etait-il dans son droit ? je l'ignore ; mais il est de fait que le seigneur de Douvres préféra transiger.

Par devant Claude Godard, notaire ducal d'Ambronay, Catherin d'Oncieu et Claude de Forest ont convenu ce qui suit : En échange d'un pré de dix seytives aux Charavassières, prairie d'Ambronay, franc de toute servitude

---

[1] Claude de Forest est le premier du nom qui ait eu qualité de gentilhomme ; il était prévôt de l'abbaye d'Ambronay. Sans doute que la charge s'est perpétuée dans la famille, car, en 1789, un de ses descendants, Gaspard-Marie-Hélène de Forest de Vavres était encore seigneur du fief de la Cour prévôtale d'Ambronay.

féodale, contre le retrait de quatre cent cinquante florins consignés entre les mains d'un nommé Besançon et soixante-cinq florins comptés par le dit Catherin d'Oncieu, Claude de Forest transporte et cède à ce dernier la propriété du moulin susdit, droits, fonds, tréfonds, fruits, profits et revenus compris, deux prés, une chenevière et un verger autour, à la seule charge de servir le cens habituel au seigneur direct.

« Faict et passé à Ambronay, en la maison abbatiale du dit lieu ; présentz : Révérend seigneur Messire Claude de la Couz, docteur es-droitz, abbé et commandataire de l'abbaie du dit Ambronay [1], Mre Jehan de Voyle, docteur es-droitz, juge ordinaire du dit lieu, Mre Claude Perret, prestre, chanoine de Cerdon [2], Révérend Mre Jehan d'Ambronay, religieux et grand prieur de la dite abbaie, Mre Jehan Alban, greffier de Varey et Poncin, et Mre Claude Turrel, de la Rotte, praticien à Chambéry, tesmoings ; l'an mil cinq centz septante-ung et le vingt-septiesme jour du moys de juing. »

---

[1] Conseiller de Son Altesse, sénateur au Sénat de Savoie, seigneur de la Coux et de Chenavel, en Bugey, de Genoud, en Bresse (territoire de Certines. — Reprise du 13 juin 1602), puis abbé commandataire d'Ambronay pendant plus de trente ans ; tels sont les titres de Claude de la Coux. Il est inhumé dans le chœur de l'église abbatiale ; on lit sur sa tombe : « *Nobili ac Reverendissimo Domino de la Cous, Abbati Ambroniaci, Domino de Chenavel et de Genod, in senatu Sabaudiæ Senatori. Nobilis Renatus de la Cous nepos hoc monumentum in perpetuam illius memoriam dedicavit, obiit 4 februarii, 1624, ætat. suæ, 83. (Histoire de Bresse*, partie II, 6.)

[2] L'église de Cerdon avait été érigée en collégiale par le pape Sixte IV, en mai 1479, à la demande du duc Philibert de Savoie et de sa mère Yolande de France. Les trois cures de Saint-Alban, de la Balme et de Martignat, et la chapelle de Préau lui étaient annexées.

1580. Mars. — Patentes en faveur de Catherin d'Oncieu.
— Emmanuel-Philibert, par la grâce de Dieu, duc de Savoie XXVe. Au premier huissier de notre Sénat ou au sergent ducal sur ce requis, salut. A la supplication de noble Catherin d'Oncieu, seigneur de Douvres, considérant la malveillance de quelques-uns « pour certaines et vrayssemblables presumptions et instances qu'il a pensé luy advenir, Nous, et mandons et commandons par ces présentes le dit suppliant avec sa famille, serviteurs, domestiques, grangiers, gens demeurans es ses possessions et biens quelconques d'icelluy, prendre et mettre soubs nostre protection et sauvegarde spéciale, en considération de son bon droit, et le maintenir et garder, de part nous en toutes ses justes possessions, droits, usages, franchises, libertés » et « sera nostre présente sauvegarde signifiée et publiée aux dits lieux et aux personnes qu'il appartiendra et dont requis sera ; et, en signe d'icelle, en cas d'imminent péril, seront mis nos armoiries et pennonceaux en et sur les lieux, maisons, granges, terres, prés, bois, vignes, possessions et biens quelconques d'icelluy, en faisant expresses inhibitions et défenses d'y porter dommages et dégâts. »

« Donné à Chambéry, le troisiesme jour de mars mil cinq cent huitante. »

1582. Mars. — Louise de Lambert, dame de Douvres, fait l'acquisition d'un pré d'une seytive environ, de Guido Clavel, notaire ducal et curial d'Ambronay, et de Benoîte Lanyer, sa femme. Il est situé aux prairies et juridiction de Douvres, lieu dit en Clusissi ; il joint « le grand chemin public, de matin, le pré du seigneur de Dovres, de soir, le pré de Mre François Meysson, de vent, et le pré de Pierre Meysson, de bize. » Coût, quatre cent cinquante florins, monnaie de Savoie, incontinent soldés [1].

« Faict et passé au chasteau de Dovres, salle basse ; présentz : Messire Philibert Rebot, prestre, vicaire du dit Dovres [2], Mre Vespasien de la Porte, notaire ducal et habitant du dit Dovres, et honneste Amédée Mestral de Viry, tesmoings ; l'an mil cinq cent huictante-deux et le vingt-troisiesme jour du moys de mars. »

Le dit fonds relevait du domaine direct de la correrie d'Ambronay ; Jean de Pontvayroz, corrier de l'abbaye, approuve le contrat. Fait à Ambronay, devant la maison d'Adrien Massard, l'an 1583e et le cinquième jour de mars.

1601. Juin. — Pour la somme de dix écus « biens et réellement receus, comptés et nombrés », dame Louise de Lambert acquiert la moitié indivise d'un pré, l'autre moitié lui appartenant, de Claude Bertier, « archier du sieur prévôt de Bresse et Beugey ». La dite parcelle, de la contenance d'environ deux charrées de foin, est sous la Championière [3] ; elle est confinée au matin et au soir par pré de la dite dame, de vent, par pré aux héritiers d'Antoine Richard, et de bize, par pré aux héritiers d'Antoine Balleya. Les vendeurs la reconnaissent franche de dettes, pensions, arrérages et servis.

« Faict à Dovres, maison-forte du dit lieu, présentz à ce : Pierre Bonjour la Vignette, Pierre Sibert, Pierre

---

[1] Les derniers florins frappés en Savoie avaient été prescrits par l'ordonnance de la Chambre des Comptes, du 2 mai 1578. Dix florins équivalaient à 3 livres d'argent, d'où il suit que chaque unité correspondait à 0 fr. 30 cent. de notre monnaie. Un pré d'une seytive, soit environ 31 ares 65 centiares, avait donc une valeur vénale de 135 fr., à la fin du XVIe siècle.

[2] Douvres n'avait pas le titre de cure avant 1789 ; les pouillés en font une vicairie annexe d'Ambronay.

[3] Hameau de peu d'importance à 3 kil. au sud d'Ambronay.

Jordan Cortel et André Massard, de Cottellieu, tesmoingts ; ce douziesme du moys de juing mil six cens et ung. »

1601. Juin. — Par devant Pierre Barbollat, notaire à Douvres, Pierre Bonjour, dit la Vignette, tailleur d'Ambronay, aliéne, pour lui et les siens, à Louise de Lambert, dame de Douvres, savoir : 1° un journal de terre sis en Putessard, territoire de Coutelieu, joignant les terres de Pierre Jordan, de matin et soir, des héritiers de Jean Balleya, au midi, et des héritiers de Bernardin Jordan, au nord ; 2° autre terre sur Saint-Michel, d'environ trois bichettes, confinée par des fonds appartenant à Claude Sévoz et à la dame acquéreuse. Les dits immeubles sont relâchés pour sept écus dix sols tournois.

« Faict à Dovres, maison-forte du dit lieu, présentz à ce : Me Claude Bertier, Regnaud Varambier, de Douvres, André Massard et Pierre Jordan Tortel, de Cottellieu, le douziesme du moys de juing mil six cens ung. »

1601. Juin. — Philibert Deroma, de Douvres, et sa femme, de leur pure et libérale volonté, remettent à dame Louise de Lambert, présente et acceptant les droits, noms, raisons, actions, grâce de rachat et autres droits qui leur compètent sur les propriétés suivantes : pièce de terre, sise à la Championière, appelée Terre au Huit, autre terre au même territoire, dénommée Terre Cutillon, enfin, terre avec pré neuf d'une seytive et demie, le dit pré appelé Buisson Ravier. Le prix est de cinq écus trente sols que les vendeurs déclarent avoir reçus en six ducatons de Savoie.

« Faict à Dovres, maison-forte du dit lieu ; présentz à ce : Pierre Jordan, d'Amburnay, et Pierre Sigara, de Nantua [1], le vingt-troisiesme du moys de juing mil six cens et ung. »

---

[1] Archiprêtré et chef-lieu d'arrondissement (Ain), à l'extrémité orientale du joli lac de ce nom. Nantua a pris naissance à

1605. Août. — Pierrette, fille de Jean Balleya, de la Championière, pour elle et les siens et moyennant la somme de deux écus et demi, remet, à titre de vente, à dame Louise de Lambert les droits qui lui appartiennent : 1° sur une terre, sise à la Championière, d'environ huit bichettes de semaille, appelée Terre aux Huit ; 2° sur autre terre de deux bichettes, dite terre Cutillon ; 3° sur terre de quatre journaux et pré d'une seytive dénommé Buisson Ravier. Fonds, fruits, entrées, sorties, appartenances et dépendances quelconques compris.

« Faict à Dovres, maison-forte du seigneur du dit lieu ; présentz à ce : Mre Jean Bachod, chamarier d'Amburnay[1], Philibert de Stoma, de Dovres, et Mre Jean Chasard, de Ceyzeria[2], en Bresse, le seziesme jour du moys d'aoust mil six cens et cinq. »

1624. Octobre. — « Le marquis de Ragny, chevalier des Ordres du Roy, Conseiller en ses Conseils d'Estat et premier capitaine de cinq hommes d'armes de ses ordonnances, mareschal de camp des armées de Sa Majesté et son lieutenant-général es pays et Comté de Charollois, Bresse, Beugey, Valromey et Gex. »

« Nous avons pris et mis, prenons et mettons en la specialle protection et sauvegarde du Roy et la nôtre le village de Dovres et sa paroisse, deffendant très expres-

---

l'ombre d'une abbaye de bénédictins qui eut son heure de célébrité. On croit que Charles le Chauve y fut inhumé en 877. La date de la fondation de ce monastère ne se peut déterminer avec certitude, mais elle est antérieure à 750.

[1] Il ne faut pas confondre ce dignitaire avec Jean de Bachod, qui, après avoir tenu en commande l'abbaye d'Ambronay pendant quelques années, résigna en faveur de Claude de la Coux, son neveu, vers 1594.

[2] Chef-lieu du canton et archiprêtré à 10 kil. est de Bourg, au pied des collines du Revermont ; population d'un millier d'âmes environ.

sement à tous chefs et conducteurs de gens de guerre, tant de cheval que de pied, de quelques langue et nations qu'ils soient, d'y loger ou permettre d'être logé, pris ou enlevé fourrages, aucuns bleds, vins, foings, pailles, avoines, bestail, ny aucuns meubles ou ustancils quelconques, à peyne de punition. En tesmoing de quoy nous avons signé cestes et à sceller faict apposer le scel et cachet de nos armes. Donné à Bourg, le douziesme jour d'octobre mil six cens vingt-quatre. — Ragny. »

1624. Novembre. — Acte reçu Louis Neyrod, notaire à Ambérieu-en-Bugey, par lequel Marie d'Oncieu, dame de Maillat [1], de Douvres et de Cognat, et femme de Louis de Moyria [2], seigneur de Maillat et baron de la Velières, nomme ses procureurs spéciaux M[res] Puthaud, notaire à Volognat [3], et Claude Bernard, surnommé la Franchise, d'Outriaz [4], aussi notaire royal. Ils prendront son lieu et

---

[1] Paroisse de l'archiprêtré de Nantua, située dans la Combe du Val, au débouché de la vallée que suit la grande route de Lyon à Genève ; elle compte près de 600 habitants.

[2] Fils aîné de François, seigneur de Moyria, au territoire de Cerdon, et de Claudine de Prost, dame de Charrel, en Dauphiné. Le mariage de Louis de Moyria et de Marie d'Oncieu fut conclu au château de Douvres, le 30 avril 1590.
L'illustre maison de Moyria, sur l'ancienneté de laquelle la critique pourtant si sévère de Collet ne trouve rien à reprendre, établit sa filiation « par tiltres jusqu'à Ennemond de Moyria, qui, avec Isabelle, sa femme, fit une donation aux religieux du très célèbre et très sacré monastère de Saint-Michel de l'Ecluse, Ordre de saint Benoît, diocèse de Turin, en l'an du Seigneur 1095 ». Un titre conservé au château de Châtillon-de-Corneille la fait même remonter jusqu'à Ennemond, duc d'Aquitaine, descendant de Charles le Chauve. *(Armorial de l'Ain.)* — La maison de Moyria s'est récemment éteinte dans sa descendance mâle.

[3] Paroisse de l'archiprêtré d'Izernore, sous le vocable de saint Martin.

[4] Commune voisine de Lantenay (canton de Brénod); elle est mentionnée dans un diplôme de Lothaire, de 855 ; mais l'authenticité de cette pièce est fort contestable. *(Top. de l'Ain.)*

place, agiront en son nom et traiteront en tous cas advenant « ses affaires et besongnes. »

« Faict et passé au dit Dovres, au chasteau de la dite dame, en présence de Claude Ogier, du dit Dovres, laboureur, de Louys Burgarel, de Saint-Germain, jardinier au dit Dovres; l'an mil six centz vingt-quatre et le quatorziesme jour du moys de Novembre. — M^{ie} Decncieu. »

Au bas est écrit de la main du seigneur baron, son mari : « Nous apreuvons et ratifions la présante procure et tout son contenu. — L. de Moiriaz. »

Cette procuration clot la série de nos Archives. La plupart des membres de la maison d'Oncieu, tant qu'elle resta fixée à Douvres, jusques et y compris l'épouse du seigneur de Maillat, sont nommés dans les chartes qu'elles renferment. Et c'est quand la branche cadette, qui, avec Catherin d'Oncieu, semblait vouloir fleurir encore sur le vieux sol de ses pères, s'éteint en la personne de Marie d'Oncieu, son dernier rejeton; quand la branche ainée, fidèle à son prince, va sous d'autres cieux chercher une patrie nouvelle, que brusquement la collection prend fin, les souvenirs s'égarent et que les titres de la terre de Douvres se dispersent aux quatre coins de l'horizon. C'est donc la maison d'Oncieu qui a colligé ces documents, qui, lentement, siècle par siècle, a composé cet intéressant recueil. Grâces lui en soient rendues, car il est aujourd'hui précieux à consulter, non seulement pour l'histoire de nos pays, mais pour sa propre histoire. C'est là sans doute sa meilleure récompense.

DEUXIÈME PARTIE

Notre œuvre est achevée dans sa partie essentielle, il nous reste maintenant à la compléter en y ajoutant quelques chapitres supplémentaires. Nous examinerons d'abord nos chartes dans leur ensemble; viendra ensuite la description des sceaux, et, comme couronnement de l'œuvre, nous établirons la généalogie de la maison d'Oncieu que cette étude concerne particulièrement.

CHAPITRE PREMIER

DES CHARTES EN GÉNÉRAL

Dans tout acte on peut considérer l'écriture, la formule, le notaire qui reçoit les conventions et les témoins qui en garantissent l'authenticité.

ARTICLE PREMIER

De l'Écriture

L'écriture, que le goût épuré du siècle d'Auguste avait élevée à un si haut degré de perfection, avait déjà éprouvé quelque atteinte sous les derniers Césars. L'essai, tenté au IV° siècle, pour en arrêter la décadence, demeura sans effet, car la réforme se soutint à peine jusqu'à l'arrivée des Barbares. Sous Charlemagne, il se produisit une importante rénovation à cet égard. On s'éprit de la belle capitale romaine qui fut remise en honneur, on fixa la minuscule en lui donnant plus de précision, une netteté plus grande, si bien qu'elle devint, à l'exclusion de presque toute autre, l'écriture usuelle dans tout l'empire. Du ix⁰ au xii⁰ siècle on ne remarque pas d'altération sensible. Cette accalmie était comme le présage d'une fin prochaine. En s'embellissant, en se couvrant d'enjolivures, de fleurs et d'ornements, l'écriture se métamorphosa pour ainsi dire et de cette transformation sortit, au xiii⁰ siècle, le caractère gothique.

L'écriture gothique cursive est celle de nos documents les plus anciens. Jusqu'aux environs de 1330, elle dénote une application constante et des soins soutenus. La beauté de la forme en rend la lecture à la fois attrayante et facile pour peu que l'on soit initié aux secrets de la paléographie. C'est que la rédaction des contrats et leur *grossoyage* étaient dévolus aux ecclésiastiques, les seuls lettrés d'alors. Mais les laïques ne tardèrent pas à les remplacer et, avec ces clercs qui n'en avaient que le nom, la calligraphie subit une éclipse nouvelle. Dès leur apparition, nous observons de la négligence, une sorte de précipitation; il semble qu'on ait hâte de terminer un travail salarié. Par suite, la lettre se déforme. Son altération, peu sensible d'abord, s'accentue chaque jour davantage, et le xvi⁰ siècle sera le *nec plus ultra* de cet abâtardissement fâcheux. On ne voit plus alors qu'un enchevêtrement de lignes et de traits tellement informe que les actes publics de cette époque présentent parfois des difficultés de lecture presque insurmontables.

M. de la Teyssonnière a résumé dans un article spécial, inséré à la fin du troisième volume de ses *Recherches*, des observations pleines de justesse sur l'écriture usitée de 1250 à 1400. Nous aurions quelques réserves à faire en ce qui concerne nos chartes; le voici néanmoins dans son entier.

« L'écriture, dit-il, éprouva peu de changement depuis 1250 jusqu'en 1290. La mode qui se mêle à tout, fit alors, (en 1290), changer la forme de quelques lettres et l'aspect général de l'écriture. Les clercs essayèrent de lier les lettres entre elles ; ils se servirent de plumes plus fendues, ce qui leur permit de renfler les jambages des lettres et de les terminer par des déliés. La tête de la lettre *r* fut allongée, ainsi que les queues des lettres *g, h, p, q, x, y. Cela donna à l'écriture un aspect désagréable. On éprouve quelques difficulté à lire les titres de cette époque.*

« Un changement heureux s'opéra vers l'an 1330 ; les plumes furent moins fendues, le corps de l'écriture s'épaissit ; la forme des lettres *r* et *e* se rapprocha beaucoup de celle de l'imprimerie. On renonça à l'*a* qui était pareil à celui de l'imprimerie, et on le remplaça par l'*a* de notre écriture. Tous les jambages des lettres devinrent verticaux ; le nombre des abréviations diminua, et elles furent les mêmes dans les actes particuliers et publics. Toutes ces écritures se ressemblent à tel point qu'on dirait qu'un même maître a enseigné tous les clercs, et a taillé leurs plumes. C'est le beau temps de cette écriture dont l'usage se conserva jusques vers l'an 1400.

« Cependant, il se joignit à ces améliorations d'autres changements qui nuisirent à la beauté de cette écriture ; la partie supérieure des lettres *b, h* et *l* fut formée par une large boucle triangulaire, et les lettres *f* et *s* furent formées par un trait vertical très épais en haut, s'amincissant en bas ; ce trait fut surmonté par une ligne courbe [1]. »

Il nous a été dit maintes fois et nous avons entendu répéter souvent que la découverte de l'imprimerie avait porté un coup fatal à la belle écriture du Moyen-Age. Cette assertion nous a toujours trouvé incrédule. Que la calligraphie qui avait produit tant de précieux manuscrits, si rares et si recherchés de nos jours, n'ait pu rivaliser avec l'art nouveau et qu'elle ait sombré dans la

---

[1] *Recherches historiques sur le département de l'Ain*, III, pages 392 et 393.

lutte, on ne peut et nous ne voulons pas le contester. Mais la cause véritable de la dégénérescence de l'écriture, on doit la chercher ailleurs ; elle n'est autre, selon nous, que la multiplicité des transactions, qui, en nécessitant un travail plus rapide, fit négliger ce qui touchait à l'art, et, de la sorte, en altéra peut-être pour jamais la beauté.

ARTICLE DEUXIÈME

Des Formules

Par formule, nous entendons ici les termes formels et exprès ou, si l'on veut, la glose qui, indépendamment des dispositions spéciales constituant l'essence même des chartes, forment l'ossature et comme la charpente des actes publics.

M. de la Teyssonnière en attribue l'invention aux prêtres-clercs des premiers siècles du Moyen-Age ; mais ne les auraient-ils pas empruntées eux-mêmes au tabellionage romain ?

On peut dire qu'en substance les formules ont toujours été les mêmes ; toutefois, que de variations dans la forme, que de modifications suivant les mœurs, les usages, les circonstances de temps, de lieux et de personnes ! Chaque siècle a son caractère particulier.

En 1250, nous retrouvons encore la rédaction brève et concise des temps antérieurs : Nos, Guido, officialis Lugduni, notum facimus presentes litteras inspecturis, quod Johannes Dunglas, in mea presencia constitutus, donat et concedit Petro Doncieu, consanguineo suo, tenementa ubicumque sint que obvenerunt dicto Johanni pro caduco Humberti Doncieu, fratris ipsius Johannis ex parte matris, exceptis quibusdam vineis sitis apud

Romenas. In cujus rei testimonium de voluntate dicti Johannis presentibus litteris sigillum nostrum duximus apponendum. Datum anno Dni cc° quinquagesimo mense junii.

Ce n'est là cependant que l'exception, car, dans leur généralité, nos chartes offrent le développement du thème que voici :

Nos, magister..... officialis curie Lugdunensis, notum facimus universis presentes litteras inspecturis, quod coram mandato nostro..... personaliter constitutus..... sponte, sciens et prudens, vendit, tradit, dat, cedit et concedit..... presenti et accipienti, precio..... librarum viennensium, de quibus emptorem quittat et penitus liberat, res seu jura, una cum pertinenciis, appendenciis, ingressibus et egressibus. Devestiens se dictus venditor predictum emptorem recipientem investit. Nichil juris, dominii vel usagii in eis retinendo, promittens dictus venditor per juramentum super sancta Dei Evangelia corporaliter prestitum, dictas venditionem, cessionem et investituram firmiter ac inviolabiliter servaturum et contra per se vel per alium, facto vel verbo, in judicio vel extra judicium, non venturum, nec alicui contraire volenti consensurum. In cujus rei testimonium ad preces dicti venditoris presentibus litteris sigillum nostrum duximus apponendum.

Le préambule qu'on vient de lire se montre vers 1260, c'est-à-dire en plein XIIIe siècle, et il se continue jusqu'en 1300. A la date de 1306, apparait pour la première fois : Anno Domini..... per hoc presens instrumentum publicum cunctis fiat manifestum, ou Notum sit omnibus quod..... Cette formule initiale supplantera la précédente, mais elle ne le peut actuellement. Le vieil usage, réagissant avec force, maintient ses prérogatives. Ce n'est guère qu'à partir de 1410 que nous verrons nos parchemins commencer invariablement par cette même phrase dont l'uniformité désespérante prévaudra enfin et se conservera presque jusqu'à nos temps.

Sur la fin du xiii° siècle, les contractants motivent leurs conventions : Pro utilitate sua et specialiter pro duabus peciis terre redimendis quas pater eorum vendidit Guidoni de Buenc, lisons-nous dans une vente de 1263. Ce n'est pas une coutume ou du moins la coutume n'est pas générale encore, elle tend seulement à s'établir ; mais aux siècles qui vont suivre, chaque charte nous exposera la même idée en termes identiques ou à peu près. Pour être commun, ce motif n'est point unique ; nous relevons ceux-ci entre beaucoup d'autres : Considerata utilitate nostra et ecclesie sancti Pauli commodo evidenti. — Considerans et attendens quod sapientis est suum errorem corrigere et melius quam si ab aliis corrigeretur. — Pro suis debitis persolvendis et suis aliis negociis in melius reformandis. — Pro negociis in melius reformandis et quia sic eisdem fieri placet, etc.

Quant au verbiage dans lequel est noyée la fin des actes, il prit naissance avec la corporation des notaires. Autant les clercs s'étaient montrés soigneux et désintéressés dans l'accomplissement de leur office, autant les laïques se montrèrent nonchalants et âpres au gain. Ils augmentèrent le volume des actes par des répétitions fréquentes, une certaine redondance de paroles et d'idées pour se donner plus d'importance et accroître leurs profits. « Au xv° siècle, ajoute encore l'auteur des *Recherches historiques sur le département de l'Ain*, ils gâtèrent l'écriture et la rédaction par négligence et cupidité ; et le mal a été en empirant jusqu'au temps de Louis XIV où l'écriture se rétablit, mais non la rédaction des actes qui est restée mauvaise jusqu'à nos jours [1]. »

---

[1] De la Teyssonnière, *Recherches historiques*, III, p. 13.

ARTICLE TROISIÈME

Des Notaires

Les Romains donnèrent le nom de notaire aux officiers chargés de l'expédition des actes[1]. Ils leur avaient réservé, dans l'ancienne Rome, un lieu public pour l'exercice de leur emploi. Lorsque l'utilité de la profession eut été pleinement reconnue, on comprit qu'il était convenable d'en rehausser l'éclat. Sous l'empereur Justinien, les notaires formèrent une corporation, et une Novelle remontant au règne de l'empereur Léon exigea d'eux une probité à toute épreuve, une profonde science des lois et une grande habileté dans l'art de parler et d'écrire.

Les troubles, occasionnés dans l'Empire par l'invasion des Barbares, firent bien des ruines, chacun le sait, mais la charge notariale en sortit intacte et respectée. Au ve siècle, nous retrouvons les notaires sous la dénomination de référendaires, puis, au viie, avec la qualification de notaires *publics*. De l'an 900 à l'an 1100 leur rareté en fit vivement apprécier les services, et, moins d'un siècle plus tard, le droit romain faisant de nouveau son apparition en France « on vit s'y établir des notaires, qui se multiplièrent au point, qu'au xiiie siècle, les évêques, seigneurs, baillifs, sénechaux s'attribuèrent le droit d'en créer [2] »

---

[1] On les nommait aussi : *Tabellions, Excepteurs, Gardes des Archives*, etc. Il y eut cependant une différence, au Moyen-Age, entre les notaires et les tabellions. Les notaires rédigeaient les minutes, les tabellions en avaient la garde et en délivraient les grosses. Les deux charges ont été réunies par ordonnance royale de 1560.

[2] Valbonnais. *Histoire du Dauphiné*, II, p. 373.

Ces fonctions étaient généralement remplies par des ecclésiastiques, et le premier d'entre eux qui prit les qualités de clerc et de notaire est un nommé Isaac. Il en est parlé dans la Diplomatique de Mabillon [1] à propos d'un diplôme de Pépin, roi d'Aquitaine, de l'année 835 [2].

Considérait-on la sainteté de leur état comme incompatible avec de semblables devoirs professionnels ? On serait tenté de le croire, car plusieurs conciles, notamment celui de Chalon-sur-Saône, en 813, et la plupart des conciles, tenus aux deux siècles suivants, interdirent aux clercs, engagés dans les ordres, de recevoir aucun contrat. La défense n'avait pas de sanction, elle resta lettre morte, et les ecclésiastiques ne se résignèrent à l'abandon demandé qu'au moment où toutes les charges, étant tombées aux mains des souverains, elles devinrent le partage exclusif des laïques.

Puisque le notaire était un officier public, son pouvoir découlait de celui du prince. Les empereurs d'Allemagne régnaient sur nos pays depuis la cession de Rodolphe III (1033) ; c'est donc de l'autorité impériale que nos plus anciens notaires reconnurent tenir leur droit. Mais ce droit, ils le possédaient seulement *in radice*. L'exercice en était soumis à des formalités dont le principal effet était de garantir la validité des transactions. Ils ne pouvaient en user qu'autant que la cour souveraine, dans le ressort de laquelle ils devaient exercer, les avait agréés, procla-

---

[1] *De re diplomatica*, p. 524.
[2] « Il n'est pas sûr que les premiers notaires ecclésiastiques, jusqu'au VIIe siècle, aient été des officiers publics ; il est même très probable qu'ils n'exerçaient leurs fonctions de notaires que pour les affaires de leur église. Mais dans le VIIe siècle et peut-être plus haut, à cause sans doute de l'ignorance des séculiers, la charge et les fonctions de notaires publics furent exercés par des clercs. » (Dom de Vaines. *Dict. de diplom.*, II, p. 124).

més aptes à remplir leur office et reçu leur serment. Les cours des archevêques de Lyon et de Vienne, des comtes, puis ducs de Savoie, des abbés d'Ambronay, des sires de Thoire-Villars et des évêques de Genève, sont les seules cours quasi-princières rappelées dans notre collection. Les contrats étaient passés en leur nom ou plutôt au nom du chef de leur justice et, pour ainsi dire, sous leur couvert et leur propre responsabilité.

En descendant le cours des siècles, nous voyons que, tout d'abord, les notaires se disent clercs-notaires du Saint-Empire — Ego... clericus auctoritate Sacri Romani Imperii notarius publicus, — et jurés ou assermentés de la curie lyonnaise — et curie officialitatis juratus, — puis, avec l'extension des Etats de Savoie, jurés des cours de Bresse, de Bugey et du Viennois. Le titre de notaire ducal n'est pas antérieur à 1503. La Savoie, qui avait absorbé tant de petites souverainetés, obtient enfin son indépendance. Par lettres patentes du 1er avril, datées d'Anvers, l'empereur Maximilien rompt, en faveur de son gendre, Philibert-le-Beau, le faible et dernier lien qui rattachait le duché à l'Empire. Mais c'est à peine si l'emploi de ce qualificatif dura un siècle ; lors du traité de 1601, qui fit de la Bresse et du Bugey des provinces françaises, les notaires devinrent des officiers royaux.

Nous avons réuni en un tableau les noms des notaires épars dans les pages qui précèdent. La liste qui suivra fera connaître les officiaux des archevêchés de Lyon et de Vienne, puis les juges-mages de Bugey, de Bresse et du Viennois savoyard dont nos documents nous ont également transmis les noms.

1281. — Etienne de Mailla, recteur de Saint-Sorlin de Cuchet.
1292. — Henri de Bosco.
1296. — Pierre, dit Cormarenchi, à Belley.

1301. — Hugues de Cuysello.
1305. — Albert d'Ambronay.
1306. — Jean Philippi, à Belley.
1308. — Jacques d'Anessieu.
1315. — Jean Sacriste, à Ambronay.
1320. — Jean Aprilis, à Montluel.
1323. — Guillaume Albi, à St-Rambert.
1323. — Berthet de Florencia (en Viennois).
1326. — Jean Delaguideto.
1334. — Etienne Aprilis, de St-Georges-d'Esperanche.
1334. — Jean Veroneri, à Saint-Rambert.
1343. — Pierre de Voysia.
1343. — Albert Richerii, à Ambronay.
1345. — Guillaume Iglanus.
1348. — Jean de Richemont, clerc à Montluel.
1356. — Pierre Bertini, à Lompnes.
1359. — Guillaume Peloci, à Ambronay, natif de Pont-de-Veyle.
1360. — Jean Nicoloti, à Chambéry.
1380. — Jean Gathonis, à Chambéry.
1398. — Pierre Velueti, à Gourdans.
1400. — Pierre Bosonis, à Evoges.
1400. — Pierre Peloci, à Ambronay.
1407. — Jean de Chano, à Ambronay.
1409. — Antoine Roleti, de Villars.
1420. — Henri Moreti, à Bourg.
1420. — Jean de Bayveria, à Bourg.
1420. — Etienne Durandi, à Bourg.
1426. — Jean de Grangia, à Ambronay.
1426. — Jean Colombi.
1428. — Jean *Avrymati* (?) jeune, à Ambronay.
1432. — Jean Ribati, à Saint-Rambert.
1438. — Jean Cuerrysia, à Crémieu, en Viennois.
1438. — Jean Burlandi, à Oncieu.
1439. — Pierre Bertini.

1439. — Antoine Prini.
1439. — André Cohennardi.
1441. — Barthélemy Joly.
1455. — Jean d'Ardosset.
1457. — Jean Moneti, à Bourg.
1458. — Jean de la Balme, à Virieu-le-Grand.
1460. — Ponet Ferrati, à Avrissieu.
1462. — Jean Ferrati.
1467. — Jean Meysson, à Douvres.
1468. — Peronnet Ferrati, à Avrissieu.
1468. — Jean Becuti, à Ambronay.
1475. — Jean Tavernon, à Ceyzérieu.
1479. — Jean Foresi, à Ambronay, natif de Châtillon-les-Dombes.
1479. — Jean Belleti, à Ambronay.
1479. — Jean Bidati, à Saint-Rambert.
1479. — Jean Rodeti, à Saint-Rambert.
1479. — Etienne Troillon, à Saint-Germain-d'Ambérieu.
1479. — Antoine Remigii, à Saint-Germain-d'Ambérieu.
1480. — Pierre Rodeti, à Saint-Rambert.
1481. — Claude Janodi, à Bossieu.
1483. — Claude Bollieti, de Douvres.
1483. — Claude Guilardi, à Lavours.
1483. — Jean Colombi.
1484. — Sébastien Grossi, à Saint-Rambert.
1488. — Pierre Pallieri, à Saint-Germain-d'Ambérieu.
1489. — Claude Flandrini, à Belley.
xve siècle. — Guionnet et Jacqueti, à Miribel.
1500. — Jacques de la Crose, à St-Martin-de-Bavel.
1503. — Pierre Vincent, à Mornieu.
1509. — Claude Romini, à Noydens.
1517. — Jacques d'Ardosset.
1517. — Jean Ferrati, à Ceyzérieu.
1518. — François Humberti.
1522. — Guillaume Tendreti, à Pollieu.

1533. — François de Lompnes.
1533. — François Bonerii.
1537. — Amédée Billieti, à Virieu-le-Grand.
1541. — Pierre Massard, à Ambronay.
1551. — Georges Fabe, à Villieu.
1552. — Jean Perneti, à Lagnieu.
1552. — François de Voute, à Varey.
1552. — Humbert Garriod, à Loisieu, près d'Yenne en Savoie.
1559. — Renaud Perrod, à Douvres.
1562. — Edouard Bolliet, à Douvres.
1572. — Thurion Chayne, à Chambéry.
1575. — Claude Godart, à Ambronay.
1582. — Vespasien de la Porte, à Douvres.
1582. — Guido Clavel, à Ambronay.
1601. — Pierre Barbollat, à Douvres.
1624. — Louis Neyrod, à Ambérieu-en-Bugey.
1624. — Puthaud, à Volognat.
1624. — Claude Bernard, à Outriaz.

— De 1250 à 1300 aucun acte n'est souscrit; c'est que d'ordinaire les notaires ne signaient pas. La première signature que nous observons authentique un acte de 1301. Deux triangles entrelacés, avec des points dans les interstices, et c'est tout; ce n'était pas une signature à proprement parler, mais un signe, une sorte de cachet manuel. Chaque notaire eut son signe particulier — presentem litteram expedivi sub hoc signo meo. — Quelques-uns même en eurent plusieurs à leur usage, à l'exemple des grands seigneurs qui avaient leur grand et leur petit sceau. Ces figures, ne relevant que du caprice de chacun, étaient infiniment variées; elles simulaient des roues, des damiers, etc., et étaient généralement surmontées d'une croix. Le beau temps de ce mode d'authentication comprend une période d'environ 150 ans. Il dégénéra peu à peu en paraphe, et le paraphe, accompagné de la signature manuelle remise en honneur, devint, à partir du milieu du xve siècle, la souscription la plus habituelle dans nos provinces.

— Dans les évêchés souverains, les évêques confièrent la juridiction contentieuse à un officier revêtu des ordres sacrés. C'était le vicaire de l'évêque et il portait le nom d'official. Les officialités remontent à la première moitié du xiiie siècle. Leur extension fut rapide, néanmoins elles succombèrent vers 1400, peut-être même quelques années auparavant, sous la haine et les censures des juristes. Comme la royauté, qu'ils poussaient dans la voie funeste de l'arbitraire, les parlements ne souffraient à côté d'eux aucuns pouvoirs rivaux. Les officiaux, trop faibles et sans ambition, incapables, par conséquent, de soutenir une lutte disproportionnée, durent disparaitre.

Du reste, dès son origine, l'institution avait rencontré des ennemis puissants, même au sein du clergé. Dans sa lettre xxve, Pierre de Blois l'accable de récriminations violentes. Mais ses reproches, s'ils ont leur excuse dans une vie austère, dans le désir d'une perfection plus grande pour le corps ecclésiastique, ne nous paraissent pas justifiés. L'officialité était une émanation du pouvoir souverain ; or, rien ne prouve que la puissance temporelle et la perfection soient inconciliables de leur nature.

OFFICIAUX DE L'ARCHEVÊCHÉ DE LYON

1250. — Guigue ou Guy.
1281. — Jean de Blanosco.
1283. — Guichard Celerarii, *officialis curie Lugduni pro Dno Epo Eduensi Geraldo, administratore archiepiscopatûs Lugduni, ipsius sede vacante.*
1286. — Barthélemy de Saint-Galmier, *de Ste Baldomero.*
1287. — Jacques Simeonis.
1292. — Guillaume Ruffati, chanoine de Valence.

1296. — Pierre d'Ambronay.
1305. — Pierre d'Echallon, chanoine de Saint-Just et de Valence.
1308. — Barthélemy de Io, professeur en droit civil et en droit canon.
1320. — Guillaume de Burgo, chanoine de Mâcon.
1334. — Guigue *Cayli*, chanoine de Chalon.
1343. — Chabert Hugonis, obédiencier de Saint-Just.
1356. — Jacques Fabri, sacristain de Saint-Just.
1358. — Laurent *Calveti*.
1360. — Pierre de Croset, chanoine de Lyon.
1368. — Martin de l'Orme, *de Ulmo*, sacristain de Saint-Nizier.
1391. — Mathieu de Marcillieu. *de Marcilliaco*, doyen de Montbrison.

OFFICIAUX DE L'ARCHEVÊCHÉ DE VIENNE

1323. — Ponce Salvatoris, chanoine de Viviers.
1324. — Pierre de Bosco, professeur au barreau de Lyon.
1348. — Jacques de Rougemont, *de Rubeo monte*, chantre de Lausanne.

— Lorsqu'Amédée V eut réuni la Bresse à ses possessions de Savoie, par son mariage avec Sibille, dame de Bâgé (1272), il transféra à Bourg la justice qui, jusque-là, avait eu son siège au chef-lieu de la petite principauté. Le juge prit le titre de juge-mage de Bresse, « à la différence, dit Guichenon, des autres juges, des seigneurs bannerets du pays, *quasi judex major.* » L'institution dont ils dotèrent la Bresse, les princes de Savoie l'implantèrent depuis dans chacune des provinces sur lesquelles ils étendirent leur domination souveraine, spécialement, pour ne parler que de celles qui nous intéressent, le Bugey, la Novalaise, la Valbonne et partie du Viennois.

JUGES-MAGES DU BAILLIAGE DE BRESSE

1322. — Berlion de la Mare.
1360. — Geoffroy du Puits, *de Puteo.*

BUGEY ET NOVALAISE

1323. — Hugues Valardi.
1324. — André *Bone Donne.*
1334. — Georges du Solier.
1343. — Henri *de Meldimo.*

VALBONNE ET MONTLUEL

1348. — Pierre Petri.

VIENNOIS SAVOYARD

1323. — Hugues Liattardi.
1334. — Barthélemy C.

ARTICLE QUATRIÈME

Des Témoins

La loi romaine accordait une créance illimitée aux témoins. Il en était de même de notre vieux droit français. On connait l'axiome : *témoins passent lettres.* Cette doctrine avait été formulée dans la Novelle LXXIII de Justinien, chap. III, déclarant que l'affirmation des témoins devait avoir, aux yeux du juge, une valeur probante supérieure à celle du contrat, lorsque la pièce produite et les témoins étaient en désaccord. On est étonné cependant, lorsqu'on parcourt les actes du XIIIe siècle, de ne rencontrer ni signatures, ni témoins. C'est que les sceaux sont de plus en plus en faveur, non seulement auprès des seigneurs, mais des particuliers eux-mêmes; ils excluent, ou du moins, rendent extrêmement rares, l'apposition des signatures réelles ou apparentes [1] et l'énumération des témoins. La plupart des chartes n'annoncent en effet que le sceau, et le sceau tient lieu de toute autre formalité.

L'ancienne coutume n'était pourtant pas condamnée pour toujours. Un siècle ne s'était pas écoulé que déjà les témoins avaient fait leur réapparition. Notre Collection exhibe leur témoignage dès le mois de septembre 1287; le cas est isolé encore, mais, en 1292, on les invoque de nouveau, et, désormais, toutes nos chartes énumèrent deux, trois, quatre témoins et plus, suivant l'importance du contrat.

« L'énumération des témoins servait aux chartes autant que les signatures; car, s'il survenait quelques contestations, les témoins nommés étaient appelés en jugement pour reconnaître la vérité et la validité des pièces produites. Il était moralement certain, que, sur un nombre de témoins, il en subsisterait au moins quelques-uns trente ans après la confection des actes; et, suivant les lois, une possession continue de trente années donnait des droits légitimes à la chose par voie de prescription [2]. »

Depuis la fin du XIII° siècle l'usage n'a pas été modifié.

---

[1] On appelait signature *réelle* celle qui était apposée par la personne même nommée dans l'acte, et *apparente*, celle qui, bien qu'annoncée comme réelle par le mot *signum* et la croix, était cependant de la main du notaire.

[2] Dom de Vaines, *Dict. de diplomatique*, II, p. 335.

CHAPITRE DEUXIÈME

DES SCEAUX

Les sceaux fournissent à l'archéologie et à la diplomatique des notions aussi intéressantes qu'utiles. L'étude du blason, du costume, de l'architecture, etc., trouvent là de précieux auxiliaires, et toujours leurs légendes ajoutent à l'acte qu'ils accompagnent d'importants renseignements sur la qualité, le nom, le titre et la dignité des personnages dont ils remplacent la signature.

La sigillographie est une science qui n'est encore qu'à son début; elle n'aura réellement conquis l'honneur de porter ce nom que le jour où tous les éléments qui doivent la composer auront été réunis, classés et décrits.

Quelques-unes de nos chartes sont scellées, c'est-à-dire qu'au bas sont appendus les sceaux de divers dignitaires. Nous les avons recueillis avec soin pour les présenter en un tableau d'ensemble. Le voici avec la description sommaire de chaque empreinte.

I. — SCEAU DE PHILIPPE DE SAVOIE, ARCHEVÊQUE DE LYON

Il est presque réduit en fragments. La robe et une partie de la tête du personnage, debout et vu de face, sont seules apparentes. Le chef semble accosté d'une étoile. De la légende, il ne reste pas de trace; toutefois l'authenticité de ce sceau ne saurait être douteuse; nous lisons, en effet, au commencement du titre auquel il est attaché : Philippus permissione divina prime Lugduni ecclesie electus, omnibus....., et au bas : in cujus rei testimonium ad preces dicti Stephani litteras nostras concedimus sigilli nostri munimine roboratas.

Il est appendu sur queue de parchemin à un acte de vente passé entre Pierre d'Oncieu et Etienne, dit Baynos, de Meximieux, le 1er mars 1261.

Le Musée de Lyon possède un sceau de Philippe de Savoie, provenant des Archives, dont l'état est meilleur. Quoiqu'il ait souffert des ravages du temps, il peut suppléer aux défectuosités du nôtre et nous aider à le reconstituer dans son intégrité première. Sa forme est gothique; le champ présente un personnage de face, la main droite relevée sur la poitrine et accostée de deux étoiles : la légende est : .... S..............

II. — SCEAU DE L'OFFICIALITÉ DE LYON

L'officialité lyonnaise avait son sceau particulier; la garde en était confiée à l'official en fonction. La forme a dû peu varier, car les cinq exemplaires que nous possédons se ressemblent en tous points.

Il est ovale; dans le champ, une main se dégageant

d'un nuage soutient la crosse archiépiscopale [1]. Autour, la légende : ✝ S. OFFICIALIS CVRIE LVGDVN.....

On le trouve suspendu par un cordon tressé en fils de chanvre, quelquefois de couleur différente, à des chartes de 1263, 1287, 1292, 1301 et 1305.

Nos magister G..... Jacobus Symeonis....., Guillelmus Ruffati...., Petrus de Ambroniaco...., Petrus de Eschalone....., notum facimus..... — In quorum omnium, ou plus fréquemment, in cujus rei testimonium sigillum nostrum presentibus litteris duxi ou duximus apponendum.

Nous avons vu au Musée de Lyon un sceau de l'officialité lyonnaise, tiré du fonds Saint-Paul, aux Archives du Rhône. Il est semblable à ceux-ci, à la différence cependant, que la crosse est accompagée à sénestre d'un P gothique renversé.

III. — SCEAU DE JEAN DE LA BALME, ABBÉ D'AMBRONAY

Une mince bande de parchemin le suspend à une charte de novembre 1275 ; c'est la vente d'une vigne faite à Pierre d'Oncieu par les frères André et Etienne Careyment. Nos frater Johannes Dei gratia humilis electus Ambroniaci notum facimus..... — In cujus rei testimonium sigillum nostrum duximus apponendum.

La forme est ovale, forme le plus souvent donnée [2] aux sceaux des dignitaires ecclésiastiques et des dames de haut lignage. Il représente l'abbé debout, vu de face, soutenant des deux mains un livre appuyé contre sa

---

[1] Les sceaux des officialités portaient ordinairement gravé le buste de l'Evêque ; celui de l'officialité lyonnaise dérogeait donc à l'usage.

[2] Elle avait été adoptée au siècle précédent, c'est-à-dire au XIIe siècle.

poitrine. Les mutilations qu'il a subies ne laissent lire de la légende que : ..... TI..... AMBRONIA.....

Les sceaux d'abbés, encore rares au xi⁰ siècle, deviennent communs au xii⁰. Généralement ils portent le nom et l'effigie du saint, patron du monastère. Certains abbés cependant se font représenter eux-mêmes. Il n'est pas nécessaire de faire observer que le sceau de Jean de la Balme doit être classé dans cette seconde catégorie.

IV. — SCEAU DU CHAPITRE DE SAINT-PAUL DE LYON

En décembre 1278, le Chapitre de Saint-Paul échangea avec le seigneur de Douvres les biens féodaux qu'il possédait dans ce village. Henri de Villars, chambrier de la collégiale, appliqua aux conventions le sceau capitulaire : Nos Henricus de Villars, camerarius et capitulum Sancti Pauli Lugduni, notum facimus..... — In cujus rei testimonium presentibus litteris sigillum nostrum commune duximus apponendum.

Antérieurement au xv⁰ siècle, on grava différents motifs et quelquefois l'effigie des doyens sur les sceaux des chapitres; puis, aux siècles suivants, leurs seules armoiries. Au xiii⁰ siècle, on voyait, sur celui de Saint-Paul, la figure en pied de l'Apôtre posée de face; de la droite, il tient une épée nue relevée, et de la gauche, le livre des Epitres. Légende : ✠ S CAPITVLI ECC..... CTI PAVLI LVGD.....

Il est retenu au parchemin par un cordon en fils de chanvre.

Guichenon a écrit l'éloge [1] de Henri de Villars, mais il

---

[1] *Généalog., Bugey*, p. 219.

ne nous a pas dit quels avaient été ses humbles débuts. Il avait donc, avant de devenir chanoine, comte et chambrier du noble Chapitre de Saint-Jean, pris rang parmi les chanoines de Saint-Paul. « Ses rares qualités et la grandeur de son extraction le firent eslire archevesque de Lyon, en l'an 1296. » Il siégea cinq ans. Son décès eut lieu à Rome, le 10 juillet 1301. Il s'était retiré auprès du Souverain Pontife pour se soustraire aux ressentiments de Philippe-le-Bel qu'il avait indisposé contre lui en défendant les droits de son Eglise.

V. — SCEAU D'AMBLARD DE BRIORD, ABBÉ D'AMBRONAY

Forme ovale; légende : S AMBLARD A..... VIACI ☩. Dans le champ, sous un dais gothique, mais d'un gothique déjà dépouillé des allures vigoureuses de l'époque primitive, Notre-Dame, patronne de l'abbaye. La main gauche supporte l'Enfant Jésus; elle a un sceptre dans la droite. Deux cartouches aux coins arrondis, les côtés relevés en angles, ornent les montants de la niche; ils encadrent, celui de droite, les armes de l'abbé : de..... à la bande de..... chargée de trois étoiles de..... et surmonté d'un lambel.....; celui de gauche, les armes de Savoie : de..... à la croix de.....

Guichenon nous apprend que ceux de Briord blasonnaient d'or à la bande de sable, et les princes de Savoie, de gueules à la croix d'argent.

Il fallait que le traité de 1282, qui associait en pariage à l'abbé d'Ambronay, le comte de Savoie, dans la jouissance des droits seigneuriaux de l'abbaye, eût pleinement consacré l'asservissement du monastère, pour qu'il s'affirmât ainsi jusque sur les sceaux des abbés.

Au revers du sceau principal, se trouve le contre-scel[1]. Il est rond et ses dimensions sont moindres. On lit autour : S AMBLARD DE BRIORD MOACHI. Dans un triangle formé de trois segments de cercle reliés par des angles, sont représentées les armes de l'abbé armoriées comme au grand sceau.

Ces deux empreintes sont appendues sur queue de parchemin à une donation de services que fit l'abbé Amblard de Briord à Jean, prévôt d'Ambronay, le mercredi après l'Epiphanie de l'an 1308. Nos Amblardus de Briord, Dei gracia et Apostolice Sedis humilis abbas Ambroniaci notum facimus..... — In cujus rei testimonium ad majoris roboris firmitatem sigillum nostrum presentibus litteris duximus apponendum.

La maison de Briord, d'où était sorti l'abbé d'Ambronay, se montre, en 1112, avec Gérard de Briord. Partant pour la croisade, ce jeune seigneur remit au prieuré d'Innimont la moitié du mas d'Ussy pour le salut de Sylvins de Briord, son père. Elle a possédé Saint-André-de-Briord et la Serra, en Bugey, Cras, en Bresse, et s'est éteinte au commencement du XVIIIe siècle avec Gabriel de Briord, qui, en septembre 1690, avait fait ériger en Comté les terres de Saint-Martin, la Salle et le Parc, en Mâconnais[2].

Amblard de Briord dirigeait le prieuré de Chamoux, en Savoie, depuis 1302, quand il fut préposé à la direction de l'abbaye d'Ambronay en 1307 ou 1308. Tout le monde connait sa fin malheureuse. Ecoutons Paradin nous faire, avec son charme de style ordinaire, le récit de ce douloureux évènement :

« Au monastère de Ambronay, près le pont d'Ains,

---

[1] Le contre-scel, *contra signetum*, sceau commun, petit sceau ou sceau secret ne servait que pour les affaires courantes ; cependant on l'appliquait parfois, comme ici, au dos du grand sceau dans les chartes de conséquence.

[2] M. Rév. du Mesnil, *Armor. de l'Ain*, V. Briord.

auquel estoit un bon et sage prélat et de sainte vie, qui ayant en haine la dissolution et irrégularité d'aucuns de ses religieux, spécialement de deux galefretiers qui n'avoient de moyne que l'habit, les corrigeoit et châtioit par discipline régulière, avec grande sévérité. Tellement que les dits deux moynes (qui estoient natifs du Dauphiné), firent une secrette conspiration contre leur père Abbé, et parce qu'ilz estoient asseurez qu'ilz feroient grand plaisir à Monseigneur le Dauphin, s'ilz trouvoient moyen de lui mettre l'abbaïe et la ville d'Ambronay entre les mains, et que, par ce moyen, ils demourroient maistres de l'abbaïe, et feroient mourir l'Abbé qui leur estoient si rude, délibérèrent entièrement d'exécuter leur malheureuse et damnable entreprinse; et, demandans congé pour aller visiter leurs parens, se retirèrent au Dauphiné. »

Le Dauphin, trompé par leurs plaintes et leurs rapports mensongers, donna son assentiment au crime projeté, et « leur bailla gens pour les ayder à ceste exécution. Les moynes, ayant amenez force gens secrettement avec eux, les mirent une nuict dedens l'abbaïe par une faulse porte, et, à l'heure de matines, prindrent leur Abbé à la porte de l'église, qui alloit à matines, et le pendirent et estranglèrent à un treillis d'une croisée de la salle du monastère, acte de grande et inhumaine cruauté de voir les enfans contre leur père faire acte de bourreaux[1]. » Empressons-nous de dire que ce meurtre ne demeura pas impuni. Le comte Amédée de Savoie, prévenu par le capitaine du château de Saint-André, envoya en toute hâte des troupes qui réoccupèrent Ambronay et « bourrèrent bien ceux qui avoient surprinse la ville et abbaïe. » Quant aux deux coupables, « ilz furent menez piedz et

---

[1] Paradin, *Chroniques de Savoie*, Lyon, 1552, p. 236 et seqq.

poings liez au supérieur de leur ordre pour en ordonner comme de raison. »

Ceci se passait en 1316.

VI. — SCEAU DE LA COUR DE JUSTICE D'AMBRONAY.

Il authentique une reconnaissance de Guillaume d'Oncieu au profit de Jean d'Oncieu en date du 4 octobre 1316. Une bande de parchemin d'un demi-centimètre de largeur le retient à la charte. Nos frater Johannes de Balma Dei gracia abbas humilis monasterii Ambroniaci notum facimus... Et nos abbas sigillum curie nostre una cum signo publico et subscripcione dicti notarii publici presentibus litteris duximus apponendum.

Il représente sur un pignon ou piédestal gothique la Vierge avec l'Enfant Jésus sur le bras gauche. De la légende nous déchiffrons péniblement : .....CVRIE : DNI.......AMBP.....

VII. — SCEAUX DE JUSTICE

Chaque province ou mieux chaque bailliage des anciens États de Savoie avait son sceau. Maintes pièces de notre Recueil en fournissent l'attestation. Pour telle ou telle cause dont nous n'avons pas à nous préoccuper, ils ont été arrachés ou brisés ; il nous est donc impossible de les décrire. Nous présumons cependant, qu'à l'instar de celui de Bresse, ils devaient porter une simple croix de Savoie avec ces mots en légende [1] : Sigillum baillivatus Bressie (vel.....) Voici quelques témoignages comme preuves à l'appui :

[1] Voyez, *Histoire de Bresse*, Ire partie, p. 29.

Bresse : Et nos judex sigillum dicti comitis *quo utitur in ballivia Burgi*, presentibus litteris duximus apponendum.

Bugey et Novalaise : Nos Hugo Valardi, judex Beugesii et Novalesie et apud sanctum Ragnebertum Jurensem pro illustri viro duo Eduardo comite Sabaudie notum facimus..... In quorum testimonium nos dictus judex..... sigillum *dicte curie* duximus presentibus apponendum. (Anno 1323.)

Viennois : Nos Bartholomeus.... judex in Viennensi pro dno Aymone comite Sabaudie notum facimus.... et nos, dictus judex, sigillum *curie* dicti domini comitis in Viennensi presentibus litteris duximus apponendum. (Anno 1334.)

Valbonne : Et nos Petrus Petri baroniatis terris Vallisbone et Montislupelli judex major... et nos dictus judex sigillum *curie* Montislupelli presentibus litteris duximus apponendum. (Anno 1348.)

VIII. — SCEAU DE JEAN DE LA BALME, SACRISTAIN D'AMBRONAY

Les offices claustraux, de même que les prieurés érigés en titre, conféraient à leurs titulaires le droit de sceau. On ne rencontre pourtant pas de sceaux authentiques de religieux, pourvus d'emplois dans les monastères, avant le xiiie siècle. L'un des plus anciens est peut-être celui de l'official de Corbie que Mabillon rappelle dans son Cours de Diplomatique [1]. La présence dans notre Collection d'un sceau, au nom du sacristain d'Ambronay, ne nous surprendra donc pas.

Ce charmant petit monument a 0,022 millimètres de diamètre ; il est rond, forme peu usitée chez les gens

---

[1] Page 134.

d'église. Le champ est meublé de l'écu armorié de Jean de la Balme, de..... à la bande de..... accostée de..... ; autour : .....RISTT..... .....MON.....

L'empreinte est appendue à une vente du 21 janvier 1323. Nos frater Johannes de Balma, sacrista monasterii Ambroniaci de cujus directo dominio dicta vinea vendita existat sigillum nostrum duximus apponendum.

IX. — SCEAU DE GEORGES DU SOLIER, JUGE DE BUGEY ET DE NOVALAISE

Un ordre du 27 mai 1340, transmis au châtelain de Saint-Germain-d'Ambérieu par le procureur du comte de Savoie, siégeant au même lieu et se disant lieutenant de Georges du Solier, juge de Bugey, est accompagné d'un sceau. Ce n'est point le sceau du procureur, puisqu'il agit à titre de mandataire. Mais est-ce le sceau du juge lui-même ou celui du bailliage ? Cette question nous laisse d'autant plus perplexe que, pas le moindre texte, pas la moindre allusion ne nous fixent à cet égard. Toutefois, comme le sceau du bailliage était spécialement employé à l'expédition des actes de justice, nous inclinons à croire que la pièce dont nous nous occupons, n'est pas un sceau d'office, mais le sceau personnel de Georges du Solier.

Il est rond ; la légende est indéchiffrable par suite d'une pression des doigts sur la cire encore molle qui a déformé les caractères. Au centre d'un carré, dont les angles sont arrondis et les côtés relevés en pointe, à leur centre, un écu armorié de..... à la croix de...... cantonné au 1er et au 4e d'une étoile de..... Nous n'avons pu nous assurer si les Solier blasonnaient de la sorte.

Il y avait bien, vers ce temps, dans le Viennois une famille du Sollier ou de Solliers, mais elle portait d'azur à trois bandes échiquetées d'or et de gueules de trois traits.

X. — SCEAU DE JEAN DE LA BALME, ABBÉ D'AMBRONAY

Il est appendu à une charte du 4 septembre 1323. Malgré quelques détériorations de peu d'importance, sa conservation est bonne. Forme ovale ; dans le champ, chapelle ou dais gothique ; l'abbé soutient, de la main droite, la crosse abbatiale, et, de la gauche, le livre des règles relevé contre la poitrine. Suspendu à l'un des pilastres de la chapelle, un écu aux armes de l'abbé de la Balme présente de......, à la bande de......; légende : S PRIS IOH DE...... MA ABBIS AMBR..... Nos frater Johannes de Balma Dei gracia abbas humilis monasterii Ambroniaci notum facimus ..... In quorum omnium permissorum robur...... sigillum nostrum presentibus litteris duximus apponendum.

Cet abbé ne doit pas être confondu avec le sacristain d'Ambronay du même nom dont nous venons de parler. L'*Histoire de Bresse* ne consacre que ces deux lignes à sa mémoire : « Jean de la Balme, de la maison des seigneurs de Perés, a esté abbé d'Ambronay dès l'an 1317 jusques à l'an 1336 [1]. » Cependant, si nous parcourons la généalogie de cette famille, partie III⁰ du même ouvrage, nous ne trouvons point Jean de la Balme parmi ceux de la branche des seigneurs de Perrex, ou plutôt nous ne rencontrons qu'un seul membre ayant porté ce nom. Son père, Pierre de la Balme, avait épousé *en 1373*, Catherine, fille de Girard d'Etrez. Il fut religieux à Ambronay et prieur de Villette, mais il n'est pas dit qu'il ait jamais dirigé l'abbaye d'Ambronay. Ce n'est donc pas lui qui est en cause ; la date rappelée en témoigne suffisamment. Y a-t-il erreur dans l'affirmation de l'historien bressan ? Je ne le pense pas ; un oubli à la

---

[1] Partie II⁰, p. 8.

suite généalogique des seigneurs de Perrex me paraît plus probable.

XI. — SCEAU D'ÉTIENNE DE MUNET, ABBÉ D'AMBRONAY

Sceau gothique, c'est-à-dire en pointe ou ovale comme les précédents. Des brisures en ébrèchent le contour; aussi l'inscription ne se lit-elle qu'imparfaitement; à peine les caractères : ....MVNE.... ...IS... ....N... ...CII... sont-ils reconnaissables. L'abbé, en habit religieux, est dans le champ. Il occupe un dais gothique le plus pur et a, selon l'usage, la crosse dans la main gauche, et un livre dans la droite. Au dessous, dans l'angle formé par la pointe ogivale du sceau et entre deux ornements qu'on prendrait pour des fleurs, est gravé l'écu de ses armes. Aucune pièce, si ce n'est une étoile, n'est assez apparente pour être sûrement déterminée.

Ce joli sceau est attaché sur queue de parchemin à l'acte de vente d'un pré passé entre Etienne d'Oncieu d'un côté, Ponet de Molon et Johanneta, sa femme, de l'autre, le 13 juillet 1350. Nos frater Stephanus de Muneto Dei gracia abbas humilis monasterii Ambroniaci notum facimus ...... In cujus rei testimonium sigillum nostrum litteris presentibus duximus apponendum.

— Tous ces sceaux sont en cire jaune, couleur qu'adoptèrent les rois, les princes, les prélats, les seigneurs et les communautés, dès le XIIIe siècle. Nous excepterons cependant le sceau d'Amblard de Briord dont l'empreinte est en cire verte. Les évêques, les abbés et les grandes dames elles-mêmes employèrent assez fréquemment cette dernière couleur. Si l'on en croit Mabillon [1], il faudrait

---

[1] *De re diplom.*, p. 151.

remonter à Philippe-Auguste pour trouver l'origine de cet usage. Ce prince scella ses diplômes en vert, mais il ne le fit que par intervalle. Ses successeurs l'imitèrent ; toutefois, ce ne fut qu'au xiv° siècle, sous Charles V, que l'emploi de la cire verte devint général en France.

Les lettres des légendes sont gothiques. L'alphabet gothique, avons-nous dit, avait supplanté, au xiii° siècle, les caractères romains chez tous les peuples latins de l'Europe. On le rencontre dans toutes les inscriptions, dans tous les sceaux et les monuments gravés entre douze et quinze cent. Nos pays ne durent pas, on le comprend, échapper à l'engouement général pour ce genre d'écriture qui symbolise en quelque sorte le Moyen-Age.

Au point de vue de l'art, on ne peut faire de nos sceaux un grand éloge. A part les empreintes dont nous avons signalé, au passage, la bonne exécution, ils n'accusent, dans leur ensemble, qu'une facture commune. Ils n'ont rien qui approche de la perfection, qui rappelle l'élégance et la beauté des sceaux gravés dans le Nord. Ceux-ci étaient déjà, au xiii° siècle, de vrais chefs-d'œuvre faisant revivre la finesse des intailles antiques. Ici rien de pareil ; les nôtres sont plutôt lourds et empruntés.

Voilà, considérés sous leurs différents aspects, les sceaux que nos chartes nous ont conservés. Ils ne sont pas nombreux, il est vrai, mais qu'importe, il eût été regrettable de laisser ensevelis dans la poussière, dans l'oubli et l'obscurité d'une vieille tour, ces petits monuments qui, d'un jour à l'autre, peuvent disparaître et emporter pour jamais d'intéressants souvenirs.

CHAPITRE TROISIÈME

GÉNÉALOGIE DE LA MAISON D'ONCIEU [1]

Les d'Oncieu sont originaires du Bugey, assure Guichenon. Mais il y avait deux terres d'Oncieu en Bugey. L'une, au territoire de Nattages, a totalement oublié ses anciens seigneurs; la maison de Bavoz la détenait au XVIIe siècle. L'autre, qui comprenait le village d'Oncieu actuel (archiprêtré de Saint-Rambert), n'a guère mieux conservé des traces de son passé. Quoique rien ne l'établisse d'une manière certaine, on croit généralement que la paroisse d'Oncieu a été le berceau de la famille chevaleresque de ce nom.

Elle portait d'or à trois chevrons de gueules et, pour cimier, un hibou d'or.

---

[1] Nous nous sommes servi, pour la rédaction de cette généalogie, de l'*Histoire de Bresse*, des fragments insérés par M. Rivoire de la Bâtie dans son *Armorial du Dauphiné*, du *Nobiliaire du Bugey* de M. Baux et des données qu'ont fournies les *Chartes de la Tour de Douvres*. Ajoutons que M. le marquis C. d'Oncieu de la Bâtie a bien voulu nous communiquer des notes de famille, qui nous ont permis d'en continuer la suite jusqu'à nos jours.

I. — Boson d'Oncieu; présent, en 1160, à une concession des seigneurs de Grammont à l'abbaye de Saint-Sulpice, en Bugey [1]. Sa femme et ses enfants ne sont pas connus; peut-être fut-il père de :

    Guy d'Oncieu qui suit.

II. — Guy d'Oncieu, chevalier; le 1er juin 1217, il rend foi et hommage à Philippe, comte de Savoie. Entre autres héritiers il laissa :

    Pierre d'Oncieu, son successeur.
    Humbert d'Oncieu, dont hérita Jean d'Onglaz, son frère utérin [2].

III. — Pierre Ier d'Oncieu; « des titres qui font mention de luy » témoignent de son existence vers 1230. Ses enfants furent :

    Pierre d'Oncieu, dont il va être parlé.
    Josserand d'Oncieu, légataire de Sibille, dame de Bâgé et comtesse de Savoie, qui le dit son chevalier.

IV. — Pierre II d'Oncieu, bailli de Bresse. Sa femme, Guicharde de la Palud, fille de Guy de la Palud, seigneur de Châtillon, lui donna :

    Jean d'Oncieu, qui continua la lignée.
    Alix d'Oncieu, mariée à Jean de Franchelins [3].
    Berthet d'Oncieu, mort sans postérité [4].

---

[1] *Archives de Machurat*, d'après M. Guigue.
[2] Voy. charte de 1250.
[3] Charte de 1292. Guichenon la dit fille de Pierre Ier; elle n'en était que la petite-fille. Du reste, si ce n'était le respect dû à l'autorité de cet historien, nous biffrions, malgré les titres qu'il invoque et sur le sens desquels il s'est peut-être mépris, le nom de Pierre Ier, car nous doutons fort qu'il ait jamais existé.
[4] Charte de 1292.

Béatrix d'Oncieu, femme de Pierre de la Balme, seigneur du Tiret, territoire d'Ambérieu-en-Bugey.

Pierre d'Oncieu, chanoine de Genève.

Amphelise d'Oncieu [1], dont on ignore l'alliance.

Guillaume d'Oncieu, seigneur de Douvres, en Bugey, et de Diémoz, en Viennois. Son hommage de la terre de Diémoz au comte de Savoie est de 1327. Il épousa, d'après Guichenon, Pétronille de Douvres, fille et héritière de Girard, seigneur de Douvres.

Guigue ou Guigonnet d'Oncieu, souche de la branche des seigneurs de Montiernoz.

Humbert d'Oncieu, mort sans enfants.

Anselme d'Oncieu.

Henri d'Oncieu, religieux à Saint-Rambert-en-Bugey.

— Vers ce temps vivait Guillaume d'Oncieu que nous ne savons comment rattacher à cette filiation. Il épousa Johanneta de la Balme. Renaud d'Oncieu, son fils, mentionné en 1305 et en 1316, décéda probablement sans postérité [2].

V. — Jean d'Oncieu, seigneur de Douvres et de Diémoz; en 1308, il fait hommage à l'abbé de Saint-Rambert pour les biens qui ont appartenu à Girin de Douvres. Il reçoit lui-même, en 1316, l'hommage de Guillaume d'Oncieu, et, en 1320, celui de Guigonnet de Loysieu. D'Alix de Septème, il eut :

Pierre d'Oncieu qui suit.

Etienne d'Oncieu d'où sortit la branche des seigneurs de Douvres.

---

[1] Charte de 1292.
[2] Chartes de 1287, 1296, 1301, 1305 et 1316.

Guigonnet d'Oncieu, qualifié clerc, dans une charte de 1345.

Guillaume d'Oncieu, réfectorier puis abbé du monastère d'Ainay, à Lyon, en 1366.

— Il y a encore Philippe d'Oncieu et Ponet d'Oncieu, *ejus filius naturalis*, sur le rang desquels nous sommes incertain [1].

VI. — Pierre III d'Oncieu; lors du partage, entre les trois frères, de la succession paternelle, les terres du Viennois échurent à Pierre qui se retira en Dauphiné; mort le 26 avril 1349 [2]. De son mariage, en date du 19 janvier 1343, avec Berlionne de Palagnin, fille de Jean de Palagnin, chevalier, vinrent :

Jean d'Oncieu, son successeur.

Etienne d'Oncieu, religieux à Saint-André-de-Vienne.

Jacques d'Oncieu, « mort à la guerre. »

---

[1] Chartes de 1323 et 1325.
[2] Pierre d'Oncieu et ses frères sont rappelés dans une inscription tombale, que nous signale M. le marquis d'Oncieu de la Bâtie. Elle se voit à l'entrée de l'église d'Ainay, près du portail de droite. Comme elle établit l'existence de Guillaume et fait connaître trois fondations des frères d'Oncieu, nous la transcrivons en entier :

† *Hic jacet Petrus Donceu de Dovres domicellus qui obiit anno Domini M.CCC.XL.IX. XXVI die mensis aprilis.* † *Item Guigonetus Donceu clericus frater dicti Petri qui obiit anno Domini M.CCC.X.... I die mensis octobris pro quorum anniversariis hic perpetuo faciendis dati fuerunt XX floreni.* † *Item anno Domini M.CCC.LIII frater Guillelmus Donceu de Dovres refectorerius et frater dictorum et Petri et Guigoneli nunc vivens dedit pro anniversario suo hic perpetuo die obitus sui faciendo X florenos. Qui decem et XX floreni suprascripti conversi et positi fuerunt in reedificatione hujus capelle Beate Marie Magdalene voluntate et licentia et consensu Abbatis et conventus. Anno Domini M.CCC.LII. XV die men-*

VII. — Jean II d'Oncieu, *alias* François, seigneur de Diémoz et de Chimillin. Catherine de Lemps, sa femme, le rendit père de :

> François d'Oncieu, qui continua la descendance.
> Claude d'Oncieu, prêtre et sacristain d'Oyeux.
> Françoise d'Oncieu, religieuse au monastère de Salettes.
> Peronnette d'Oncieu, morte sans alliance.

VIII. — François Ier d'Oncieu, seigneur de Chimillin et de Mallin. De son union avec Guigonne de Portes de Lyons, 1430, il eut :

> Claude d'Oncieu, son héritier.

IX. — Claude d'Oncieu, seigneur de Chimillin et de Mallin ; décédé en 1507. Il épousa Guigonne de l'Eschallier ; d'où :

> François d'Oncieu qui suit.
> Claude d'Oncieu.

sis septembris Stephaninus Donceu domicellus dominus de Dovres dedit imperpetuum et realiter assignavit XLII solidos et VII denarios viennenses bonorum perpetui redditu cum directo dominio et de franco allodio priori claustrali hujus monasterii et successoribus suis pro labore et mercede unius misse de mortuis qualibet septimana perpetuo per eos celebrande in hac capella Beate Marie Magdalene pro remedio et requie anime dicti Petri Donceu de Dovres domicelli fratris dicti Stephanini et pro salute suorum defunctorum et vivorum omniumque fidelium; et hec vero in litteris super hec factis plenius continentur. Legentes hec exoretis ut predicti in gaudiis collocentur sempiternis et anime eorumdem in bona visione cum JHV. X amore perveniant claritatem. AMEN.

Cette pierre couvrait originairement le tombeau des bienfaiteurs, dans la chapelle de Ste Magdeleine. Plus tard, après avoir fait partie du dallage de celle de la Vierge, elle a été placée, fort à propos, à l'endroit qu'elle occupe actuellement. (Cf. *Revue du Lyonnais*, t. XXV, XIIIe année, mai 1847.)

Jean d'Oncieu, seigneur de Mallin avec ses neveux de Neyrieu.

Jeanne d'Oncieu, femme de Guichard de Neyrieu, seigneur de Domarin.

X. — François II [1] d'Oncieu, vivant vers 1530. Sa femme, Claudine de Girin, fille d'Antoine de Girin, seigneur de Charavines, lui donna :

Georges d'Oncieu, époux de Nicette Allard des Cerisiers, en Vivarais. Aimant la dépense et le plaisir, il engagea sa terre de Septème et dissipa, avant de mourir, la fortune de sa maison.

Jean d'Oncieu, par qui se continue la lignée.

XI. — Jean III d'Oncieu, seigneur de Chimillin, Mallin et Charavines. Il recueillit, au décès de son frère aîné, les seigneuries de Mallin et de Charavines. De son union avec Jeanne de Vaulx, fille de Jean, seigneur de Vaulx (1582), sortirent :

N. qui se fit chartreux.

Antoine d'Oncieu, son successeur.

Mérand d'Oncieu, religieux et prieur, en Vivarais.

Jean-Claude d'Oncieu, chanoine et sacristain de Saint-Chef.

Catherine d'Oncieu, alliée à André de Nantes.

Hélène d'Oncieu, dame du Fourg, femme de Jacques Camus, seigneur d'Ivours.

Jeanne d'Oncieu, mariée à François de Tricaud, de Belley.

Jacqueline d'Oncieu, religieuse à Belley.

---

[1] *Jean*, d'après Guichenon, *Généalogie du Bugey*, p. 194.

XII. — Antoine d'Oncieu, capitaine au régiment de Vernatel. Il mourut au château de Charavines en octobre 1661. Polixène de Revol, sa femme, lui avait donné :

>Jean-Claude d'Oncieu qui suit.
>Françoise d'Oncieu.
>Jeanne d'Oncieu.
>Catherine d'Oncieu.
>Claudine d'Oncieu. Ces trois dernières religieuses de Sainte-Claire, à Grenoble.

XIII. — Jean-Claude d'Oncieu ; il fut tué dans je ne sais quelle guerre de Louis XIV. On ignore où il prit alliance. De lui était peut-être issue Catherine d'Oncieu, femme de Jean de Menge, seigneur de Sarcenas, vers 1680, en qui finit la branche de Dauphiné.

BRANCHE DES SEIGNEURS DE DIÉMOZ

Cette branche se greffe sur la précédente ; mais on ne sait où est la soudure ; il est certain cependant qu'elle reconnaît pour souche Guillaume d'Oncieu, peut-être fils ou frère de Pierre III d'Oncieu, seigneur de Diémoz. La suite ne s'en établit qu'avec peine ; la voici succinctement exposée d'après M. Rivoire de la Bâtie.

I. — Guillaume d'Oncieu, seigneur de Diémoz ; il décéda en 1355, laissant :

>Louis d'Oncieu, mort sans postérité.
>Gillet d'Oncieu, qui continua la lignée.
>Violente d'Oncieu.
>Gabrielle d'Oncieu.

II. — Gillet d'Oncieu, seigneur de Diémoz, en 1381. Sa femme et ses enfants ne sont pas connus. Après lui vient :

III. — Catherin d'Oncieu, seigneur de Diémoz, conseiller et chambellan de Charles VII, roi de France; il eut entre autres héritiers :

Robin d'Oncieu qui suit.

IV. — Robin d'Oncieu. Il mourut probablement sans descendance. Louise d'Arces, sa veuve, était, vers 1533, usufruitière des terres de Diémoz et de Marennes; elle en rendit hommage « avec Louis Adhémar de Monteil, baron de Grignan. »

BRANCHE DES SEIGNEURS DE DOUVRES

Elle se détache de la branche aînée avec Etienne d'Oncieu, frère de Pierre III, seigneur de Diémoz.

I. — Etienne d'Oncieu, chevalier, seigneur de Douvres et d'Aigrefeuille. Sa part de succession comprit « la seigneurie de Douvres, en Bugey, et tous les biens d'Ambronay, de Sainct-Germain, de Montluel et de Lyon. » Il acquit la maison-forte d'Aigrefeuille en 1360 [1]. Marguerite de la Balme, fille d'Etienne, seigneur de Fromentes, qu'il épousa le 21 janvier 1346, ne lui donna pas d'enfants. Jeannette de Corant, à laquelle il s'unit en secondes noces, le 24 septembre 1358, mentionne dans son testament du 20 août 1361 :

> Béatrix d'Oncieu, femme de Lancelot de Chandée, seigneur de Montfalcon, au territoire de Mézériat.
>
> Pierre d'Oncieu, qui continua la branche.

[1] Voyez p. 82, note 3.

II. — **Pierre d'Oncieu**, chevalier, seigneur de Douvres. De son union, en date du 8 août 1374, avec Guigonne de Bacin, fille de Humbert de Bacin, il eut :

> Guillaume d'Oncieu, qui suit.
> Françoise d'Oncieu, alliée à Jean de Chacipol [1].
> Claude d'Oncieu, coseigneur de Douvres ; il testa le pénultième d'août 1476. Helmorge, *alias* Eléonore, fille de Richard, seigneur de Châtillon-de-Michaille, le rendit père de deux filles : Antoinette, épouse d'Andelot de Montchenu, seigneur de la Bâtie et du Châtelard, et Anne, mariée, le 29 août 1475, à Aimé, seigneur de Viry.
> Gilette d'Oncieu, femme de Jean de la Maladière, de Crémieu, en Dauphiné.

III. — **Guillaume Ier d'Oncieu**, coseigneur de Douvres jusqu'en 1434 ; « de luy se disent yssus les seigneurs de Douvres et de Cognat d'aujourd'huy [2] ». Je le crois, en effet, père de :

> Mathieu d'Oncieu, qui suit.

---

[1] Charte de 1420.

[2] « Par la mauvaise humeur de ceux qui sont les principaux intéressés à faire paroistre la gloire de leur famille et qui en ont les titres, dont ils m'ont refusé la communication, quelque prière que je les leur aye faite, je n'en puis rien asseurer, ny donner leur branche entière. » (Guich., *Généal.*, *Bugey*, p. 191.) Pour nous la filiation est certaine, car M. le marquis d'Oncieu de la Bâtie possède en original, dans ses archives, les preuves faites par devant Me Bouchu, chevalier, conseiller du Roy, intendant de Bourgogne, en suite de l'arrêt du 15 mai 1688. Elles établissent, en faveur de noble François d'Oncieu, seigneur de St-Denis et de Genissiat, et de noble Guillaume d'Oncieu, seigneur de Champollon, coseigneur de Douvres, leur descendance directe de Pierre d'Oncieu, seigneur de Douvres, fils d'Etienne d'Oncieu.

IV. — **Mathieu d'Oncieu, écuyer, seigneur de Douvres.** De ses enfants, on ne connaît que :

Adrien d'Oncieu.

V. — **Adrien d'Oncieu**, écuyer, seigneur de Douvres, en Bugey, et de Cognat, en Comté. Une première union avec Antoinette de Vélières resta stérile. D'une seconde avec Jeanne de Cordon [1], vinrent :

- Jean-Philibert d'Oncieu, seigneur de Douvres, des Feuilles et de Vélières; son testament est du 11 mai 1550; mort sans héritier; sa femme fut Bernarde, fille d'Amblard de Bonnivard, seigneur de Lompnes.
- Guillaume d'Oncieu, par qui se continue la descendance.
- Catherin d'Oncieu, seigneur de Douvres et de Cognat. De Louise de Lambert, son épouse, il n'eut qu'une fille, Marie d'Oncieu, dame de Douvres et femme de Louis de Moyria, seigneur de Maillat. C'est Marie d'Oncieu qui, le 23 juin 1600, partagea avec Guillaume d'Oncieu, son oncle, la terre de Douvres [2].
- Claudine d'Oncieu, dame de Vélières, alliée d'abord à Romain de Syon, seigneur du dit lieu et de Crête [3], en Genevois, puis à Antoine de Chignin [4].

---

[1] Chartes de 1552 et de 1559.

[2] *Nobiliaire, Bugey*, p. 39. — La seigneurie de Douvres n'a pas recouvré depuis son unité première. La part échue à Guillaume resta aux mains de ses descendants jusqu'aux mauvais jours de la Révolution; quant à celle de sa nièce, elle passa des Moyria aux d'Angeville, puis, par vente du 20 septembre 1751, aux Montagnat, bourgeois d'Ambérieu, qui la détenaient encore en 1789. (Voyez p. 181, note 2.)

[3] Chartes de 1540 et de 1541.

[4] Charte de 1572.

> Louise d'Oncieu, mariée à Laurent de Carron, seigneur de Meyrieu.
>
> Jeanne d'Oncieu, religieuse à Blye.
>
> Claudine d'Oncieu, qui épousa le seigneur de Genest de la Cous.

VI. — Guillaume II d'Oncieu, coseigneur de Douvres et de Cognat, sénateur, puis président au Sénat de Savoie ; jurisconsulte, poëte et philosophe ; il a publié divers ouvrages d'une érudition remarquable. Françoise Guillet de Belmont, fille du seigneur de Monthoux, en Savoie, le rendit père de :

> Adrien d'Oncieu, qui lui succéda.
>
> Janus d'Oncieu, mentionné plus bas.
>
> Gasparde d'Oncieu, mariée, le 3 août 1608, à Claude-André de Bellegarde, seigneur des Marches.
>
> Marceline d'Oncieu, qui s'allia à Jean de Menthon, seigneur du Marèse.

VII. — Adrien d'Oncieu, coseigneur de Douvres ; il épousa, le 22 septembre 1596, Christine, fille de feu Antoine, seigneur de la Palud, en Savoie, dont il eut :

> Hugues d'Oncieu, qui suit.
>
> Claude d'Oncieu, uni en mariage, le 18 novembre 1640, à Hélène-Melchiotte Dufresney ; décédé sans enfants.
>
> Adrien d'Oncieu, prévôt du chapitre de St-Pierre de Genève, à Annecy.

VIII. — Hugues d'Oncieu, coseigneur de Douvres ; né à Douvres le 6 septembre 1597 ; Françoise de Louvat, sa femme, fille unique d'Adrien de Louvat, seigneur de Champollon, au territoire de Saint-Jean-le-Vieux, lui donna :

Guillaume d'Oncieu.

Anne d'Oncieu, mariée au mois d'août 1639, à Ennemond de la Balme, seigneur de Montchallin, en Dauphiné.

IX. — Guillaume III d'Oncieu, coseigneur de Douvres et seigneur de Champollon. Se voyant privé de postérité il légua ses biens à Guillaume d'Oncieu, son cousin.

La lignée se continua par :

X. — Janus d'Oncieu, second fils de Guillaume II d'Oncieu; né à Chambéry le 8 octobre 1585. Il fut seigneur de Cognat, de Chaffardon et de Genissiat, paroisse d'Injoux, conseiller de son Altesse, premier président au Sénat de Chambéry et commandant général deça les monts. Il eut deux femmes ; la première était de la maison noble des Gerbais, seigneur de Sonnaz, en Savoie, et la seconde fut Jeanne, fille d'Antoine de Lescheraine. Il laissa :

François d'Oncieu, qui lui succéda.

Adrien d'Oncieu, conseiller de Son Altesse et avocat général au Sénat de Savoie, seigneur de Salleneuve et Thénezol; il épousa, le 8 septembre 1667, Catherine de Beaumont-Carraz; mort sans postérité.

Charles-Emmanuel-Chrestien d'Oncieu, filleul du duc et de Chrestienne de France, sa femme; officier dans le régiment des Gardes; tué au siège de Luzerne, en 1663.

Guillaume d'Oncieu, chanoine-archidiacre du chapitre de la Sainte-Chapelle de Chambéry.

Claudine d'Oncieu, mariée à Claude de Blonay, baron d'Avise.

Philiberte d'Oncieu, religieuse aux Annonciades de Chambéry.

> Lancelot-François d'Oncieu, baron de Saint-
> Denis-le-Chosson et seigneur de Genissiat.

XI. — **François d'Oncieu**, président de la Chambre des Comptes de Savoie, marquis de Chaffardon, baron de Saint-Denis, coseigneur de Douvres, seigneur de Genissiat, de la Bâtie, près de Chambéry, Saint-Jean-d'Arvey, Salleneuve, etc. Il fournit le dénombrement de la terre de Douvres, le 17 décembre 1679 ; décédé en 1727. De Marguerite de Roncas, sa femme, il eut :

> François-Antoine d'Oncieu, qui suit.
> Guillaume d'Oncieu de Carron, coseigneur de Douvres, marquis de la Bâtie, où il résidait en 1737. Héritier de Guillaume d'Oncieu, son cousin, seigneur de Champollon. Il avait épousé Marie de Rossillon de Bernex, qui ne lui donna qu'une fille, Josephte-Péronne, mariée à Joseph-Louis d'Oncieu, dont il va être parlé.
> Pierre-Philibert d'Oncieu de Vaudan.
> Catherine-Marie d'Oncieu, demoiselle d'honneur de Madame Royale ; alliée au comte Buschotti, en Piémont.
> Anne-Esther d'Oncieu, femme de Charles-Joseph de Lucas, comte d'Alery, sénateur au Sénat de Savoie.

XII. — **François-Antoine d'Oncieu**, marquis de Chaffardon. Il vendit, le 7 juin 1747, la baronnie de Saint-Denis, à Claude Leclerc, seigneur de Nicudey, demeurant à Ambérieu-en-Bugey. Sa femme fut Nicole de Seyssel d'Aix, qui lui donna :

> Joseph-Louis d'Oncieu, son successeur.
> Hyacinthe d'Oncieu, dit le chevalier de St-Denis, major au régiment de Chablais.
> François-Xavier d'Oncieu ; était, en 1741, cadet au régiment Dragons de la Reine.

> Janus d'Oncieu, religieux chez les Augustins de Villars-Sallot.
>
> Thérèse d'Oncieu, pensionnaire perpétuelle au couvent des religieuses Bernardines, à La Roche.
>
> Anne-Esther d'Oncieu, religieuse à la Visitation d'Annecy.
>
> Marie-Gabrielle d'Oncieu, religieuse visitandine à Chambéry.
>
> Rose d'Oncieu de St-Denis.

XIII. — Joseph-Louis d'Oncieu, baron de St-Denis, marquis de Chaffardon, fit toutes les guerres du règne de Charles-Emmanuel, roi de Sardaigne, dans les gardes du corps; Grand-Croix de l'ordre des saints Maurice et Lazare; premier gentilhomme de la Chambre. Il épousa, le 16 juillet 1737, Josephte-Péronne d'Oncieu de Douvres, sa cousine germaine, dont il eut :

> Guillaume d'Oncieu, qui suit,

et, en secondes noces, le 21 avril 1747, Magdeleine Milliet d'Arvillars, qui le rendit père de :

> Jean-Baptiste-Sylvestre-Louis d'Oncieu, marquis de Chaffardon, colonel des dragons du Roi, des premiers écuyers de Madame Clotilde de France, reine de Sardaigne; il ne laissa pas d'enfant.
>
> Méraldine d'Oncieu.
>
> Françoise d'Oncieu.
>
> Pauline d'Oncieu; s'allia, le 21 octobre 1780, au marquis Octave-François Falletti de Barol, lequel fut père du marquis Charles-Tancrède, marié, en 1807, à Julie-Victoire Colbert de Maulevrier, *la marquise de Barol*, dont le vicomte de Melun a écrit la vie.

XIV. — Guillaume IV d'Oncieu de Douvres, marquis de la Bâtie ; né le 17 janvier 1739. Il épousa le 17 octobre 1760, au château de la Serraz, Louise-Henriette Salteur de la Serraz. Il est mort, à la Bâtie, le 24 pluviose an VIII. De son mariage avec Mlle de la Serraz il laissa trois filles et Messieurs Jean-Baptiste et Paul d'Oncieu.

De ces deux frères sont nés les petits-fils le marquis d'Oncieu de la Bâtie et le marquis d'Oncieu de Chaffardon, aujourd'hui vivants, qui habitent Chambéry.

BRANCHE DES SEIGNEURS DE MONTIERNOZ [1]

Guigonnet, fils de Jean d'Oncieu, seigneur de Douvres et de Diémoz, en fut la souche.

I. — Guigonnet d'Oncieu, chevalier. Il épousa, vers 1330, la fille unique et seule héritière de Josserand, seigneur de Montiernoz, et par elle devint seigneur de la dite terre. De cette union vint :

Girard d'Oncieu, qui suit.

II. — Girard d'Oncieu, chevalier, seigneur de Montiernoz ; il ne laissa que :

Josserand d'Oncieu.

III. — Josserand d'Oncieu, chevalier, seigneur de Montiernoz ; son testament est du 9 avril 1399. Jeannette de la Gelière, fille de Jean, seigneur de Cornaton, au territoire de Confrançon, le rendit père de :

---

[1] Château et seigneurie sur la paroisse de Saint-Jean-sur-Reyssouze. La terre de Montiernoz appartient aujourd'hui à M. le marquis de Voguë, ancien ambassadeur de France à Constantinople et à Vienne.

Claude d'Oncieu, son héritier.
Philippe d'Oncieu, chanoine de Saint-Pierre de Mâcon.
Guichard d'Oncieu.
Alix d'Oncieu.
Barthélemy d'Oncieu, damoiseau.

IV. — Claude d'Oncieu, seigneur de Montiernoz; décédé en juin 1442; de son mariage avec Guye de Bioley, il eut :

Pierre d'Oncieu qui continua la branche.
Guillaume d'Oncieu, allié à Guigonnet de Rosset.
Claudine d'Oncieu, qui épousa, le 13 janvier 1443, Philibert, seigneur de Salornay, en Mâconnais.
Jacqueline d'Oncieu, mariée le 23 septembre 1445, à Antoine Langlois, seigneur de Saint-Aubin en Veilles, la Molière et Saint-Maurice, au Pays de Vaud.
Philippe d'Oncieu, prieur de Saint-Pierre « hors les murs de Mascon »; en 1447.
Claude d'Oncieu, religieux à Saint-Pierre de Mâcon.

V. — Pierre d'Oncieu, seigneur de Montiernoz; il testa le 26 avril 1479. Claudine-Antoinette de la Gelière, qu'il avait épousée le 22 janvier 1452, lui donna :

Philippe d'Oncieu, son successeur.
Claudine d'Oncieu, femme de Jean d'Andelot, seigneur des Verneys.
Antoinette d'Oncieu, mariée à Jacques de Pelessard, seigneur de Langes, au territoire de Cras, en Bresse.

VI. — Philippe d'Oncieu, écuyer, seigneur de Montiernoz. Sa femme fut Jacqueline de Montjouvent; leur mariage est du 10 décembre 1481. Il mourut en mai 1514. Ses enfants sont :

> Antoine d'Oncieu, qui suit.
>
> Philiberte d'Oncieu, unie d'abord à Aymé de Berchod, seigneur de Malatrait, au territoire de Marboz, et, en secondes noces, à Pierre de Bécerel, seigneur de Marillat, territoire de Viriat.
>
> Jeanne d'Oncieu, alliée à Jean, seigneur de Laye, en Beaujolais, et, le 12 février 1525, à Jean de Chacipol, seigneur du Petit-Léal, territoire de Saint-Bénigne.
>
> Avertine d'Oncieu.

VII. — Antoine d'Oncieu, écuyer, seigneur de Montiernoz et de Saint-Aubin, canton de Fribourg. De son mariage avec Françoise de Feurs, fille de Georges de Feurs, seigneur d'Estours, vinrent :

> Charles d'Oncieu, son héritier.
>
> Jean d'Oncieu, seigneur de Saint-Aubin. Laurence de Richarme, dame du Tillet, sa femme par contrat du 18 février 1557, le laissa sans progéniture.
>
> Claude d'Oncieu, chanoine de Saint-Pierre et de Saint-Vincent de Mâcon.
>
> Adrien d'Oncieu, religieux à l'abbaye de Saint-Claude.
>
> Antoine d'Oncieu, aumônier de l'abbaye de Tournus ; décédé le 15 juillet 1571.

VIII. — Charles d'Oncieu, écuyer, seigneur de Montiernoz et de Saint-Aubin. Il acquit la seigneurie de Mantenay, en Bresse, le 25 juillet 1581. Claudine de Lugny, à laquelle il s'était uni, en 1549, au château de Loëse, en Mâconnais, lui donna trois enfants, et Madeleine d'Abranton, sa seconde femme, le rendit père d'un quatrième, nommé Louis; il testa le 28 décembre 1590.

> Jérôme d'Oncieu, femme de Jean, seigneur de Salornay ; décédée vers 1621.
> Huguette d'Oncieu, mariée à François de Bécerel, seigneur de Marillat.
> Amédée d'Oncieu, qui ne laissa qu'une fille, Urbaine, de Claudine-Marie de la Forêt, sa femme.
> Louis d'Oncieu, qui suit.

IX. — Louis d'Oncieu, seigneur de Montiernoz, Saint-Aubin, Lugny, Mantenay et le Deaux. En lui faillit la branche des seigneurs de Montiernoz. De son alliance avec Philiberte de Mougey, ne vinrent que deux filles :

> Françoise d'Oncieu, mariée à Louis, seigneur de Feillens.
> Esther d'Oncieu, qui épousa Guillaume de Champier, seigneur de Feillens, bailli du Bugey et gouverneur de Belley.

CONCLUSION

Avant de terminer définitivement ce modeste travail, il n'est pas sans utilité de faire un retour en arrière et d'embrasser d'un regard la voie que nous avons parcourue. Quelques éclaircissements sont nécessaires, pour mettre en pleine évidence, accuser davantage certains reliefs qui risqueraient peut-être de passer inaperçus pour le grand nombre.

— Guichenon, dans son *Histoire de Bresse* [1], dit que la terre de Douvres passa à ceux d'Oncieu, par le mariage de Guillaume d'Oncieu et de Pétronille de Douvres, vers 1280. Nous nous sommes rallié à son sentiment [2], mais ç'a été sans conviction, car il y a beaucoup d'incertitude à cet égard.

En effet, dès 1275, les d'Oncieu sont possessionnés à Douvres. Pierre fait, à cette date, l'achat de la vigne dite Liquare ; puis, trois ans plus tard, c'est un échange avec le Chapitre de Saint-Paul qui augmente ses revenus et arrondit sa terre, car il portait déjà le titre de seigneur de Douvres. Nous ne pouvons résumer ici tous les faits établissant une possession antérieure à l'évènement et à la date consignée dans l'*Histoire de Bresse*, le lecteur n'a

---

[1] Part. II, p. 59 et *Généal.*, *Bugey*, p. 151.
[2] Page 12.

qu'à se reporter aux premières pages de notre Inventaire, il fera lui-même ce travail et acquerra la certitude qu'une affirmation trop absolue sur ce point serait téméraire.

Au reste, le mariage de Guillaume d'Oncieu et de Pétronille de Douvres est-il bien réel ? On rencontre, en 1287, un Guillaume d'Oncieu avec le titre de damoiseau ; il rend hommage à Pierre, son parent, de ce qu'il possède à Douvres. En 1305, il est toujours damoiseau, mais il a pour femme Jeannette de la Balme. Sont-ce deux personnages qu'il faut distinguer, ou Guillaume d'Oncieu aura-t-il successivement épousé Jeannette de la Balme et Pétronille de Douvres ? Il est difficile de se prononcer.

Laissons la question pendante et attendons que de nouveaux documents viennent dissiper les doutes et faire pleine lumière sur l'établissement à Douvres des premiers seigneurs de la maison d'Oncieu.

— Il y avait à Virieu-le-Grand, au Moyen-Age, une famille noble de *Prepositi*, Prévot ou Prost. L'un de ses premiers représentants fut Bosonnet Prévot, qui reçut en fief de Louis de Savoie, baron de Vaud, le moulin d'Al Pontet, près de Virieu (1310). L'acte en fait un *familier* du prince.

Nous connaissons Etienne Prévot, mentionné en 1306, Bosonnet Prévot, en 1310, Jacquemet Prévot, en 1326 et 1341, Pierre Prévot, en 1439, qui laissa Antoine, Jean, Pierre, Louis et Jeannette, enfin Pierre et Jean Prévot, en 1457, 1460, 1465, 1483, 1533 et 1537. C'est peut-être toute la suite généalogique de la famille.

Ces Prévot ont-ils quelques liens de parenté avec les premiers seigneurs d'Artemare ? On ne peut en douter, puisque Louis Prévot, qui obtint du duc de Savoie la justice haute, moyenne et basse pour son fief d'Artemare, le 3 juin 1434, est déclaré damoiseau de Virieu ; d'autre part, doivent-ils être identifiés avec les Jenin des Prôts, maintenant encore fixés à Virieu ? On serait tenté de le croire si le nom de Jenin ne venait, en témoin indiscret, révéler l'anoblissement récent de ces derniers [1].

— Il est une autre famille fréquemment rappelée dans nos chartes, au XIV° siècle, celle de Loysieu. D'où venait-elle ? On ne connaît pas à Douvres de lieu dit ainsi dénommé, et cependant Guigonnet de Loysieu habitait Douvres — *habitator de Dolvres.* — Il a d'abord la qualité de damoiseau, puis le grade de chevalier. Nombreuses sont les rentes et très étendues sont les terres qu'il acquiert au mandement de Saint-Germain et sur le territoire de Douvres ; mais là se bornent les renseignements que notre Recueil fournit à son sujet. Il eut un fils, Pierre, dont la vie et la descendance sont restées ignorées.

Lorsqu'il parcourt les champs immenses où furent les capitales des grands empires de l'Orient, ou même, sur la côte africaine, la plage déserte qu'occupa la puissante rivale de Rome, l'infortunée Carthage, à travers un vague sentiment de tristesse sur tant de splendeurs éteintes, l'archéologue surprend en son âme d'amoureuses jouissances, comme de secrètes joies dont seul il connaît le prix et sait savourer les douceurs. Ces palais en ruine que la nature couvre de verdure et de fleurs, ces blocs de marbre où le pâtre s'asseoit indifférent, ces fûts de colonnes brisés jonchant le sol comme des cadavres que le temps veut respecter, parlent à son esprit et à son cœur. Ils lui disent quelles puissances, quelles gloires sont là gisantes sous ces décombres, les arts, la civilisation, les coutumes dont ils sont les reflets fidèles. S'il est philosophe, il s'enquiert des vertus qui firent la grandeur de ces peuples et des vices qui précipitèrent leur décadence et amenèrent leur chute.

[1] Voyez Rév. du Mesnil, *Armorial de l'Ain.* V° Jenin.

Comme l'archéologue, nous venons de parcourir tout un monde qui n'est plus, soulevant, à droite et à gauche, des fragments, des débris, côtoyant ici et là des ruines, et toujours des ruines. A la différence de celles-là, la mort ne les a pas tellement frappées qu'elles ne soient encore vivantes et animées. Nous avons pu nous instruire à leur contact, pénétrer les hommes et les choses de l'époque. Ce temps a préparé et engendré l'âge présent. Nous avons sa foi et ses croyances; ses mœurs, ses habitudes, ses usages sont en partie les nôtres. Et si nous sommes quelque peu dégénérés, c'est que nous avons rompu avec les traditions de nos pères; si les faux adages qu'on est convenu d'appeler les principes modernes n'ont produit jusqu'ici que des fruits empoisonnés, c'est qu'ils ont renié leur origine, que leurs racines plongent dans un sol impur et qu'ils ont été arrosés de sang, d'un sang généreux odieusement versé. Ils sont inféconds et ils doivent l'être, car, par une juste loi de la Providence, le mal ne saurait produire le bien et les sociétés ont à répondre dès ici-bas de leurs excès sacrilèges.

Oui, nous sommes les fils du Moyen-Age, et, grâce à Dieu, nous n'avons pas à en rougir. Inclinons-nous donc avec respect devant les souvenirs de notre passé, répétant avec amour ces paroles d'un ancien : *Gens seriem majorum quærit, majorumque gloria posteris quasi lumen est* (Sall.).

TABLE DES MATIÈRES

	Pages
Avant-Propos	V
Introduction	11

PREMIÈRE PARTIE

Inventaire analytique	15

DEUXIÈME PARTIE

CHAPITRE PREMIER

Des Chartes en général	188
Article premier. — De l'Ecriture	188
Article deuxième. — Des Formules	191
Article troisième. — Des Notaires	194
Article quatrième. — Des Témoins	202

CHAPITRE DEUXIÈME

Des Sceaux	205

CHAPITRE TROISIÈME

Généalogie de la maison d'Oncieu	216
Conclusion	235

Bourg, imprimerie Villefranche. — 565-91.